Udo W. Kliebisch / Roland Meloefski

LehrerSein

Pädagogik für die Praxis

Diana Hasel
03/06

Schneider Verlag Hohengehren GmbH

Umschlagbild: © Veit Mette, Bielefeld

Die Autoren

Dr. Udo W. **Kliebisch**, Jahrgang 1955, Studiendirektor (Pädagogik, Philosophie, Deutsch, Ev. Religion), Heinrich-von-Kleist-Gymnasium Bochum, Hauptseminar- und Fachseminarleiter (Pädagogik) am Studienseminar für Lehrämter an Schulen – Dortmund II (Seminar Gymnasium / Gesamtschule) –, psychologisch ausgebildeter Beratungslehrer, KODE©-, KOMO©- und LIFO©-Trainer and -Analyst; Lehrbeauftragter für Allgemeine Didaktik und Schulpädagogik an der Universität Dortmund
Wichtigste Veröffentlichungen: 15 Vertretungsstunden. Endlich ohne Vorbereitung in den Unterricht. Baltmannsweiler 2001; Methodentrainer für die Sekundarstufe I. Berlin 2001 (zus. mit K. H. Basten und P. Schmitz); Keine Angst vor Gruppenarbeit. Ein Lern- und Übungsbuch. Baltmannsweiler 2001 (zus. mit R. Bornschein); Besser beraten! Gespräche mit Eltern, Schülern und Kollegen. Lichtenau 2005 (zus. mit P. Schmitz)

Roland **Meloefski**, Jahrgang 1939, Studiendirektor (Physik, Chemie, Biologie, Erziehungswissenschaft), Helmholtz-Gymnasium Essen, Hauptseminar- und Fachseminarleiter (Chemie) am Studienseminar für das Lehramt für die Sekundarstufe II Essen, Mitglied des Prüfungsamtes für Erste Staatsprüfungen für Lehrämter an Schulen – Essen
Wichtigste Veröffentlichungen: Aufsätze zur Allgemeinen Didaktik und zur Fachdidaktik Chemie, Schulbücher (SI und SII) und Lehrer-Unterrichtshandbücher Chemie

Gedruckt auf umweltfreundlichem Papier (chlor- und säurefrei hergestellt).

Bibliografische Information Der Deutschen Bibliothek

Die Deutsche Bibliothek verzeichnet diese Publikation in der Deutschen Nationalbibliografie; detaillierte bibliografische Daten sind im Internet über ›http://dnb.ddb.de‹ abrufbar.

ISBN 3-8340-0021-3
Schneider Verlag Hohengehren, 73666 Baltmannsweiler

Printed in Germany. Druck: Hofmann, Schorndorf

Inhaltsverzeichnis

„Aus Lehrern,
den traditionellen Wächtern
und Gestaltern des Lernfortschritts,
werden Berater, Methodengestalter,
die Hilfe zur Selbsthilfe anbieten,
die den Lernprozess moderieren,
initiieren, beschleunigen,
ja die die äußeren Bedingungen dazu schaffen.
Berater sind Entwicklungshelfer
für Körper, Geist und Seele
auf dem psycho-neuro-mentalen
und kommunikativen Weg zum Lernerfolg.“

(Franz Decker)

Hinweis

Soweit in diesem Buch für bestimmte Funktionen und Rollen (z. B. Lehrer / Schüler / Kollegen / Ausbilder / Teilnehmer) nur männliche Formen verwendet werden, sind die weiblichen stets mitgemeint.

Vorwort

Die Situation, in der sich Lehramtsanwärterinnen und Lehramtsanwärter heute befinden, stellt sich anders dar als noch vor einigen wenigen Jahren. Es haben – auf der gesellschaftlichen Ebene – Entwicklungen bildungspolitischer und nicht zuletzt bildungsökonomischer Art stattgefunden, welche für nachhaltige Veränderungen – auch in der Lehrerausbildung und im Weiteren im Berufsbild der Lehrerin und des Lehrers – gesorgt haben. Man mag über dieses komplexe Ursachengefüge Spekulationen anstellen, allein, dies ändert nichts daran, dass bereits im Rahmen der Ausbildung Ansprüche von Seiten der Schulen an sie gestellt werden, welche weniger der Förderung der jungen Kolleginnen und Kollegen dienen, sondern vielmehr ihre Ursache in Bedarfssituationen haben.

Im Zuge der insgesamt sich ergebenden schnelleren Eingliederung der Lehramtsanwärterinnen und Lehramtsanwärter in den realen beruflichen Alltag wie auch der Integration in die Kollegien werden aus Sicht der Seminarausbildung einige Vorteile aber auch einige Probleme bei der Gestaltung des Referendariats erkennbar, denen man sich stellen muss:

- Ausbildung muss in noch stärkerem Maße Selbstausbildung sein, wobei es aber auch einer besonderen Unterstützung bedarf, welche das individuelle Einfinden in die Lehrerrolle befördert, Hilfe zur Selbsthilfe betreibt, durch Anleitung und Beratung Stress mindert und die unreflektierte Übernahme etwa rezeptologischer Verfahrensweisen verhindert.
- Die Vorgaben durch Verordnungen, Erlasse und erwachsenenpädagogische Konzepte müssen wirklich umgesetzt werden, was die Orientierung an konkreten Standards – bezogen auf die Wahrnehmung der unterschiedlichen Lehrerfunktionen – beinhaltet.
- Die jungen Kolleginnen und Kollegen müssen die Möglichkeit des Rückgriffs auf bewährte Konzeptionen, didaktische Positionen, methodische Vorschläge, kurzum: auch auf externe Hilfen erhalten, die – gerade im Kontext der Ausbildung im Hauptseminar – nötig sind, um Praxisrelevanz zu vermitteln, um als Wissens- und Methodenspeicher zu dienen, vor allem aber um ein Bewusstsein für die eigene Situation zu verstärken, einen Impuls zur Ausprägung re-

flektierter Professionalität zu geben, welcher günstigstenfalls auch über das Referendariat hinaus auf die Gestaltung des gesamten Berufslebens einwirkt.

In diesem Sinne verstehe ich die Funktion des vorliegenden Buches als die einer Hilfe und vor allem auch eines aktivierenden Übungspotenzials mit Blick auf konkrete Erfordernisse der Lehrerausbildung, was sich deutlich auch in dessen Struktur widerspiegelt. Es leistet damit einen Beitrag zur Qualitätssicherung von Unterricht, von Lehrhandeln insgesamt, der sich erfreulich pragmatisch und lernerzentriert wirklich auf die komplexe Situation bezieht, welche die Lehrerin und den Lehrer in Ausbildung erwartet. Die Autoren sind erfahrene Seminarausbilder, die mit Grundlagentexten und -theorien – neu! – konfrontieren wollen, darüber hinaus aber – an der Chronologie von Ausbildung sich orientierend – Arbeitsanregungen geben und Arbeitsmaterial zur Verfügung stellen. Sie liefern damit etwas, dessen Lehramtsanwärterinnen und Lehramtsanwärter wirklich bedürfen: Einen Begleiter sowohl für die gemeinsame Arbeit im Hauptseminar wie auch für die individuelle Auseinandersetzung, das persönliche Training der Planung, Durchführung und Reflexion nicht nur des Unterrichtens, sondern auch aller anderen Lehrerfunktionen. Ein derartiges Handbuch erscheint mir für die jungen Kolleginnen und Kollegen eine wichtige Hilfe zu sein, und es wird eine solche Hilfe – so steht zu erwarten und zu hoffen – über lange Zeit bleiben.

Dortmund, im September 2005

Peter Lücke
(Leiter Seminar Gymnasium / Gesamtschule, Dortmund)

1.

Grundlagen der Pädagogik und Didaktik

„Es gibt nichts
Praktischeres als
eine gute Theorie.“
(Klaus Schaller)

1.1. Hauptströmungen der Pädagogik

Wissenschaft und somit auch Pädagogik, insofern sie sich als Wissenschaft versteht, weiß sich stets **erkenntnisleitenden Interessen** verpflichtet. Welche Rolle das Erkennen beim wissenschaftlichen Erkennen tatsächlich spielt, ist freilich umstritten: Während die neopositivistische Wissenschaftstheorie ebenso wie etwa Edmund Husserls transzendentale Phänomenologie Interessenfreiheit der Wissenschaft fordern und anstreben, stellt Jürgen Habermas die Interessengebundenheit jeglicher wissenschaftlicher Erkenntnis heraus; dabei rekurriert er auf Max Horkheimers Kritik des traditionellen Theoriebegriffs. Eine der philosophischen Tradition entsprechende Dreiteilung der Wissenschaften begründet Habermas mit einer Dreigeteiltheit des „erkenntnisleitenden Interesses".

Die empirisch **analytischen Wissenschaften** (= Naturwissenschaften) auf der einen Seite treffen nomologische Aussagen, die den Objektbereich auf seinen Verwendungszusammenhang hin untersuchen; sie beschäftigen sich mit der Wirklichkeit vor allem unter dem Aspekt einer möglichen **technischen** Verfügung. Die Aussagen der **hermeneutischen Wissenschaften** (= Geisteswissenschaften) auf der anderen Seite orientieren sich an einem **praktischen** Erkenntnisinteresse; diese Wissenschaften interpretieren die Wirklichkeit im Hinblick darauf, sich mit anderen in einem vorgegeben hermeneutischen Horizont über gemeinsames Handeln zu verständigen. Den **systematischen Handlungswissenschaften** (= aufgeklärte Geisteswissenschaften wie etwa die Soziologie und Politik) schließlich liegt ein **emanzipatorisches** Erkenntnisinteresse zugrunde, welches vorzugsweise im Rahmen eines herrschaftsfreien Diskurses Abhängigkeitsverhältnisse bewusst machen und bestehende Normen auf ihre Berechtigung hin überprüfen soll (Habermas 2003).

Die hier von Habermas im Blick auf die Unterscheidung von Natur- und Gesellschaftswissenschaften vorgenommene Differenzierung des Interessenbegriffs ist charakteristisch für Vertreter der Kritischen Theorie der Frankfurter Schule; zugleich ist der Interessenbegriff auch für das Gebiet der Pädagogik fruchtbar gemacht worden. Parallel zu den drei von Habermas formulierten erkenntnisleitenden Interessen haben sich drei zum Teil stark miteinander konkurrierende Strömungen innerhalb der Pädagogik herausgebildet, und zwar die

- *geisteswissenschaftliche Pädagogik*
- *kritisch-rationalistische Erziehungswissenschaft*
- *emanzipatorische Pädagogik.*

⇨ ***Bevor Sie weiterlesen:***

- Welche drei erkenntnisleitenden Prinzipien nennt Habermas und wie ordnet er sie den Wissenschaften zu?

1.1.1. Geisteswissenschaftliche Pädagogik

Die geisteswissenschaftliche Pädagogik, einem **praktischen Erkenntnisinteresse** folgend, gründet ihre Überlegungen vor allem auf Wilhelm Dilthey. Dilthey und seine Schüler – insbesondere Nohl, Weniger, Litt, Flitner und Klafki – wenden sich explizit gegen eine traditionelle, normativ ausgerichtete Pädagogik und deren von konkreter Geschichte abstrahierende Betrachtungsweise. „Geisteswissenschaftliche Pädagogik trat an unter dem ausdrücklichen Rekurs auf die Erziehungswirklichkeit und unter Absage an die Hoffnung, mit der wissenschaftlichen Behandlung der Erziehung ein System zu schaffen, in welchem alle Einzelpositionen aus obersten Prinzipien mit Notwendigkeit abzuleiten wären.“ (Blankertz 1977)

Vor diesem Hintergrund ist es erklärtes Ziel geisteswissenschaftlicher Pädagogik, aus dem **hermeneutisch-verstehenden Studium** bedeutsamer Schriften deren Bildungsgehalt zu eruieren und für die Gegenwart und Zukunft der Heranwachsenden fruchtbar zu machen. Mit Hilfe naturwissenschaftlicher Methoden lässt sich aus der Sicht der geisteswissenschaftlichen Pädagogik nur wenig erklären, was Erziehungs- und Ausbildungsprozesse tatsächlich ausmacht. Erziehung und Ausbildung sind nämlich Vorgänge, die niemals in gleicher Weise, vor allem niemals vollkommen determiniert verlaufen. Sie müssen insbesondere im Blick auf die ihnen immanente

Sinnstiftung individuell betrachtet und gedeutet werden. Dies eben geschieht über die Auslegung historischer Schriften: Deren Gehalt vermittelt einen Eindruck über die Grundmuster der Erziehung sowie über die tatsächliche Erziehungs- und Ausbildungspraxis zu einer bestimmten Zeit.

⇨ ***Bevor Sie weiterlesen:***

1. Formulieren Sie das Ziel geisteswissenschaftlicher Pädagogik.
2. Beurteilen Sie das Ziel geisteswissenschaftlicher Pädagogik.

1.
2.

Für Herman Nohl, Schüler von Dilthey und Paulsen und ein Exponent geisteswissenschaftlicher Pädagogik, vollzieht sich der Erziehungsprozess im **„Pädagogischen Bezug"**. Nohl unterstellt ein lineares Verhältnis des Erziehers zum Heranwachsenden und beschreibt den pädagogischen Bezug als „das leidenschaftliche Verhältnis eines reifen Menschen zu einem werdenden Menschen, und zwar um seiner selbst willen, dass er zu seinem Leben und zu seiner Form komme." Nohl geht davon aus, dass sich der Erzieher in doppelter Liebe dem Kind und Jugendlichen widmen müsse; dabei handele es sich einmal um die Liebe zur Person, zum anderen um die Liebe zu dem „Ziel, dem Ideal des Kindes [...]. So fordert die pädagogische Liebe Einfühlung in das Kind und seine Anlagen, in die Möglichkeit seiner Bildsamkeit, immer im Hinblick auf sein vollendetes Leben." (1961, 134ff.)

Das pädagogische Verhältnis eines Erwachsenen zu einem Kind ist stets ein **Verhältnis ganz eigener Art**; das Verhältnis der beiden Kontaktpersonen, eines Lehrers und eines Schülers beispielsweise, ist stets auf intensive Weise verknüpft mit den sozialen Kontexten, in denen Lehrer und Schüler leben und arbeiten. Der pädagogische Bezug ist nicht Selbstzweck; er ist in seiner Grundstruktur vergleichbar mit dem

Verhältnis eines Therapeuten zu seinem Klienten: Der eigentliche Zweck der Beziehung ist es aus der Sicht des Therapeuten, den Klienten so zu stabilisieren, dass dieser den Therapeuten nicht mehr braucht. In diesem Sinne nutzt der Erzieher den pädagogischen Bezug zum Zuerziehenden mit dem Ziel, sich selbst als Erzieher überflüssig zu machen.

⇨ ***Bevor Sie weiterlesen:***

1. Was gehört zum „Pädagogischen Bezug", wie ihn Nohl versteht?
2. Wie beurteilen Sie Nohls Vorstellung?

1.   2.

Der Lehrer muss also die zunächst zum Schüler **aufgebaute Bindung mit der Zeit wieder lösen**, um den Schüler in die Selbstständigkeit zu entlassen; denn diese Selbstständigkeit braucht der Schüler letztlich, um seinen eigenen Weg zielgerichtet gehen zu können. Bis zu diesem Zeitpunkt sollte die pädagogische Beziehung gekennzeichnet sein durch wechselseitiges Vertrauen, aber auch – je nach Rolle – durch Autorität und Gehorsam. So gesehen konzentriert sich das pädagogische Verhältnis stark auf die gefühlsmäßigen Komponenten der Beziehung. Dies ist in jüngerer Zeit immer wieder kritisiert worden: Ausgehend von einem ganzheitlichen Verständnis des Menschen, das Gefühle und kritisch-rationale Aspekte integriert, wurde dann allerdings das Augenmerk wiederum zum Teil einseitig auf den zweiten Aspekt gelegt (⇨ s. Kap. 1.1.2.).

Die geisteswissenschaftliche Pädagogik hebt die **historische Dimension** der Erziehungswirklichkeit hervor und verabschiedet sich damit von dem Postulat allgemeingültiger Normen; dies kann allerdings nicht darüber hinwegtäuschen, dass sie dennoch darauf verzichtet, eine Reflexion der konkreten historisch-gesellschaftlichen

Wirklichkeit zu fordern, in die sie doch als pädagogische Theorie und Praxis stets eingebunden bleibt. Auf diesen Gesichtspunkt hat gerade die emanzipatorisch orientierte Pädagogik ihr besonderes Augenmerk gerichtet (⇨ s. Kap. 1.1.3.). In der Vernachlässigung der gesellschaftlichen Bedingtheit und Verflochtenheit pädagogischen Denkens und Handelns liegt ein zweiter Kritikpunkt an den Grundannahmen der geisteswissenschaftlichen Pädagogik. Trotz dieser aus heutiger Sicht unzulänglichen reflektorischen Schärfe war die geisteswissenschaftliche Pädagogik bis in die 60er Jahre des vergangenen Jahrhunderts hinein die wesentliche erziehungswissenschaftliche Position in der Bundesrepublik.

⇨ ***Arbeitsanregungen***

Geisteswissenschaftliche Pädagogik

Worin besteht das Geisteswissenschaftliche geisteswissenschaftlicher Pädagogik?	
Worin besteht nach H. Nohl das Besondere im pädagogischen Verhältnis?	
Finden Sie Beispiele für einen angemessenen pädagogischen Bezug.	
Welche Bedeutung hat nach Ihrer Einschätzung das pädagogische Verhältnis im Vergleich zum Unterrichtsinhalt?	
Was ist Ihrer Meinung nach das Pädagogische am pädagogischen Bezug?	

Nehmen Sie Stellung zu der These: „Pädagogischer Bezug ist eine Umschreibung für Gefühlsduselei.“	
Der pädagogische Bezug wird linear verstanden. Wie beurteilen Sie diesen Umstand?	
Mit welchen Methoden könnten Sie eine pädagogische Beziehung aufbauen, wie Sie sie für richtig halten?	
Welche Aspekte geisteswissenschaftlicher Pädagogik könnten Sie mit Ihrem pädagogischen Selbstverständnis vereinbaren?	

1.1.2. Kritisch-rationalistische Erziehungswissenschaft

Die kritisch-rationalistische Erziehungswissenschaft, einem **technischen** Erkenntnisinteresse verhaftet, beruft sich auf die von Karl Popper begründete Wissenschaftstheorie des Kritischen Rationalismus. Das Ziel der Theoriebildung in den empirischen Erfahrungswissenschaften besteht aus Sicht des Kritischen Rationalismus darin, mit dem Anspruch der Wertfreiheit kohärente Gesetzmäßigkeiten zu entwickeln. Nach Popper gilt es prinzipiell als unmöglich, letzte Gewissheit über die Wahrheit einer Theorie zu erlangen. Denn die wissenschaftliche Sicherheit wächst weder durch das methodische Instrument des induktiven Schließens noch durch die Zahl identischer Beobachtungen eines Sachverhalts. Dennoch ist es nicht ausgeschlossen, sich der Wahrheit approximativ zu nähern; dazu sucht man nach Tatsachen, die den bislang theoretisch behaupteten Gesetzmäßigkeiten widersprechen (Falsifizierung); auf der dann neuen Erkenntnisgrundlage können überkommene Theorien modifiziert werden (Popper 2005).

Wolfgang Brezinka (1999), pädagogischer Exponent des Kritischen Rationalismus, fordert auf dem Hintergrund des skizzierten Wissenschaftsverständnisses eine **Aufteilung der Pädagogik in drei Klassen von Theorien**: zum einen die wissenschaftliche Pädagogik, die auf der Grundlage empirisch-analytischer Forschungsmethoden beruht, zum anderen philosophische Theorien und schließlich wird als dritte Klasse die Dimension einer praktischen Pädagogik vorgeschlagen. Die hier angedeutete Dreiteilung pädagogischer Theoriebildung korrespondiert mit einem vernunftorientierten Menschenbild, das als „ein idealtypisches Abstraktionsgebilde" anzusehen ist. „Man hat es hierbei nicht mit einem tatsächlichen, sondern mit einem wünschenswerten Menschenbild zu tun, dessen Inkarnation der Verstandesmensch repräsentiert. Dessen wichtigstes Requisit ist der Kopf, alles andere zählt weniger oder kaum etwas, weshalb wir eine um ihre 'volle' Sinnlichkeit merkwürdig ausgedünnte Kreatur vor uns haben." (Meinberg 1996, 37)

⇨ ***Bevor Sie weiterlesen:***

1. Welche drei Theorieebenen der Pädagogik nennt Brezinka?
2. Was stellen Sie sich unter diesen Ebenen vor?
3. Ordnen Sie sich begründet einer Ebene zu.

1.   2.   3.

Eine derart empirisch begründete, an der Vernunft orientierte Pädagogik kommt als Erfahrungswissenschaft zu **präziseren Aussagen über die Erziehungswirklichkeit** als eine hermeneutische Erziehungswissenschaft. Mit diesem methodischen Vorgehen wird jedoch gleichzeitig eine Engführung in der Betrachtung in Kauf genommen; diese Engführung erkauft Wertneutralität im Theoriezusammenhang mit dem Verzicht auf eine kritische Analyse jener historisch gegebenen und damit gesellschaftlich bedingten Tatsachen, die die Theorie hervorbringt. Eine solche Pädagogik reduziert erzieherische Prozesse unzulässig auf ein instrumentell vermitteltes Wenn-dann-Schema. Pädagogik kann aber vom Grundsatz her nicht darauf verzichten, den gesellschaftlichen Wandel aus ihrer Betrachtung auszuklammern. Denn die **Erziehungswirklichkeit** ist nicht isoliert von der Realität; die Erziehungswirklichkeit ist vielmehr stets als ein **Teil gesellschaftlicher Wirklichkeit** zu begreifen. Daher muss die Pädagogik den sozialen Wandel zugleich als Bedingung der Möglichkeit und damit als Motor ihrer Theoriebildung sowie als kritisches Korrektiv ihrer eigenen Praxis zu verstehen lernen.

Pädagogik darf sich demnach nicht der Gesellschaftsvergessenheit zeihen lassen, will sie adäquate Aussagen zu aktuellem und gegenwärtig notwendigem erzieherischen Handeln ermöglichen. Die ahistorische Zugangsweise der kritisch-rationalen Erziehungswissenschaft wirft an diesem Punkt beachtliche Probleme auf. Felix v. Cube, kybernetischer Pädagoge, räumt denn auch Schwierigkeiten ein. Eine wesentliche Schwierigkeit kritisch-rationaler Erziehungswissenschaft sei darin zu sehen, „daß der logisch empirische Wissenschaftsbegriff hier nicht auf einen gegebenen Wirklichkeitsbereich angewandt wird, sondern auf ein zielorientiertes System: den Prozeß der Erziehung oder Ausbildung." Für v. Cube ist der **Erziehungsprozess ein Regelungsvorgang**, den man als kybernetischen Regelkreis darstellen kann. Natürlich sei der Mensch als System etwas anderes als ein Objekt in der Biologie oder Technik, immerhin sei der Mensch auch ein Bündel von Motiven und Bedürfnissen, geprägt durch die Sozialisation. Aber er sei eben auch beeinflussbar, man könne ihn gezielt steuern und nur das sei wichtig für Erziehung und Ausbildung (1999, 66 u. 59).

In seiner Terminologie nennt v. Cube Erziehungsziele die Soll-Werte der Erziehung, ausgehend vom Ist-Zustand des Heranwachsenden hilft der Lehrer als Regler im

System dem Schüler als dem Zuerziehenden den angestrebten Soll-Zustand zu erreichen. Im Verlauf des Erziehungs- oder Ausbildungsprozesses nutzt der Lehrer als Regler so genannte Stellglieder; hierunter sind Medien und Personen zu verstehen, über die der Erziehungsprozess gesteuert wird. Messfühler sind Lernkrontollen, die dem Regler (= Lehrer) erlauben festzustellen, wie weit sich der Ist-Zustand des Schülers dem geplanten Soll-Zustand genähert hat. Aus dem skizzierten Zusammenhang ergibt sich für v. Cube allerdings der Verzicht auf die Setzung von Erziehungszielen; denn „sie sind weder wahr noch falsch, man kann sie nur begründen oder legitimieren. [...] Für eine Erziehungswissenschaft bleiben somit zwei mögliche Gegenstandsbereiche: die Untersuchung gegebener Erziehungsziele [...] und die Optimierung der Zielerreichung nach den Kategorien Zeit, Ökonomie usw. (Die Untersuchung des Adressaten und seiner Sozialisation gehört zu den Aufgabenbereichen der Psychologie und Soziologie).“ (1999, 67)

⇨ ***Bevor Sie weiterlesen:***

1. Zeichnen Sie ein pädagogisches Regelsystem, wie es v. Cube darstellt.
2. Wie beurteilen Sie das Konzept v. Cubes vor dem Hintergrund Ihres Selbstverständnisses als Lehrer?

1.

2.

Mit diesem Hinweis fällt die kritisch-rationalistische Erziehungswissenschaft hinter Einsichten der geisteswissenschaftlichen Pädagogik zurück. Bereits Dilthey betont die notwendige Reflexion auf die Bedeutung des Heranwachsenden, um dessen willen Erziehungsprozesse überhaupt eingeleitet und durchgeführt werden; ebenso deutlich sieht Dilthey die Beziehung zum Erzieher als qualitatives Kriterium einer erfolgreichen Pädagogik. H. Nohl bringt (wie erwähnt) den Begriff des „pädagogischen Bezugs“ in die wissenschaftliche Debatte ein; dieses ganz besondere Verhältnis zwischen Erwachsenem und Jugendlichem erklärt Nohl alsbald zum leitenden Prinzip von Erziehung überhaupt. Damit nimmt Nohl die pädagogische Zuwendung zum Heranwachsenden als unverzichtbares und selbstverständliches Verhalten des Erziehers an. Diese wünschenswerte Zuwendung ist aber weder zu denken noch zu praktizieren ohne den differenzierten Blick auf den Heranwachsenden selbst und die Bedingungen seines aktuellen Lebensvollzugs und seines auf die Zukunft ausgerichteten Lebensplans.

⇨ ***Arbeitsanregungen***

Kritisch-rationalistische Pädagogik

Worin besteht das Kritisch-rationale an der kritisch-rationalen Pädagogik?	
Wie wichtig ist nach Ihrer Meinung die Vernunft für den Menschen?	
Welche Konsequenzen hat es, in der Pädagogik von einem rationalistischen Menschenbild auszugehen?	
Wie sinnvoll ist es, pädagogische Prozesse als kybernetischen Regelkreis zu erklären?	

Vergleichen Sie den Ansatz der geisteswissenschaftlichen mit dem der kritisch-rationalistischen Pädagogik.	
Welcher der beiden Ansätze kommt ihrem Selbstverständnis am nächsten? Begründen Sie Ihre Meinung.	
„Erziehungsziele sind weder wahr noch falsch.“ Nehmen Sie Stellung zu dieser These Felix v. Cubes.	
Welche Bedeutung hat es für die Theoriebildung, dass die Erziehungswirklichkeit Teil der Gesamtwirklichkeit ist?	
Wie nutzen Sie die Einsicht in die Verschränktheit von Erziehung und Gesellschaft im konkreten Unterricht?	

1.1.3. Emanzipatorische Pädagogik

Geisteswissenschaftliche Pädagogik wird Erziehungsziele anders definieren als kritisch-rationalistische Pädagogik. Sie wird allerdings so verfahren, dass dabei die konkreten gesellschaftlichen Rahmenbedingungen für solche Entscheidungen nicht immer hinreichend mitbedacht werden; so werden die traditionell als relevant angenommenen Wertvorstellungen vielfach unbefragt tradiert. Gegen dieses Vorgehen wendet sich die **emanzipatorische** Pädagogik. Sie stützt sich in ihren Grundüberlegungen auf Aussagen der „Kritischen Theorie" der Frankfurter Schule, die vor allem mit den Namen Adorno, Horkheimer und Habermas verknüpft ist.

Die Kritische Theorie, auf Marx rekurrierend, hat nach Max Horkheimer mit der traditionellen Theorie lediglich „das Interesse an der Aufhebung des gesellschaftlichen Unrechts" gemein (1992, 56). Aus dieser Perspektive kommt der Kritischen Theorie die Verpflichtung zu, das „auszudrücken, was im allgemeinen so nicht ausgedrückt wird. Sie muß deshalb auf die Kosten des Fortschritts hinweisen, auf die Gefahr, daß in seinem Gefolge sogar die Idee des autonomen Subjekts, die Idee der Seele zergeht, weil sie gegenüber dem Universum als nichtig erscheint." (1981, 171) Bei dieser **kritischen Reflexion** im Blick auf die gesellschaftlichen Verhältnisse hat die Kritische Theorie stets auch ihr eigenes methodisches Vorgehen kritisch zu bedenken und ideologisch zu hinterfragen.

Die Erziehungswissenschaft hat das Gedankengut der Kritischen Theorie vor allem seit Klaus Mollenhauers Buch „Erziehung und Emanzipation" aufgegriffen. „Analyse der empirisch nachprüfbaren Prozesse und Kritik der Zwecke, denen solche Prozesse wie auch die Analyse selbst unterstellt werden, sind zusammengenommen erst die unteilbare Aufgabe der Erziehungswissenschaft", resümiert Mollenhauer. Eine solche Analyse weiß sich dem **Prinzip der Rationalität** verpflichtet und verfolgt das Ziel, „die Momente der Wirklichkeit, die Vernünftigkeit verhindern", aufzuspüren, zu kritisieren und schließlich als „Unterdrückung, Verfälschung, Vorurteil, Ideologie" zu enttarnen (1986, 67ff.).

Wolfgang Klafki weist in diesem Zusammenhang rückblickend darauf hin, dass eine so verstandene Erziehungswissenschaft stets auch ein spezifisches Erkenntnisinteresse impliziert, „nämlich ein auf Gestaltung oder Veränderung der Praxis gerichtetes Interesse. Die besondere Richtung dieses Interesses der Theorie ist von uns häufig durch Begriffe wie 'Mündigkeit', 'Selbstbestimmung', 'Freiheit', 'Demokratisierung', 'Emanzipation' als Wertungskriterien bezeichnet worden. Wir verstanden Erziehungswissenschaft also als Forschung und Theoriebildung im Hinblick auf die Klärung des Problems der Selbstbestimmung, der Demokratisierung, der Emanzipation in pädagogischer Perspektive." (1974, 264)

⇨ ***Bevor Sie weiterlesen:***

1. Beschreiben Sie das Erziehungsverständnis Klafkis.
2. Wie beurteilen Sie Klafkis Sicht?
3. Inwieweit bestimmt Klafkis Vorstellung Teile Ihres Unterricht?

1.

2.

3.

Anders als die kritisch-rationalistische Erziehungswissenschaft sieht die emanzipatorische Pädagogik also durchaus die Möglichkeit und zugleich die Notwendigkeit von Zielsetzungen im Blick auf den edukativen Prozess. Dabei steht die emanzipatorische Pädagogik im Einklang mit dem Zeitgeist, wenn es um die inhaltliche Ausgestaltung solcher Zielvorstellungen geht. Das Interesse an **Emanzipation der Heranwachsenden** ist ungebrochen; insofern wird diese Zielvorstellung von einer kritisch-emanzipatorischen Pädagogik nach wie vor projektiert. Klaus Schaller, ein früher Exponent der kritisch-kommunikativen Pädagogik, spricht davon, dass Zielvorstellungen primär nicht von außen dem Erziehungsprozess vorgegebene Vorschriften darstellen, sondern vielmehr „im edukativen Gruppenprozeß [...] entwickelt oder – soweit vorhanden – in Frage gestellt, legitimiert oder [...] abgewiesen [...] werden." (1986, 112) Diese Feststellung kann sich letztlich aber nicht auf das Grundmotiv des Erziehens selbst ausdehnen, nämlich emanzipatorisch zu wirken; denn dadurch würde der edukative Prozess als ganzer im Blick auf seine prinzipielle Ausrichtung zur Disposition gestellt.

Rainer Winkel macht klar: Die kritisch-kommunikative Pädagogik erhebt vor allem Einwände gegen „die bedenkenlose Vernachlässigung kritisch-emanzipatorischer Momente", wie sie nach seiner Einschätzung anderen Konzepten innewohnt (2002, 98). Angesichts der Zielreflexion wird auch deutlich, dass es der Kritischen Erziehungswissenschaft um mehr geht, als den im pädagogischen Handlungsfeld begegnenden Interessen ein emanzipatorisches Erkenntnisinteresse entgegenzusetzen; denn „es muß darüber hinaus ein 'emanzipatorisches Handlungsinteresse' entstehen, das zu einer kritischen Veränderung der Praxis führt." (Hoffmann 1978, 55) Erst in diesem Zweiklang führt der Ansatz der kritisch-emanzipatorischen Erziehungswissenschaft über die Konzeption der Geisteswissenschaftlichen Pädagogik hinaus: Bei letzterer stand die Verantwortung für die Persönlichkeit des Heranwachsenden stets im Vordergrund der erzieherischen Bemühungen; im Kontext emanzipatorischer Pädagogik „scheint nun das 'Interesse' an Veränderung gesellschaftlicher Praxis auf dem Weg von Erziehung und Bildung an ihre Stelle zu treten." (Schaller 1985, 26)

Nach Schaller hat eine demokratische Gesellschaft das Recht, an ihre Mitglieder den Anspruch einer „politischen Lebensführung" zu stellen. Dabei wird der Begriff des Politischen sehr weit gefasst und dahingehend verstanden, dass der Einzelne zum aktiven Partizipieren an den Entscheidungsprozessen beteiligt werden soll; der Bürger soll instandgesetzt werden, **im Rahmen rationaler Diskussion Bestehendes zu kritisieren und Besseres auszuhandeln**. Dieser sich an symmetrischen Kommunikationsabläufen orientierende rationale Diskurs kennt kein Machtgehabe Einzelner; in der rationalen Diskussion zählt die Kraft der Argumente, die sich im spezifisch menschlichen Vollzug der Auseinandersetzung letztlich durchsetzen werden. „Erziehung hat jeden Menschen zu solcher menschlichen Lebensführung, zur Rationalität derart politischer Lebensführung, zu emanzipieren und zu provozieren." (Schaller 1987b, 105)

⇨ ***Bevor Sie weiterlesen:***

1. Nennen Sie vier Substantive, die geeignet sind, die Kommunikative Pädagogik zu charakterisieren?
2. Wie verhält sich die Kommunikative Pädagogik zur kritisch-rationalistischen?

1.   2.

Josef Derbolav problematisiert gerade diese Tendenz emanzipatorischer Pädagogik, letztlich politische Kategorien auf die Erziehung zu übertragen: Die emanzipatorische Pädagogik antiautoritärer Prägung „will alle Herrschaftsverhältnisse aus dem pädagogischen Raum verdrängen und übersieht dabei, daß das Lehrer-Schüler-Verhältnis nicht einfach ein Herrschaftsverhältnis im politischen Sinn, sondern eine Beziehung sui generis darstellt, wie sie dem Leistungs- und Verantwortungsgefälle zwischen den beiden im Erziehungsgeschehen vereinigten Partnern notwendig entspricht." (1982, 17)

Eine zweite Variante der emanzipatorischen Erziehungswissenschaft nennt Derbolav „Revolutionspädagogik"; er kritisiert sie dahingehend, dass sie die heranwachsende Generation „einlinig auf die Überwindung alles Bestehenden" ausrichte. Sie übersehe dabei, „daß die pädagogische Praxis letztlich doch zu schwach ist, um zum Hebel von Gesellschaftsveränderungen zu werden, und daß Erziehung und Bildung nicht dazu da sind, Überliefertes abzuwerfen und Symptome zu sprengen, sondern Traditionen fortzuführen und dabei freilich auch kritisch zu erneuern." (ebd.)

⇨ ***Bevor Sie weiterlesen:***

1. Gegen welche Fehlformen der emanzipatorischen Pädagogik wendet sich Derbolav?
2. Inwieweit stimmen Sie Derbolavs Kritik zu?
3. Entwickeln Sie ein eigenes Verständnis von Emanzipation im Blick auf Ihre pädagogische Arbeit.

1.   2.   3.

Auch Mollenhauer beschreibt zwar die Aufgabe der Erziehung als eine doppelte, nämlich als „Integration in ein gegebenes System von Herrschaftsverhältnissen und Ordnungen“ auf der einen und ebenso als „Emanzipation aus solchen Verhältnissen“ auf der anderen Seite (1972, 122). Mollenhauer aber geht es im Rahmen des edukativen Prozesses primär um die Emanzipation des Kindes und weniger um dessen Integration in ein vorgefundenes Sozialsystem. Dies zeigt auch Mollenhauers Rekurs auf Rousseaus „Émile“: Schon Jean-Jacques Rousseau, der vehemente Kulturkritiker, beklagt, dass die Menschen zwar schon immer ihren Nachwuchs erzogen, allerdings dabei stets ungeeignete Mittel wie Eifersucht, Neid und Konkurrenzkampf verwendet haben. Dem gegenüber habe man „die wohlgeordnete Freiheit“ als Erziehungsmittel nicht eingesetzt. Rousseau fordert deshalb: „Haltet eurem Zögling keine Reden: Er darf nur aus der Erfahrung lernen. [...] Laßt ihn frei, allein. Schaut ihm zu, wenn er etwas tut, ohne ihm etwas zu sagen.“ (1981, 70f. u. 153)

Klaus Mollenhauer favorisiert also den emanzipatorischen und damit auf Gesellschaftsveränderung ausgerichteten Aspekt in der Erziehung deutlich stärker als den integrativen. Dies ist sicher zurückzuführen auf die beinahe kritiklose Übernahme der Grundüberzeugungen der Kritischen Theorie. L. Kerstiens trägt dieser vereinseitigten Sicht Rechnung und greift, in kritisch-konstruktiver Auseinandersetzung mit den Leitgedanken der emanzipatorischen Pädagogik, Anregungen aus der Emanzipationstheorie auf und reflektiert sie neu.

⇨ ***Bevor Sie weiterlesen:***

1. Charakterisieren Sie das Erziehungsverständnis Mollenhauers.
2. Nehmen Sie zu Mollenhauers Position Stellung?
3. Inwieweit ist Ihnen der Ansatz Mollenhauers für Ihren Unterricht wichtig?

1.   2.   3.

Kerstiens geht unter Einbeziehung anthropologischer Gesichtspunkte davon aus, dass sich menschliches Leben stets zwischen den beiden Polen des Sich-Bindens und des Sich-Emanzipierens vollzieht. Insofern kann das **Ziel von Erziehung** nur „darin bestehen, den Menschen zu befähigen, selbst ein Urteil darüber zu fällen, was er affirmativ annehmen will und wovon er sich emanzipieren muß“; d. h. „menschliches Leben mit diesem doppelten Aspekt in dialektischer Einheit zu ermöglichen und zu fördern“ (1974, 160). Dabei ist Kerstiens Realist genug zuzugeben, dass es sich angesichts der starren Rahmenbedingungen des staatlichen Schulwesens keineswegs als einfach erweist, **Schüler zur Emanzipation zu befähigen**; er hält dies aber dort für möglich, wo einer freiheitsorientierten Pädagogik der Weg geebnet wird, die affirmative und emanzipatorische Aspekte integriert.

Interessant ist, dass auch Wolfgang Brezinka in seinen jüngeren Arbeiten zur praktischen Pädagogik den Sinn einer permanent kritischen Einstellung anzweifelt. Brezinka stellt dazu u. a. fest: „Es ist psychologisch ganz unwahrscheinlich, dass die unablässige Anleitung von Kindern und Jugendlichen zu Kritik an ihrer Lebenswelt, an ihren Mitmenschen und an ihren Glaubensüberzeugungen ein geeignetes Mittel ist, um sie zu befähigen, die Gesellschaft zu verbessern.“ Schließlich teilt Brezinka die Auffassung, dass **Affirmation und Emanzipation zwei Seiten derselben pädagogischen Medaille** darstellen und voneinander nicht zu trennen sind; denn „erzieherische Anleitung zur Kritik ist notwendig, aber nur als Ergänzung der Anleitung zur Bejahung und zum Verständnis der Lebensformen und Lebensbedingungen, die der Gemeinschaft, der die Kinder angehören, Halt geben.“ (1999, 45f.)

Kerstiens bestreitet, dass die beiden Pole des skizzierten dialektischen Verhältnisses, Bindung und Befreiung, gleiche Bedeutung haben. „Lösung (Emanzipation) kann nicht absolut gesetzt werden, da sie immer zu neuer Bindung führen muß, wie revidierbar diese auch gehalten wird. Ganz ohne Bindung an etwas, was man für sich als maßgeblich anerkennt [...] kann man nicht leben.“ (1978, 140). Kerstiens ist der Überzeugung, dass der Mensch dort die angestrebte Selbstverwirklichung zu erreichen vermag, wo er sich in personalen Beziehungen als unverwechselbares Subjekt wiedererkennt. Der Mensch muss dabei fähig werden, im Rahmen einer auf Empathie gründenden Kommunikation sich selbst darzustellen und doch sogleich mit dem Interaktionspartner nicht zuletzt in emotionaler Hinsicht vertrauensvoll übereinzustimmen: „Gerade die typisch menschlichen Gefühle wie Zärtlichkeit oder Mitleid kennzeichnen die personale Beziehung und sind Ausdruck der grundlegenden Zustimmung zum Partner." (1978, 159)

Kerstiens' Ansatz beschreibt demnach eine **Wechselwirkung von notwendiger Integration und wünschenswerter Emanzipation**. Kerstiens verliert dabei nicht aus dem Blick, dass Emanzipation stets nur gedacht werden kann auf dem Hintergrund gegebener und fortlaufender Sozialisation. An dieser Stelle lässt Kerstiens den einseitig emanzipationsorientierten Ansatz Mollenhauers hinter sich und setzt sich eben so deutlich von jener Spielart emanzipatorischer Pädagogik ab, die sich als **Anti-Pädagogik** bis hin zu einer Ablehnung und Dämonisierung jeglicher Erziehungsbemühungen aufschwingt.

⇨ ***Bevor Sie weiterlesen:***

1. Beschreiben Sie das Erziehungsverständnis Kerstiens'.
2. Vergleichen Sie Kerstiens' Position mit der Mollenhauers.
3. Wie kommen aus Ihrer Sicht Freiheit und Bindung im Erziehungshandeln zum Ausdruck?

1.
2.
3.

Eine solche Negation von Erziehung erfolgt seitens der Anti-Pädagogen allerdings nicht grundlos: Die Anti-Pädagogen berufen sich dabei gern auf Rousseau und dessen Kulturkritik. Um die angeblich stets problematischen Einflüsse der Erziehungspersonen und der Gesellschaft als Ganzer in Grenzen zu halten, fordert zum Beispiel Ekkehard v. Braunmühl innere Freiheit für das Kind. Solche innere Freiheit könne aber nur dann reifen, wenn Kinder von Geburt an das tun und lassen können, was sie wollen. V. Braunmühl übersieht nicht die denkbaren negativen Konsequenzen, die die skizzierte Geisteshaltung zumindest für die gegenwärtige Gesellschaft haben würde; er lässt aber am Ende offen, wie der Weg zu der von ihm gewünschten Gesellschaft ohne Erziehung im einzelnen zu gestalten ist (1990).

Erziehung wird sicher oft nicht zum Vorteil der Jugendlichen genutzt, sondern vielmehr zum Nachteil der Heranwachsenden ausgenutzt; dies kann man kaum bestreiten. So gesehen trifft zu, was Alice Miller resümiert: „Man kann in den ersten zwei Jahren unendlich viel mit dem Kind machen, es biegen, über es verfügen, ihm gute Gewohnheiten beibringen, es züchtigen und strafen, ohne daß dem Erzieher etwas passiert, ohne daß das Kind sich rächt.“ (1980, 21). Man kann daher nicht oft genug die Forderung wiederholen, Erziehung solle dem Wohl des Kindes dienen und nicht etwa der Befriedigung geheimer Bedürfnisse der Erzieher.

Dennoch kann die Forderung nicht wirklich überzeugen, Erziehung radikal abzuschaffen, auch dann nicht, wenn diese Forderung auf dem Hintergrund der negativen Auswüchse erzieherischen Verhaltens erhoben wird, die es zweifellos auch im Rahmen der organisierten schulischen Erziehung gibt. Kinder und Jugendliche leben heute bei uns in einer Mediengesellschaft, die ganz eigene Gesetze kreiert hat. Die Heranwachsenden gehen in vielen Situationen mit medialen Informationen sehr souverän um und eignen sich die für sie wichtigen Erfahrungen weitgehend selbstständig an, wobei sie sicher auch oft vereinsamen. Eine radikal anti-pädagogische Position übersieht aber, dass der Mensch ein auf die Gesellschaft hin angelegtes Wesen ist und dass diese Tatsache nicht hintergehbar ist. **Eine absolute Negation jeglicher Erziehung kann daher nicht einmal als kritisches Postulat sinnvoll erscheinen**, da mit der Akzeptanz dieses soziologischen Menschenbildes auch die erforderliche Reproduktion der Gesellschaft durch Erziehung unweigerlich mitgedacht werden muss.

⇨ ***Arbeitsanregungen***

Emanzipatorische Pädagogik

Was verstehen Sie im pädagogischen Kontext unter Emanzipation?	
Bestimmen Sie das Verhältnis von Erziehung und Politik.	
Wie beurteilen Sie die Position der Anti-Pädagogen?	
Wie erreichen Sie in Ihrem Unterricht das Leitziel Emanzipation?	
Wie müsste sich ein Schüler verhalten, der emanzipiert ist?	
Nehmen Sie Stellung zu der These: „Emanzipation ist ein lebenslanger Prozess.“	
Welche Ziele sind Leitziele Ihres Unterrichts?	

Erörtern Sie die These: „Emanzipierte Schüler setzen emanzipierte Lehrer voraus.“	
Vergleichen Sie die emanzipatorische Pädagogik mit den beiden anderen Grundströmungen der Erziehungswissenschaft.	
Welche der drei Grundströmungen der Pädagogik erscheint Ihnen als Leitkonzept für Ihren Unterricht besonders tragfähig?	
Ermitteln Sie, welches Erziehungsverständnis Ihre Schüler haben.	

1.2. Modelle der Didaktik

Das Axiom „Man kann nicht nicht erziehen!“ ist für die Pädagogik unverzichtbar. Allerdings bleibt (im Rekurs auf die beschriebenen Hauptströmungen der Pädagogik) zu fragen: Sind die heute verfügbaren Didaktikkonzeptionen allein in der Lage, Erziehung und Unterricht zu verwirklichen? Man kann dies bezweifeln angesichts der realen Schwierigkeiten, denen sich Lehrer und Schüler in der Schule gegenübersehen. Vermutbar ist dies: Lehrer benötigen zur Bewältigung ihrer Aufgabe heute mehr denn je auch sozial-kommunikative Kompetenzen und Wertvorstellungen, die insgesamt geeignet sind, mit den vielfältigen Problemen des Unterrichtens und Erziehens fertig zu werden.

Dennoch gehört die Vermittlung grundlegender Kenntnisse über verschiedene didaktischer Modelle in die zweite Phase der Lehrerausbildung. Nur so können angehende Lehrer selbst begründete Entscheidungen über das Was, Wie und Wozu ihrer Arbeit treffen. **Was überhaupt ist Didaktik?** Didaktik ist eine Unterdisziplin der Pädagogik;

das Wort Didaktik bedeutet so viel wie „Unterricht, Lehre, Unterweisung“. Das griechische Verb *didaskein* kann man aktiv oder passiv übersetzen: so kann es „lehren“ und „belehrt werden“ heißen.

⇨ ***Bevor Sie weiterlesen:***

- Welche didaktischen Konzeptionen kennen Sie aus Ihrem Studium?

Als **Allgemeine Didaktik hat** die Didaktik vor allem **zwei Aufgaben**:

- Sie stellt den Fachdidaktiken allgemeine Prinzipien zur Verfügung, nach denen man Unterricht planen und analysieren kann. Die Fachdidaktiken müssen diese allgemeinen Prinzipien um fachspezifische Anteile ergänzen.
- Sie entwickelt allgemeine Grundsätze für Schule und Unterricht, die nicht fachgebunden sind. So beschäftigt sie sich z. B. mit Fragen der Lehrer- und Schülerrolle, mit Unterrichtsstörungen und Konflikten in der Schule, aber auch mit allgemeinen Zielen für Unterricht.

In ihrem Engagement ist die Allgemeine Didaktik nicht frei; sie ist stets verpflichtet, sich an den Grundsätzen einer demokratisch-verfassten Gesellschaft zu orientieren, die der Maßstab für mögliches und wünschenswertes Handeln sind (vgl. u. a. Bovet / Huwendiek 2004).

Mitte bis Ende des letzten Jahrzehnts wurden in Deutschland zahlreiche **didaktische Konzepte** diskutiert, die sich auf die eingangs skizzierten Strömungen der Pädagogik beziehen und sich oftmals in grundlegenden Fragen deutlich widersprechen. Zu diesen Konzepten gehören:

- Bildungstheoretische Didaktik (Nohl / Flitner)
- Konstruktiv-kritische Didaktik (Klafki)

- Curriculare Didaktik (Möller)
- Lehr-lerntheoretische Didaktik (Heimann / Otto / Schulz)
- Kybernetische Didaktik (Cube)
- Konstruktivistische Didaktik (Glaserfeld)
- Kommunikative Didaktik (Schaller / Schäfer / Winkel)

Noch heute werden in der Lehrerausbildung Aspekte einiger dieser klassischen Ansätze genutzt. Darüber hinaus kamen in den letzten Jahrzehnten weitere Zugangsweisen in den Blick, die als **Unterrichtskonzepte** die didaktische Diskussion befruchtet haben. Dazu zählen:

- Offener Unterricht (Bönsch / Schittko / Wagner)
- Zukunftswerkstatt / Werkstattunterricht (Jungk / Reichen)
- Themenzentrierte Interaktion (Cohn)
- Handlungsorientierter Unterricht (Meyer)
- Pragmatischer Konstruktivismus (Meixner / Müller)
- Kooperatives Lernen (Green)

Der Bedeutungsbereich des Stammwortes und seiner Ableitungen hat dazu geführt, dass die Begriffe Didaktik und didaktisch in der Pädagogik sehr unterschiedlich benutzt werden. In engerer Auffassung wird unter Didaktik die Wissenschaft vom Unterricht, in der erweiterten wird als Didaktik die Wissenschaft vom Lehren und Lernen verstanden. Im Bereich dieser Auffassungen von Didaktik gibt es verschiedene Positionen, die teilweise in der Form von Modellen beschrieben sind. Als ein didaktisches Modell bezeichnet man eine erziehungswissenschaftliche Theorie, die das didaktische Handeln auf allgemeiner Ebene analysiert und modelliert.

Für Lehrer ist Didaktik in diesem Sinne eine **„Erschließungswissenschaft“**, durch die Anliegen und Ziele, Personen und Beziehungen, Gegenstände, Sachverhalte und Prozesse sowie Methoden und Medien sozusagen aufgeschlossen werden. So werden die Elemente für die Planung des Lehr-/Lernprozesses verfügbar gemacht. Daneben bestehen außerdem Unterrichtskonzepte, die durch keine allgemeine pädagogische Theorie begründet sind. Diese entstammen der Unterrichtspraxis und stellen bestimmte Ausprägungen des Unterrichts dar (z. B. Handlungsorientierter Unterricht).

⇨ ***Bevor Sie weiterlesen:***

- Was bedeutet konkret das Aufschließen von Planungselementen?

Für die gegenwärtige Unterrichtspraxis sind in erster Linie folgende, zu zeitgemäßen Formen weiterentwickelte didaktische Modelle **von Bedeutung**:

1. die **bildungstheoretische Didaktik** als kritisch-konstruktive Didaktik (Wolfgang Klafki)
2. die **curriculare Didaktik** in ihrem lernzielorientierten Ansatz (Christine Möller)
3. die **lerntheoretische Didaktik** in der Darstellung als Hamburger Schule (Wolfgang Schulz) und
4. die **kritisch-kommunikative Didaktik** (Rainer Winkel)

Unterricht – so zeigt es die Praxis – ist ein Prozess, der **nicht allein von einem einzigen didaktischen Modell erhellt** werden kann. Im Unterrichtsalltag werden aus den verschiedenen Modellen die für die Praxis geeigneten Elemente ausgewählt und kombiniert. Diese Strategie ermöglicht es, die eigene Unterrichtsarbeit nach bestimmten Vorgaben der Richtlinien und nach dem didaktischen Verständnis des Faches zu bewältigen. Im Folgenden werden die genannten vier didaktischen Modelle in den ihnen zu Grunde liegenden Bezügen skizziert, um aufzuzeigen, welche Gesichtspunkte aus welchen Gründen bevorzugt die Unterrichtspraxis erhellen und bestimmen.

1.2.1. Bildungstheoretische Didaktik

Der zentrale Begriff in einem bildungstheoretischen Modell ist der der **Bildung**. Er bezieht sich auf die Auswahl bestimmter Inhalte in einem Lehrkanon; die Inhalte als bildende Lehre sind so zu verwenden, dass sie zugleich kritische Vernunft freisetzen, die sich auch gegen den Inhalt selbst muss richten können. Bildung ist danach aufzufassen als vermittelnde Kategorie zwischen den Ansprüchen der objektiven Welt und dem Recht auf Selbstsein des Subjekts. Wolfgang Klafki hat diese Beziehung als kategoriale Bildung bezeichnet. In ihr haben die Ansprüche sowohl materialer als auch formaler Bildungstheorien Eingang gefunden.

Die **materialen Bildungstheorien** definieren Bildung ausschließlich inhaltlich, weisen einen bestimmten Kanon von Inhalten aus und kennzeichnen Bildung als den geistigen Besitz dieser Inhalte. Die formale Bildung ist gekennzeichnet durch **Formung, Entwicklung und Reifung von körperlichen, seelischen und geistigen Kräften,** nicht aber durch Aufnahme und Aneignung von Inhalten. Da es hierbei nur auf den Prozess ankommt, können Inhalte beliebig, d. h., allein nach ihrem formalen Wert gewählt werden. Die kategorialen Bildung gründet sich darauf, dass Bildung immer nur in der Vereinigung materialer und formaler Gesichtspunkte gesehen werden kann. Die Inhalte müssen daher repräsentativ sein sowohl hinsichtlich ihrer gesellschaftlichen Bedeutung als auch im Hinblick auf die persönliche Bedeutung für die Schüler. Man spricht von einer doppelten Erschließung. Bildung als kategoriale Bildung ist einerseits Erschlossensein einer dinglichen und geistigen Wirklichkeit für einen Menschen, andererseits zugleich Erschlossensein dieses Menschen für diese seine Wirklichkeit. Unter diesem Bezug erhält Bildung ihre gegenwartsbezogene Bedeutung in der Fähigkeit zur Selbstbestimmung, Mitbestimmung und Solidarität.

Klafkis Konzept der didaktischen Analyse benennt den **Gegenstand** als **Ausgangspunkt der Unterrichtsplanung**. Das Konzept erlaubt es, Gegenstände auf Ziele für den Unterricht hin zu analysieren. In seinem Perspektivenschema der Unterrichtsplanung skizziert Klafki sieben Problemfelder bzw. Fragedimensionen, die in einem Konzept der Unterrichtsplanung aufzuarbeiten sind. Im Perspektivschema weist Klafki die Ebene der Fragerichtungen mit folgenden vier Gesichtspunkten aus:

- Begründungszusammenhang
  mit drei Fragen an den Gegenstand:
  Gegenwartsbedeutung, Zukunftsbedeutung, Exemplarität
- thematische Strukturierung
- Bestimmung von Zugangs- und Darstellungsmöglichkeiten

- methodische Strukturierung

⇨ ***Bevor Sie weiterlesen:***

- Was verstehen Sie unter der Gegenwartsbedeutung, der Zukunftsbedeutung und der Exemplarität eines Gegenstands? Veranschaulichen Sie die verschiedenen Bedeutungsebenen an einem konkreten Gegenstand.

1. Gegenwartsbedeutung   2. Zukunftsbedeutung   3. Exemplarität

Für die Unterrichtspraxis ergibt sich zunächst eine Reihe von **Einzelfragen an den Gegenstand**, die in der Regel unter den folgenden Gesichtspunkten bearbeitet werden:

- Struktur (z. B. fachwissenschaftlicher Zusammenhang, elementare Beziehungen, sachliche Gliederung, Kontexte)
- Gegenwartsbedeutung (z. B. mögliche Interessen wie sachlicher, gesellschaftlicher Bezug, Anknüpfungsmöglichkeiten)
- Zukunftsbedeutung (z. B. Qualifikationen, gesellschaftliche Perspektiven)
- Exemplarität (z. B. Übertragbarkeit, Grundsätzlichkeit)
- Zugänglichkeit (z. B. mögliche Verfahrens-/Aktionsformen, Darstellungsweisen)

⇨ ***Arbeitsanregungen***

Bildungstheoretische Didaktik

Wie definieren Sie den Begriff „Bildung“?	
Wählen Sie einen Gegenstand eines Ihrer Fächer. Zeigen Sie dessen Gegenwarts- und Zukunftsbedeutung?	
Wählen Sie einen anderen Gegenstand und machen Sie sich dessen exemplarische Bedeutung klar.	
In welcher Weise kann Bildung zur Selbst- und zur Mitbestimmung beitragen?	
Wie wichtig ist für die Unterrichtspraxis die sachliche Struktur eines Gegenstands?	
Wie sehen Sie das Verhältnis des Gegenstands zum methodischen Vorgehen im Unterricht?	

1.2.2. Lernzielorientierte Didaktik

Curriculum bedeutet in heutiger Sicht die organisierte Anordnung von Lernvorgängen im Hinblick auf bestimmte Lernziele. Der lernzielorientierte Lehrplan umfasst alle inhaltlichen Dimensionen des Lehrens und Lernens. Ein Curriculum kann von unterschiedlichen didaktischen Ausgangspositionen entwickelt werden; ein curriculares Didaktikmodell selbst existiert nicht. Ein lernzielorientierter Ansatz im Rahmen eines Curriculums (Möller 2002) geht von folgenden **Annahmen** aus:

- Ein präziser Zielerstellungsprozess ist zentraler Bestandteil jeder Unterrichtsplanung. Für den Zielerstellungsprozess wird ein Instrumentarium erlernbarer Handlungsschritte festgelegt.
- Das Verhalten, das der Schüler zeigen soll, und auch der Inhalt, an dem das Verhalten geäußert werden soll, müssen eindeutig beschrieben werden.
- Eine wichtige Voraussetzung für eine effektive Methodenwahl sind präzise Zielbeschreibungen.
- Der Erfolg des Lernens und Lehrens kann nur an Hand der Ziele wirkungsvoll überprüft werden.

Diese Aufgabe ist Gegenstand des ersten Teilprozesses, der als Lernplanung bezeichnet wird. Die Entwicklung einer Unterrichtseinheit wird vorgenommen unter den Aspekten:

- Lernplanung
- Lernorganisation
- Lernkontrolle

In der **Lernplanung** geht es um das Ermitteln und Festlegen von Richt-, Grob- und Feinzielen und um deren Einordnung in vorgegebene Taxonomien (z. B. in die nach Bloom / Krathwohl 1956; ⇨ vgl. a. Kap. 3.3.). Voraus geht die Frage nach den Normen, die als grundlegende Wert- und Zielentscheidungen den Unterricht bestimmen. Die Curriculumtheorie fordert als Grundlage einen weitreichenden Konsens der pluralistischen Gesellschaft für normative Entscheidungen. In dieses didaktische Modell haben Begriffe Eingang gefunden wie Partizipation, Emanzipation, Solidarität (soziale Verantwortung) und Selbstbestimmung. Sie dienen als leitende Erziehungsziele des Unterrichts.

⇨ ***Bevor Sie weiterlesen:***

1. Was verstehen Sie in einem ersten Zugriff unter Grob- und Feinzielen? Geben Sie ein Beispiel und erläutern Sie es.
2. Welchen Nutzen haben Lernziele?

1. Grobziel   2. Feinziel   3. Nutzen von Zielen

Der lernzielorientierte Ansatz gibt **Handlungsanweisungen** vor, die für den Unterricht, für seine Planung, Durchführung und Analyse ausschlaggebend sind. Die Handlungsanweisungen stützen sich zum einen auf Ergebnisse der empirischen Unterrichtsforschung, also auf Fakten der Unterrichtswirklichkeit und deren Abhängigkeitsbeziehungen. Zum anderen beziehen sich die Handlungsanweisungen auf Ergebnisse der normativen Didaktik, die sich damit beschäftigt, welche Ziele angestrebt werden sollen und wie man überhaupt zu Zielen gelangt. Die normative Didaktik geht von vor-pädagogischen Sinn-Normen über menschliches Leben, über die Stellung des Menschen in der Welt oder von ähnlichen Bezügen aus. Diese Normen werden auf Erziehungsziele ausgelegt, von welchen die Inhalte und Methoden des Unterrichts hergeleitet werden. Es geht zunächst um die Ermittlung der obersten Lernziele. Von diesen werden konkrete, in Verhaltensweisen ausgedrückte Teilziele abgeleitet.

Kritik an diesem Verfahren ergibt sich zunächst daraus, dass didaktisch-methodische Entscheidungen durch viele Faktoren mitbedingt sind, die nicht aus Sinn-Normen abgeleitet werden können. Zum anderen ist die Ableitungskette nie eindeutig bestimmbar: Von gleichen obersten Lernzielen können verschiedene Teillernziele abgeleitet werden, verschiedene oberste Lernziele können zu gleichen oder ähnlichen Teilzielen führen.

Der lernzielorientierte Ansatz eines curricularen Didaktikmodells hat in seiner Gesamtheit für die Unterrichtspraxis kaum Bedeutung erlangt. Für die Unterrichtspraxis hat aber eine explizierte Lernzielformulierung einige Vorteile: Ausdrücklich formulierte Lernziele machen ein Unterrichtsgeschehen transparent. Sie sind die Voraussetzung für eine adäquate Lernorganisation, für den Einsatz entsprechender Unterrichtsmittel und die Auswahl geeigneter Lernstrategien. Sie sind außerdem die erste Voraussetzung für eine angemessene **Lernkontrolle**.

⇨ ***Bevor Sie weiterlesen:***

1. „Ausdrücklich formulierte Lernziele machen ein Unterrichtsgeschehen transparent." Nehmen Sie dazu Stellung.
2. Das Attribut „ausdrücklich" in der These oben legt nahe, dass es auch nicht ausdrücklich formulierte Lernziele geben könnte. Was meinen Sie dazu?

1.   2.

Für das Verfahren der **Lernzielfindung** liefert der lernzielorientierte Ansatz wertvolle Unterstützung. In der Unterrichtspraxis führt häufig die Gegenstandsanalyse zur ersten Lernzielbestimmung, nicht allein auf fachlicher Ebene. In einem solchen Fall ergeben sich unter Einbeziehung der Lernenden, deren Kenntnisse und Interessen als Bestimmungsgrößen neue Bedingungen, unter denen die zunächst entwickelten Lernziele bestätigt oder modifiziert werden. Modifizierungen ergeben sich außerdem mit Blick auf die allgemeine Zielsetzung. Weitere Präzisierungen über das intendierte

Vorhaben können durch Hierarchisierung und Dimensionierung der Lernziele geschaffen werden.

⇨ ***Arbeitsanregungen***

Lernzielorientierte Didaktik

Wie eindeutig lassen sich Ihrer Meinung nach Lernziele formulieren?	
Wie wichtig finden Sie Lernziele? Begründen Sie.	
„Eine sinnvolle Methodenwahl setzt eine präzise Zielbeschreibung voraus.“ Nehmen Sie Stellung zu der These.	
„Lernerfolgskontrolle ist ohne Zielfestlegung nicht möglich.“ Inwieweit stimmt diese These Ihrer Meinung nach?	
Welche Bedeutung haben für die Festlegung von Lernzielen die Begriffe Partizipation, Emanzipation, Solidarität?	
„Die normative Didaktik geht aus von vor-pädagogischen Sinn-Normen.“ Was bedeutet dies für den Unterricht?	

1.2.3. Lehr-lerntheoretische Didaktik

Das Modell der lehr-lerntheoretischen Didaktik geht auf Heimann, Otto und Schulz (1965; **„Berliner Schule“**) zurück; die lehr-lerntheoretische Didaktik versteht sich als eine **Theorie des Unterrichts, die alle im Unterricht auftretenden Erscheinungen und Bedingungen der wissenschaftlichen Kontrolle unterzieht**. Unter diesem Gesichtspunkt betont dieses Konzept:

- Untersuchungen über die personellen und materiellen Voraussetzungen schulischen Lernens
- Zielvorstellungen von Schülern, Eltern und Lehrern
- Vorgaben in Richtlinien und Lehrplänen
- Fragen der Unterrichtssteuerung und der Effektivitätskontrolle sowie
- Beziehungen aller Einzelfaktoren zueinander

Das Modell begründet sich aus der Methodologie der empirischen Sozialforschung; die Problemstellungen sind größtenteils soziologischer oder sozialpsychologischer Art. Durch die Bezeichnung „lerntheoretisch“ (später lehrtheoretisch) wird in der historischen Situation der Entwicklung dieses Modells eine **Abgrenzung zu bildungstheoretischen Modellen (Bildung) und zu informationstheoretischen Modellen (Lernen)** der Didaktik vorgenommen. Das lehr-lerntheoretische Modell weist den Funktionen **Lernen und Bildung** keinen jeweils zentralen Stellenwert zu, wie es in den jeweils anderen Modellen geschieht; stattdessen werden diese Funktionen als **voneinander und von weiteren Funktionen abhängig** angesehen. Die Frage nach den Zielen und nach ihrer Ableitung hat keine bevorrechtigte Position; entscheidend ist, dass Unterrichtsziele, wie auch immer intendiert, erklärt und in ihrer Bedeutung eindeutig umschrieben werden können.

Grundlegend für dieses Modell ist die Annahme, dass **zwischen inhaltlichen und methodischen Entscheidungen ein Implikationszusammenhang** besteht. Damit ist zweierlei gemeint:

- Jede Unterrichtsmethode enthält inhaltliche Vorentscheidungen.
- Inhaltliche Zielsetzungen für den Unterricht können nicht ohne Bezugnahme auf ihre mögliche methodische Durchsetzung sein.

Es geht stets darum, die didaktische Ableitung methodischer Maßnahmen aus der vorweg entschiedenen Inhaltlichkeit zu problematisieren. Die methodische Strukturierung des Unterrichts hat immer die individuell-subjektiven (anthropogenen) Voraussetzungen der Schüler mit dem objektiven Sachanspruch zu vereinen. Dieser Sachanspruch unterliegt soziokulturellen Ansprüchen.

⇨ ***Bevor Sie weiterlesen:***

1. Was verstehen Sie unter der Wechselbeziehung von Inhalt und Methode?
2. Wie äußert sich diese Wechselbeziehung bei der konkreten Unterrichtsplanung?

1.   2.

Im Sinne einer Didaktik von der Wissenschaft des Unterrichts wird auf eine vollständige Erfassung aller Faktoren Wert gelegt. Dazu verhilft die **Strukturanalyse**. Sie ermöglicht es, in sechs Feldern den gesamten Umkreis von Unterricht zu erfassen. Es handelt sich dabei um vier **Entscheidungsfelder**

1. Intentionalität
2. Thematik
3. Methodik
4. Medienauswahl

und zwei **Bedingungsfelder**

1. anthropogene Voraussetzungen und
2. soziokulturelle Voraussetzungen.

Auf Grund dieser Beziehungen erhält das Modell eher einen technologischen Charakter. Als **Prinzipien der Planung** gelten z.B.:

- Interdependenz, d. h. die Herstellung einer widerspruchsfreien Wechselwirkung zwischen allen Planungselementen
- Kontrollierbarkeit, d. h. die Entwicklung der Unterrichtsplanung in der Weise, dass durch den Verlauf oder das Ergebnis der Unterricht korrigiert oder bestätigt werden kann

Das Modell dient zugleich der **Planung und der Analyse** des Unterrichts.

Die Weiterentwicklung dieses Modells durch Wolfgang Schulz (2002; „**Hamburger Schule**") ergibt eine Nuancierung in der Weise, dass Erziehung und Unterricht als ein Prozess der Verständigung zwischen den Lehrenden und Lernenden aufgefasst wird. Als grundlegende Intention gilt die Vermittlung von Kompetenz, Autonomie und Solidarität in den drei Erfahrungsfeldern des Sach-, Gefühls- und Sozialbereichs. Das **didaktische Handlungsfeld** umfasst vier zentrale Handlungsmomente:

1. Unterrichtsziele (Intentionen, Themen)
2. Ausgangslage der Lernenden und Lehrenden, auf die sich die Ziele beziehen
3. Vermittlungsvariablen (Methoden und Medien, mit deren Hilfe man von der Ausgangslage zur jeweils vorläufigen Endlage gelangt)
4. Erfolgskontrolle, die den Lernenden und Lehrenden die Selbststeuerung in der unterrichtlichen Kommunikation ermöglichen

Die Verständigung untereinander wird bestimmt in erster Linie durch die institutionellen Bedingungen, im weiteren durch die gesellschaftlichen Rahmenbedingungen.

⇨ ***Bevor Sie weiterlesen:***

1. Erläutern Sie bitte den letzten Satz: „Die Verständigung untereinander wird bestimmt in erster Linie durch die institutionellen Bedingungen, im weiteren durch die gesellschaftlichen Rahmenbedingungen."
2. Wie beurteilen Sie die Möglichkeit zu einer solchen Verständigung?
3. Wie wichtig ist diese Verständigung nach Ihrer Meinung?

1.

2.

3.

Für den konkreten Unterricht fordert dieses Modell

- eine Perspektivplanung, die längerfristig angelegt ist, und die Umrissplanung, bei der es um die Konzipierung einzelner Unterrichtseinheiten nach den vier zentralen Handlungsmomenten in ihrem Implikationszusammenhang geht,
- die Prozessplanung, bei der die Umrissplanung in einen Handlungsablauf übersetzt wird (zeitliche Abfolge der Unterrichtsschritte, Kommunikations- und Arbeitsformen), und
- die Planungskorrektur, die Konsequenzen aus der in der Realität auftretenden Wirkung aufgreift.

⇨ ***Arbeitsanregungen***

Lerntheoretische Didaktik

Erläutern Sie, inwiefern sich die lerntheoretische Didaktik auf die empirische Sozialforschung stützt.	
Worin besteht der strukturelle Unterschied zwischen der bildungs- und der lerntheoretischen Didaktik?	
Erläutern Sie an einem konkreten Beispiel die Interdependenz zwischen methodischen und inhaltlichen Entscheidungen.	
Welche Folgen für die Sicht von Unterricht hat die Wechselbeziehung zwischen Inhalt und Methode?	
In welcher Weise beeinflussen soziokulturelle und anthropogene Faktoren die Planung und Durchführung von Unterricht?	

Unterricht und Erziehung sind ein „Dialog zwischen potenziell handlungsfähigen Subjekten". Nehmen Sie Stellung zu dieser These von Schulz.	
Zeigen Sie an einem konkreten Beispiel aus Ihrem Unterrichtsalltag, was Sie unter Perspektiv- und Prozessplanung verstehen.	

1.2.4. Kritisch-kommunikative Didaktik

Die kritisch-kommunikative Didaktik ist eine Theorie des schulischen Lehrens und Lernens, die kommunikativ ausgerichtet ist im Sinne der sozialen Interaktion. Die kritisch-kommunikative Didaktik hat zudem den Unterrichtsprozess zur Voraussetzung mit dem Ziel, vorhandene gesellschaftliche Wirklichkeit zu reflektieren und diese erforderlichenfalls in anspruchsvollere Möglichkeiten zu transformieren. **Der Unterricht wird dabei als konkrete Reihung von Situationen im Zusammenhang von Kommunikations- und Handlungsintentionen verstanden.** Schulisches Agieren soll in eine selbst- und mitbestimmte Lebensführung der Heranwachsenden einmünden. Unter kritisch wird eine angemessene Distanz und das Hinterfragen des sozialpolitischen Geschehens verstanden; Emanzipation ist Handlungsziel und erkenntnisleitendes Interesse dieser Didaktik.

Die kritisch-kommunikative Didaktik wird von Rainer Winkel (2002) nicht als Gegensatz, sondern als Ergänzung zur bildungstheoretischen und lerntheoretischen Didaktik beschrieben. Sie macht es sich zu einem Anliegen, „in Form von Strukturanalysen die Komplexität des Unterrichts deskriptiv-empirisch" zu erfassen, um die Baugesetze und -pläne unterrichtlicher Prozesse hermeneutisch zu erschließen und kritisch für eine permanente Verbesserung des Unterrichts einzusetzen". Für diese Aufgabe wurde ein **Analyse- und Planungskonzept** entwickelt, das folgende als zentral anzusehende Elemente für den Unterricht akzentuiert:

- Einbeziehung der störfaktorialen Momente
- zunehmende Partizipation der Lernenden
- Aufbau kritisch-praktischer Handlungsfähigkeit

- zunehmende symmetrische Kommunikation der Beteiligten

⇨ ***Bevor Sie weiterlesen:***

1. Welche Bedeutung haben Unterrichtsstörungen?
2. Welchen Sinn hat es, mögliche Unterrichtsstörungen mit in die Planung einzubeziehen?
3. Welchen Sinn hat es, Unterrichtsstörungen bei der Evaluation von Unterricht zu berücksichtigen.

1.
2.
3.

In diesem Modell werden die Unterrichtsprozesse unter dem Gesichtspunkt ihrer Vermittlung, dem der Inhalte, der Beziehungen und dem Gesichtspunkt der Störfaktizität entwickelt. Diese Faktoren stehen nicht nebeneinander, sondern greifen ineinander, so dass man mit ihrer Hilfe Interdependenzen feststellen kann. Jeder Gesichtspunkt wird fernerhin in eine Reihe analytisch zu verwendender Momente untergliedert. Die **Unterrichtsplanung** zielt darauf ab, Themen nicht allein sachadäquat, sondern vor allem **interaktionsadäquat** zu vermitteln. Die Lehrperson übernimmt in einem solchen Unterricht neue Funktionen.

Die Bedeutung der kritisch-kommunikativen Didaktik für die Unterrichtspraxis ist darin zu sehen, dass sie **Fragestellungen auf der Beziehungsebene akzentuiert**, für die die übrigen Didaktiken keine Hinweise geben. Die flexible Ausrichtung auf das vorzufindende didaktische Normensystem, die Raum zu subjektiver Interpretation und individueller Ausgestaltung gibt, ist ein Angebot zur Identitätsfindung für die Lernenden.

⇨ *Arbeitsanregungen*

Kritisch-kommunikative Didaktik

Welche Arten von Unterrichtsstörungen kennen Sie und wie können sich diese auf den Unterrichtsverlauf auswirken?	
Wie gehen Sie mit solchen Unterrichtsstörungen um?	
Zunehmende Partizipation der Schüler ist ein Prinzip der kritisch-kommunikativen Didaktik. Wie könnten Sie dieses Prinzip im Unterricht realisieren?	
Wie könnten Sie im Unterricht eine kritisch-praktische Handlungsfähigkeit der Schüler aufbauen?	
Wie könnten Sie sich Unterricht einer symmetrischen Kommunikation nähern?	
Wie weit ist Ihrer Meinung nach das Ziel einer symmetrischen Kommunikation im Unterricht zu erreichen?	

Die Inhalte sollen interaktionsadäquat vermittelt werden. Was bedeutet das? Geben Sie Beispiele.	
Vergleichen Sie die Lehrerrollen in der bildungstheoretischen und in der kritisch-kommunikativen Didaktik.	
Wie beurteilen Sie in unserem Schulsystem die Chancen für eine Umsetzung der kritisch-kommunikativen Didaktik?	

⇨ ***Arbeitsanregungen***

Modelle der Didaktik (allgemein)

Nach welchem didaktischen Modell planen Sie Ihren Unterricht? Mit welcher Eindeutigkeit benutzen Sie das gewählte Modell?	
Versuchen Sie zu klären, in welcher Weise Allgemeinbildung in dem bildungstheoretischen Modell der Didaktik eine Rolle spielt?	
Was verstehen Sie unter Bildung und in welcher Weise vermitteln Sie Bildung im Unterricht?	
Welche Bedeutung haben in den genannten Didaktiken die Begriffe Bildung und Lernen?	

Welche Bedeutung hat die Rückkopplung „Gegenstand – Lernziel“ in den genannten didaktischen Modellen?	
Inwiefern lässt sich Emanzipation als Zielsetzung im Unterricht Ihrer Fächer verwirklichen?	
Als Erziehungsziel wird in der Regel Emanzipation, seltener Mündigkeit genannt. Welchem dieser Erziehungsziele räumen Sie an der Schule Vorrang ein?	
Vergleichen Sie den lernzielorientierten Ansatz mit dem kritisch-kommunikativen. Welcher erscheint Ihnen nützlicher für Ihre Unterrichtspraxis?	
Was verstehen Sie unter symmetrischer Kommunikation im Unterricht?	
Im Rahmen einer kritisch-kommunikativen Didaktik übernimmt der Lehrer neue Rollen. Welche könnten bzw. müssten das sein?	

2.

Lehrer-handeln

„Jede Person lebt in ihrer eigenen inneren Erlebniswelt. Sie nimmt Menschen, Gegenstände und Ereignisse in einer nur ihr einzigartigen Weise wahr, mit nur von ihr empfundenen Bedeutungen.“

(Tausch / Tausch)

2.1. Unterrichten

„Der Lehrende macht einen Inhalt des Wissens und Könnens zugänglich, der Unterrichtende arbeitet ihn in die Köpfe der Kinder hinein.“ (Willmann 1957) – Unterrichten ist also mehr als Lehren. Es geht hinsichtlich sowohl der Erziehungsziele als auch der Kompetenzmerkmale im weitesten Sinne um eine Hinführung an die Anforderungen einer pluralen Gesellschaft (⇨ s. hierzu Kap. 2.2.). Ein wichtiger Grundsatz des Unterrichtens ist die **„Schülerorientierung“**; sie fordert einerseits das Eingehen auf den Schüler in einer konkreten Unterrichtssituation und fördert andererseits die Selbststeuerung des Lernens durch den Schüler. Der Schüler wird gemäß seinen Lernbedingungen dazu angehalten, mehr oder weniger Initiator und Verantwortlicher seiner Lerntätigkeit zu werden; er kann in unterschiedlichem Ausmaß Unterstützung und Hilfe erfahren und herausfordern. **Schülerorientierter Unterricht** wird demnach grundsätzlich bipolar verstanden. Er bezieht sich auf die Momente:

- Selbststeuerung – Anleitung
- Spontaneität – Stimulierung
- Selbstbestimmung – Vorgaben

Bezüglich des Lernens werden Prozesse notwendig, die der Schüler als Subjekt selber leisten muss. „Du kannst einen Menschen nichts lehren. Du kannst ihm nur helfen, dasselbe in sich selbst zu entwickeln.“ (G. Galilei, zit. n. Stöcker 1960) Dem Schüler wird ermöglicht, zunehmend mehr seine kognitive Struktur zu konstruieren; er wird durch Probleme in der Sache und durch „Ungleichgewichte“ in seinem Denken dazu motiviert, sich mit der Sache zu beschäftigen. Ein konstitutives Element des Unterrichts ist somit der **Lehr-/Lernprozess**. Dieser Prozess wird so ausgerichtet, dass die Schüler die Möglichkeit haben, sich ihrem eigenen Erfahrungs- und Lernstand anzuschließen und dem Leitbild des aktiven und selbständigen Arbeitens zu folgen. Daraus ergeben sich Konsequenzen einmal für das Lernarrangement und zum Anderen für die Lehrerrolle. Das **Lernarrangement** muss geeignet sein, dem Leitbild des aktiven und selbstständigen Lernens zu dienen und außerdem eine Vernetzung des Wissens zu ermöglichen. Lerninhalte, Arbeitsformen und Anforderungen sollen dem Entwicklungsstand und (im weiteren Sinne) dem Lernbedürfnis der Schüler entsprechen. Der Unterricht soll dem Schüler neue Erfahrungen erschließen und seine Mitwirkung an Planungs- und Entscheidungsprozessen ermöglichen. **Der Leh-**

rer verändert seine Rolle: Er ermöglicht dem Schüler, sein eigenes Lernprogramm zu entwickeln, und führt ihn so an Selbstständigkeit und Mitbestimmung heran.

Die **Schülerorientierung verändert den Unterricht** in drei Dimensionen:

- inhaltliche Dimension (Bezug zur Lebenswelt, Herstellung von Kontexten)
- methodische Dimension (neue Lehrmethoden und Lernformen, Mitgestaltung des Lernprozesses)
- organisatorische Dimension (veränderte Unterrichtsabläufe, besondere Organisationsformen)

Lehren bezieht sich z. B. auf die **Funktionen**:

- Lernanlässe vorbereiten und Interessen anregen (als Voraussetzung und als Ziel des Unterrichts)
- Lernhilfen anbieten
- Fördermaßnahmen gestalten
- Verständigung über Lernziele mit den Schülern herbeiführen

Der Lehr-/Lernprozess ist ziel- und inhaltsadäquat zu organisieren, damit sich der Schüler als Subjekt seines Lernprozesses erleben kann. Für den Unterricht bedeutet das die Ausrichtung auf Methoden und Sozialformen unter Einsatz von Medien und Materialien, durch die schülerorientiertes Handeln ermöglicht wird. In der Unterrichtsführung ergeben sich daraus einige Konsequenzen: So muss der Lehrer z. B. auf Schüleräußerungen und Schülerverhalten angemessen reagieren und die individuellen Erkenntnisprozesse der Schüler beachten, um die Erkenntniswege nach der aktuellen Aufnahme- und Leistungsfähigkeit der Lernenden variieren zu können. Schon bei der Planung ist es daher notwendig, mögliche Lernschwierigkeiten und Fehlentwicklungen zu antizipieren.

Richtlinien und Lehrpläne regeln die allgemeinen und fachlichen Zielsetzungen und machen Aussagen über die Inhalte und deren Verteilung im Bildungsgang. Diese Grundsätze und Vorgaben haben zur Folge, dass jedem Unterricht eine klare und zielorientierte Planung zugrunde gelegt werden muss. Das komplexe Handlungsfeld Unterrichten wird in **Handlungskompetenzen** zerlegt. Grundlegend sind:

- Lernvoraussetzungen berücksichtigen
- Lerngegenstände auswählen, erstellen oder aufbauen

- Sachstrukturen darstellen
- Unterrichtsziele setzen
- Vermittlungsformen planen
- Maßnahmen zur Gestaltung von Unterrichtsgesprächen festlegen
- Unterrichtsergebnisse sichern (lassen)
- Unterrichtsergebnisse vernetzen
- Unterricht evaluieren
- Unterricht revidieren

Diese Handlungskompetenzen lassen sich weiter differenzieren. Unter der Globalkompetenz „Lernvoraussetzungen" werden z. B. Teilkompetenzen erfasst wie „Interaktionsprozesse in einer Lerngruppe wahrnehmen und analysieren" oder „alters-/stufengemäße Denkweisen ermitteln".

Bezüglich der Vermittlungsformen ist dem traditionellen Unterricht als konstruktives Merkmal eine bestimmte zielgerichtete Verlaufsform eigen. Diese Verlaufsform äußert sich in den Momenten der **Artikulation**. Darunter versteht man allgemein eine Gliederung zum Zwecke der Deutlichkeit. Folglich gibt es für den Unterricht als Prozess eine Abfolge von Phasen (auch Stufen genannt). Die Einhaltung dieser Phasen soll es dem Schüler ermöglichen, die intendierten Lernziele in geeigneter Weise zu erreichen.

Für die Kennzeichnung dieser **Phasen** hat sich im Lauf der Zeit eine breitgefächerte Terminologie herausgebildet. Diese beschreibt in unterschiedlicher Weise sowohl Methoden wissenschaftlicher Forschung als auch vermutete Lern- und Aneignungsphasen; den einzelnen Phasen werden jeweils Lernhilfen zugeordnet. Jedes Lernen kann auf drei Grundakte zurückgeführt werden (**Dreischritt-Modell**):

- Erschließung des Neuen
- Bearbeitung
- Bewährung des Gelernten

Dieses Grundmodell wurde von Pädagogen und Didaktikern in verschiedenen Varianten entwickelt, wodurch spezifische Akzentuierungen der jeweiligen didaktischen Konzeptionen hervorgehoben wurden. Daher und weil Unterricht stets unterschiedlich und vielschichtig auf die Lernbedingungen Bezug nimmt, kann nicht jedes Modell der Artikulation für jeden Unterricht angewendet werden.

Als ein Beispiel für eine **Artikulation unter lernpsychologischen Gesichtspunkten** sei die von Heinrich Roth (1969) genannt. Roth nennt sechs Phasen:

- Motivation
- Schwierigkeiten
- Lösungsversuche
- Tun und Ausführen
- Behalten und Einüben
- Bereitstellung, Übertragung, Integration des Gelernten

Die drei Grundakte im Lehr-/Lernprozess haben hinsichtlich der Grobgliederung des Unterrichts Bedeutung. Danach gibt es eine **Anfangs-, eine Mittel- und eine Schluss-Situation** im Unterricht. Innerhalb dieser Situationen ergeben sich verschiedene Variationen hinsichtlich der Verlaufsgestaltung und der Setzung von Schwer- und Höhepunkten (siehe ⇨ Kap. 3.5. „Dramaturgie des Unterrichts").

Zwei **Methoden selbstgesteuerten Lernens** sollen im Folgenden dargestellt werden, weil bei diesen der Fortgang des Lernprozesses vom Schüler weitgehend selbst überwacht, reguliert und bewertet wird. Es ist einmal die **Projektarbeit** und zum anderen das **Stationenlernen**. Die oben genannten Handlungskompetenzen des Lehrers spielen hierbei in einer modifizierten Gewichtung eine Rolle.

Das **Projekt** wird oft als eine Methode verstanden, bei der sich die Schüler planvoll mit Sachverhalten auseinandersetzen, die im sozialen Umfeld der Gruppe liegen. Das Lernen ist an den Interessen und Bedürfnissen der Schüler orientiert. In der Umsetzung dieser Methode wählen die Schüler einer Lerngruppe eine wichtige und auf die Lebenswirklichkeit bezogene Aufgabe aus und versuchen, diese Aufgabe durch planvolles und kooperatives Lernen selbstständig zu lösen. Es werden dabei verschiedene Arbeits- und Reflexionsphasen durchlaufen, in die die Projektarbeit auf Grund lernpsychologischer Forderungen gegliedert ist. Das Ergebnis des Projektes ist das Handlungsprodukt. Die Funktion des Lehrers bezieht sich gegebenenfalls auf Beratung bei Gestaltung und Durchführung des Projekts und auf Angebote zu bestimmten Arbeitstechniken. Seine wichtigste Aufgabe ist die begleitende Beobachtung. Auf der Grundlage der dabei gewonnenen Einsichten gibt er den Schülern die

Möglichkeit, ihren Lernfortschritt zu reflektieren und kriterienbezogen zu beurteilen (vgl. Emer / Lenzen 2005; Frey 2005; Simon 2004).

Das **Stationenlernen** (= Lernen an Stationen, Lernzirkel; auch Lernwerkstatt) wird durchgeführt, weil sich dadurch die Ziele des selbstständigen und selbstgesteuerten Lernens verwirklichen lassen. Bei dieser Methode können in besonderer Weise Unterschiede bei den Lernvoraussetzungen der Schüler, bei ihrem Lernverhalten und bei ihrem Lern- und Arbeitstempo berücksichtigt werden. Entwickelt hat sich das Stationenlernen aus dem Zirkeltraining im Sport, bei dem verschiedene Trainingsstationen zu durchlaufen und während einer vorgegebenen Zeit an einer Station ganz bestimmte Übungen zu absolvieren sind.

Beim Lernen an Stationen wird den Schülern ein Sachverhalt, zergliedert in verschiedene Aspektbereiche, an einzelnen Lernstationen angeboten. Die Stationen können sich hinsichtlich der Bearbeitungszeit und ihres Anspruchs (Inhalt und Leistung) unterscheiden. Es können Pflicht- und Wahlstationen eingerichtet werden; die Anzahl der Stationen, die Reihenfolge der Bearbeitung und die Sozialform (Einzel-, Partner-, Gruppenarbeit) sind variierbar. Die an den Stationen bereitgestellten Materialen sind an Hand von Aufgabenstellungen zu bearbeiten. Der Lehrer wird die Materialien lernwirksam gestalten und die Arbeitsaufträge zielorientiert formulieren. Seine Funktion im Unterricht besteht in der begleitenden Beobachtung und in der Sicherung des Lernprozesses und des Lernergebnisses (vgl. Gieth 2004).

⇨ ***Arbeitsanregungen***

Unterrichten

Welche allgemeinen und schulspezifischen Rahmenvorgaben berücksichtigen Sie beim Unterrichten?	

Nennen und beurteilen Sie lernpsychologische Aspekte, die für Ihren Unterricht wichtig sein können.	
Welche Kriterien sind für Sie entscheidend bei der Auswahl von Unterrichtsgegenständen?	
Was verstehen Sie unter „Schülerorientierung“? Wie erreichen Sie eine solche?	
Was verstehen Sie unter „Problemorientierung“ und wie erreichen Sie diese?	
Was verstehen Sie unter „Produktorientierung“? Wie bedeutsam ist diese?	
„Bei der Projektarbeit kann man tun, was und wie man es möchte.“ Nehmen Sie Stellung zu dieser These.	
Welchen Stellenwert haben Hausaufgaben?	
Welche Sozialformen bevorzugen Sie? Warum?	
Welche Medien nutzen Sie im Unterricht besonders häufig? Warum?	

Welche Sozialformen kommen in Ihrem Unterricht besonders häufig vor? Warum?	
Wie schaffen Sie eine lernförderliche Arbeitsatmosphäre?	
Nennen und begründen Sie Merkmale einer guten Fragetechnik.	
Welchen Bedeutung wird der Projektarbeit zugeschrieben?	
Nennen Sie mehrere Unterrichtsvoraussetzungen und beschreiben Sie deren Stellenwert für die Durchführung von Unterricht.	
Wie wichtig ist Ihnen bei der Gestaltung des Unterrichts die Interessenlage der Schüler?	
Welchen Sinn sehen Sie in fächerübergreifendem Unterrichten?	
Was verstehen Sie unter kooperativen Arbeitsformen und wie initiieren Sie diese?	
Wie fördern Sie die Kommunikation unter den Schülern?	
Was halten Sie davon, Schülern Aufgaben der Lehrperson zu übertragen?	

Wie beurteilen Sie Möglichkeiten der Binnendifferenzierung?	
Wie fördern Sie besonders lernstarke (hochbegabte) oder lernschwache Schüler?	
Wie wichtig ist Ihnen der Einsatz neuer Medien im Unterricht? Warum?	
Informieren Sie sich über die verschiedenen Lerntheorien. Durch welche der Theorien werden die in den Text-Zitaten zum Ausdruck gebrachten Vorstellungen über Lernen jeweils am ehesten beschrieben?	
Beschreiben Sie weitere Teilkompetenzen für die Handlungskompetenz „Lernvoraussetzungen".	
Bearbeiten Sie in entsprechender Weise die Handlungskompetenz „Unterrichtsgespräche".	
Informieren Sie sich über die Funktionen offener und geschlossener Fragen sowie über verlaufsbestimmende und stofforientierte Funktionen von Fragen. Welche Prozesse werden durch die Funktion von Fragen angeregt?	

Beschreiben Sie Elemente einer problemorientierten Gesprächsführung.	
Wählen Sie irgendeinen Inhalt eines Ihrer Fächer und versuchen Sie, an diesem zu beschreiben, inwiefern zu dessen Vermittlung bestimmte Lernvoraussetzungen gegeben und bestimmte Methoden erforderlich sein müssen.	
Klären Sie, ob das Artikulationsschema nach Roth überhaupt und gegebenenfalls auf welche Weise es zur Phasierung des Unterrichts in Ihren Fächern geeignet ist.	
Welche Lernstrategien und Arbeitstechniken müssen Schülern vermitteln werden, damit sie in bestimmten Jahrgangsstufen erfolgreich lernen können?	
Häufig werden solche Strategien und Techniken in bestimmten Projekten fächerübergreifend behandelt. Ist das ein Verfahren, das auch für Ihre Fächer geeignet ist?	
Die Zusammenarbeit in Gruppen (Gruppenarbeit) muss den Schülern vermittelt werden. Entwickeln Sie Konzepte, mit deren Hilfe Sie a) eine Einführung in die Gruppenarbeit gestalten und b) den Erfahrungsstand der Schüler einer Lerngruppe mit Gruppenarbeit erfassen können.	
Sie wollen mit den Schülern einer Klasse 9 ein Projekt zum Thema „Unsere Schule im Stadtteil“ durchführen. Worauf müssen Sie bei der Planung achten?	

Sie planen, das Thema „Jugendkultur“ an Stationen zu erarbeiten. Die Schüler sind etwa 16 Jahre alt. Wie gehen Sie vor?	

2.2. Erziehen

Erziehen ist neben dem Unterrichten wohl die wichtigste Lehrerfunktion. Der **Erziehungsbegriff** ist seit jeher schillernd und vielschichtig:

- Erziehen erfolgt stets zielorientiert und vollzieht sich in sozialer Interaktion und mit Bezug auf Inhalte und Lerngegenstände (vgl. Gudjons 2003b).
- Erziehung geschieht aus Liebe und hat das Ziel, jungen Menschen zu helfen, „verstehend und kritisch, verantwortlich und produktiv in das werktätige und kulturelle Leben ihrer Gruppe [...] hineinzuwachsen.“ (Roth 1971, 83)
- Erziehung ist mehr als die Integration in ein Milieu, Erziehung ist „darüber hinaus auch die Fähigkeit, dieses Milieu zu verändern. Das setzt Kritik voraus. Infolgedessen enthält auch der Erziehungsbegriff ein Element der Kritik.“ (Mollenhauer 1972, 121)

Das **Schulgesetz NRW** (2005) formuliert in § 2 (3) den Erziehungsauftrag der Schule so: Die Schule „fördert die Entfaltung der Person, die Selbstständigkeit ihrer Entscheidungen und Handlungen und das Verantwortungsbewusstsein für das Gemeinwohl, die Natur und die Umwelt.“ Erziehen und damit das Erreichen dieser Ziele ist heute schwieriger geworden: Veränderte Sozialisationsbedingungen lassen Erziehungsabsichten nicht selten ins Leere laufen (vgl. Baacke 2001; 2003; 2004). In einer veränderten Welt stellt sich die Frage nach dem Wozu der Erziehung stets neu. Welche Erziehungsziele soll ein Lehrer verfolgen? Eine globale Welt braucht umfassend gebildete Menschen, Menschen, deren Kompetenzen sich auf das gesamte Spektrum sozialer Interaktion beziehen. **KODE©** (= *Ko*mpetenz, *D*iagnostik und *E*ntwicklung) ist ein interessantes Kompetenz- und Trainings-Modell, das man – ursprünglich für Unternehmen konzipiert – auch für den schulischen Bereich fruchtbar machen kann. Kompetenzen werden dabei verstanden als Verhaltensdispositionen, die es dem Menschen erlauben, sich in komplexen und wenig durchsichtigen Situationen zurecht zu finden und angemessen zu agieren (vgl. Heyse / Erpenbeck 2004b). Der **Kompetenz-Begriff** ist heute in aller Munde und er wird in vielfältiger Bedeutung gebraucht. Strukturell basiert jede Kompetenz auf Wissen und wird durch Überzeugungen, so genannte Glaubenssätze, definiert und stabilisiert. Kompetenzen drücken sich in Verhaltensdispositionen aus, also letztlich in den Fähigkeiten und Fertigkeiten, die ein Mensch hat. Besonders schwierig ist es oft, Kompetenzen in konkretes Verhalten umzusetzen. Kenntnis allein generiert eben noch kein Verhalten. Dafür ist zusätzlich der menschliche Wille nötig, der in manchen Fällen zu schwach scheint, um das gewünschte und angestrebte Verhalten zu realisieren. Menschen machen in einem nächsten Schritt Erfahrungen mit ihrem Verhalten, indem sie dessen Wirkungen auf andere Menschen beobachten und beurteilen. Insoweit sind Erfahrungen in Form sozialer Rückmeldung wichtig für die Erweiterung und Konkretisierung von Kompetenzen.

KODE© ordnet das gesamte menschliche Verhalten vier Kompetenz-Bereichen zu. Diese vier Kompetenz-Bereiche können aus Sicht der Schule verstanden werden als Ziel-Ebenen von Erziehung, denen jeder Unterricht gerecht werden sollte. Insoweit stellen die Konkretisierungen der Kompetenz-Bereiche auch Kernpunkte von Erziehung dar (vgl. zum Gesagten und zum Folgenden insgesamt Erpenbeck / Rosenstiel 2003; ILK 1999):

Bereich 1: **Personale Kompetenz**

Dazu gehören z. B.:

- Bereitschaft zur Selbstreflexion
- Selbstwertgefühl
- Leistungsbereitschaft
- Lernbereitschaft
- Offenheit
- Risikobereitschaft
- Belastbarkeit
- Selbstdisziplin
- Werteorientierung
- Selbst-Management

- Loyalität
- Hilfsbereitschaft

Bereich 2: **Aktions- oder Handlungskompetenz**

Dazu gehören z. B.:

- Initiative
- Risikobereitschaft
- Charisma
- Anspruchsbereitschaft
- Dynamik
- Führungsfähigkeit
- Konkurrenzfähigkeit
- Widerstandsorientierung
- Durchsetzungsfähigkeit

Bereich 3: **Fach- und Methodenkompetenz**

Dazu gehören z. B.

- Allgemein- und Fachwissen
- Fachliche Fähigkeiten und Fertigkeiten
- Sachorientierung
- Verlässlichkeit
- Faktenorientierung
- Problemorientierung
- Analytisches und konzeptionelles Denken
- Umsicht
- Vorsicht
- Kreativität

Bereich 4: **Sozial-kommunikative Kompetenz**

Dazu gehören z. B.:

- Teamfähigkeit
- Empathie
- Verantwortungsbewusstsein
- Rollendistanz
- Kommunikationsfähigkeit

- Überzeugungsfähigkeit
- Kooperationsfähigkeit
- Konfliktlösungsbereitschaft
- Konsensfähigkeit
- Anpassungsfähigkeit
- Flexibilität

Im Verlauf konkreter Handlungsabläufe etwa **im Unterricht greifen die vier Kompetenz-Bereiche ineinander**. Beispiel: Eine Schülergruppe bekommt den Auftrag, auf der Basis von Vorinformationen im Rahmen eines Gruppenprozesses zu entscheiden, wo eine Windkraftanlage errichtet werden soll. Grundlage für den Entscheidungsprozess in der Sache liefert das Wissen, das die Gruppenmitglieder in die Debatte einbringen (Fach-/Methodenkompetenz). Dieses Wissen wiederum ist an Wertvorstellungen orientiert, die für das einzelne Gruppenmitglied handlungsführend sind (Personale Kompetenz). Dabei muss jedes Gruppenmitglied in sachliche Konkurrenz mit jedem anderen treten und versuchen, seine eigene Einschätzung gegebenenfalls auch gegen argumentative Widerstände durchzusetzen (Aktions-/Handlungskompetenz). Das alles soll aber im Rahmen eines rationalen Diskurses zu einer Teamentscheidung führen, für die die Konsensfähigkeit aller Beteiligten von großer Bedeutung ist (Sozial-Kommunikative Kompetenz).

Je nach konkreter Ausgangslage der Lerngruppe und in Abhängigkeit vom Unterrichtsgegenstand und von den gewählten Methoden stehen unterschiedliche Kompetenzen im Vordergrund. Auf der Basis einer solchen Kompetenzbeschreibung lassen sich problemlos Erziehungsziele formulieren, die für Unterricht überhaupt oder nur für bestimmte Unterrichtsreihen oder -stunden gelten sollen. Auch ist eine Konkretisierung der Kompetenzen auf der Ebene der Lernziele möglich, obwohl es anders als bei der traditionellen Gliederung der Lernziel-Dimensionen für die Kompetenz-Bereiche noch keine tragfähigen Taxonomien gibt (⇨ vgl. auch Kap. 3.3.).

Wichtig dabei: Hinter der Orientierung an Kompetenzen steht ein **ganzheitliches Menschenbild**. Der Unterricht muss in seiner Gestaltung diesem Menschenbild Rechnung tragen. Das heißt zuerst und vor allem: Unterricht darf nicht im Vermitteln von Fakten aufgehen, er muss auch weitere Strukturen menschlichen Seins berücksichtigen. Was bedeutet das konkret? Unstrittig ist: Unterricht muss didaktisch reduziert das **Wissen vermitteln**; er sollte problemorientiert angelegt sein und den Schülern helfen, Problemstellungen fakten- und sachbezogen zu durchschauen, zu bearbeiten und im Rahmen des Möglichen zu lösen. Dazu ist auch die Vermittlung einer komplexen Kenntnis von Problemlösungsmustern nötig. Das bloße Kennen von Fakten und Vorgehensweisen reicht aber nicht aus. Unterricht muss Möglichkeiten bieten, **Gelerntes** in Zusammenhänge zu stellen und kritisch zu bewerten, Gelerntes auf andere Kontexte zu übertragen, zu **vernetzen** und zu verarbeiten. Erst dadurch wird neu Gelerntes behalten und kann in späteren Situationen abgerufen und sachgerecht angewendet werden (= Fach- und Methodenkompetenz).

Unterricht muss parallel dazu aber auch **Werte vermitteln**, Werte und Überzeugungen, die in einer demokratischen Gesellschaft wie der unseren von Bedeutung und tragfähig sind. Unterricht muss dazu beitragen, Vorbilder und Ideale zu kreieren, denen nachzueifern sich für die Kinder und Jugendlichen lohnt. In diesem Sinne sollte auch die Lehrperson ein Vorbild sein. Unterricht sollte den Gerechtigkeitssinn der Heranwachsenden fördern, indem es im Unterricht selbst gerecht zugeht. Und Unterricht muss in einer Leistungsgesellschaft die Leistungsbereitschaft der Schüler fördern, indem er von den Schülern Leistungen fordert (= Personale Kompetenz). Bei den Schülern ein Wertebewusstsein zu schaffen und ihnen Werte zu vermitteln, gelingt dem Unterricht vor allem über didaktische Intentionen, die der Lehrer mit den Unterrichtsgegenständen verfolgt.

Die methodische Gestaltung des Unterrichts muss den Schülern selbstständiges, weitegehend offenes und **verantwortungsvolles Arbeiten** ermöglichen. Sie müssen in wettbewerbsorientierte Situationen gebracht werden, in denen sie lernen können, ihre eigene Sicht der Dinge gegenüber anderen zu behaupten und durchzusetzen. Das Arrangement des Unterrichts muss den Schülern Chancen bieten, aktiv zu werden, Führungsrollen zu übernehmen und Risikobereitschaft zu zeigen. **Handlungsorientierte, kooperative und produktorientierte Verfahren** leisten dies in besonderem Maße, wenn sie schülerorientiert und erfahrungsorientiert angelegt sind (= Aktivitäts- und Handlungskompetenz).

Das Fördern von Fach- und Methodenkompetenz, das Entwickeln von personaler Kompetenz und von Handlungskompetenz hilft dem Heranwachsenden sich selbst zu verwirklichen. Im Sinne der Richtlinien für die gymnasiale Oberstufe in NRW darf **Selbstverwirklichung** nicht getrennt werden von **sozialer Verantwortung**. Unterricht muss daher so arrangiert sein, dass er die soziale Dimension des Lernens stets im Blick behält. Vor allem **kooperative Methoden** machen es nötig, dass der Einzelne sich in Andere einfühlt, deren Meinungen und Bedürfnisse ernst nimmt und damit umgehen lernt. Anpassungs- und Durchsetzungsfähigkeit zugleich werden so trainiert mit dem Ziel, sachbezogen Konsensfähigkeit einzuüben (= Sozial-kommunikative Kompetenz; vgl. ILK 1999; Huber 2004).

Langfristiges Ziel eines solchen Unterrichts ist die **mündige Schüler-Persönlichkeit**, die sich in sozialer Verantwortung selbstverwirklicht. Man sieht: Der Lehrer entscheidet durch die Gestaltung des Unterrichts darüber, welche Kompetenzen gefördert werden. Damit entscheidet der Lehrer auch darüber, in welchem Maße sich Schüler auf das angestrebte Persönlichkeitsideal hin entwickeln können. Die Auswahl des Unterrichtsgegenstands, die didaktische Intention einer Stunde und das methodische Vorgehen führen bei den Schülern nicht nur zu einem Mehr an Kenntnissen, sondern unterstützen auch andere Persönlichkeitsmerkmale. Erziehung ist ein zielgerichteter Prozess. Der Lehrer sollte daher wissen, welche Vorgehensweisen welche Kompetenzebenen bedienen. Auf dem Hintergrund der Lernstil-Forschung sollte er dafür sorgen, dass zumindest langfristig bei den Schülern möglichst alle Kompetenz-Bereiche angesprochen werden.

⇨ ***Arbeitsanregungen***

Erziehen

Sie wollen die personale Kompetenz der Schüler fördern. Wie machen Sie das konkret?	
Sie wollen die Handlungskompetenz der Schüler fördern. Wie machen Sie das konkret?	

Sie wollen die sozial-kommunikative Kompetenz der Schüler fördern. Wie machen Sie das konkret?	
Beurteilen Sie einen lehrerzentrierten Unterricht unter dem Aspekt der Förderung der vier Kompetenz-Bereiche.	
Formulieren Sie im Blick auf die Kompetenzentwicklung Chancen und Gefahren eines schülerorientierten Unterrichts.	
Nennen Sie Bausteine von Unterricht, die einzelne Kompetenz-Ebenen besonders fördern.	
Wie verstehen Sie das Erziehungsziel „Selbstverwirklichung in sozialer Verantwortung“?	
Welche Auswirkungen hat die Ausrichtung an einem Kompetenz-Modell für die Formulierung von Lernzielen?	
Wie lösen Sie Konflikte mit Schülern? Welche Methoden kennen Sie?	
Wie wichtig sind Ihnen soziale und affektive Lernziele?	
Wie wichtig ist für Sie die nonverbale und emotionale Seite von Kommunikation? Begründen Sie Ihre Einschätzung.	

Wann und wie würden Sie sich von Schülern kritisieren lassen?	
Welche Kompetenzen möchten Sie bei Schülern besonders entwickeln? Warum?	
Was verstehen Sie unter dem Prinzip „Fördern und Fordern"? Wie setzen Sie es um?	
Wie reagieren Sie auf aggressives oder destruktives Verhalten von Schülern?	
Wie und in welchem Umfang helfen Sie Schülern bei der Beantwortung der Frage nach dem Sinn des Lebens?	

Tipp:

Lesen Sie Kapitel 6 „Selbst-Management", indem es vor allem um die Optimierung des Kompetenz-Profils geht. Kapitel 6 beschäftigt sich mit der Bedeutung von Überzeugungen und dabei vor allem mit der negativen Wirkung so genannter irrationaler Überzeugungen. Im Kapitel 6 finden Sie auch eine Reihe von Übungen, die sich sehr konkret mit den Kompetenz-Ebenen beschäftigen.

2.3. Diagnostizieren und Fördern

Die **Diagnose-Kompetenz** der Lehrer ist nur **gering ausgebildet**; dies verwundert nicht weiter; denn Diagnostizieren ist kein Bestandteil der üblichen Lehrerausbildung, weder in der ersten noch in der zweiten Phase. Die vergleichenden Bildungsstudien der jüngeren Vergangenheit weisen den Leistungsstand deutscher Schüler als so defizitär aus, dass Konsequenzen nötig sind (Frederking / Heller / Scheunpflug 2005). Eine der wichtigsten: Lehrer müssen ihren Blick schulen für das Lern- und Leistungsvermögen der Schüler; nur so können die Kinder und Jugendlichen angemessen gefördert werden. Eine vernünftige Förderung von Schülern setzt immer eine differenzierte Analyse ihrer gegenwärtigen Lernsituation und damit des etwa bestehenden Mangels voraus.

Bei der Analyse geht es um die **Klärung individueller Lernsituationen**, weniger um das Verstehen einer ganzen Klasse oder Lerngruppe. Gruppenanalysen fallen eher unter den Aspekt der Evaluation von Unterricht (⇨ s. Kap. 2.7.). Eine auf den einzelnen Lerner bezogene pädagogische Diagnose setzt nicht notwendigerweise aufwändige methodische Verfahren voraus. Auch ein geschulter Blick durch den Lehrer und das Anwenden alltäglicher Zugangsweisen können helfen, die Lernsituation einzelner Schüler zu erhellen. Dabei sollten erkennbare Defizite bei den Schülern vor allem als Ansatz für ein sinnvolles Förderkonzept begriffen werden und nicht etwa als Kriterium zur Selektion.

Für eine effektive Diagnostik sollte der Lehrer allerdings auf einige **Fachkompetenzen** zurückgreifen können:
Dazu gehören Kenntnisse über

- Wahrnehmungspsychologie
- Wahrnehmungsstörungen
- Lerntheorien
- Hoch- und Minderbegabung
- Intelligenztheorien
- Lerntypen, Lernstile
- Lernstörungen
- Motivationspsychologie
- Behalten und Gedächtnis
- Gesprächspsychologie
- Entwicklungspsychologie
- Sozialisationserfahrungen von Kindern und Jugendlichen
- Sozialpsychologie
- Schulangst, Schulversagen

- Konzentration, Belastbarkeit
- Verhaltensstörungen

In **methodischer** Hinsicht kann der Lehrer eine individualisierte Diagnostik so durchführen:

1. **Lern- und Sozialverhalten beobachten**
   Vorgehen:
   systematische und unsystematische Verhaltensbeobachtung z. B. im Klassen-Unterricht, in der Kleingruppe, während einer Projektphase, in Pausen, in Klassen- oder Kursgesprächen
   Das heißt:
   Lehrer müssen trainieren, das Lern-, Arbeits- und Sozialverhalten von Schülern möglichst unverzerrt wahrzunehmen. Dabei sollten sie Defizite im Schülerverhalten nicht vorschnell zum Anlass nehmen, disziplinarisch einzugreifen. Defizitäres Verhalten sollte vielmehr Ausgangspunkt einer Analyse sein, in deren Verlauf der Lehrer nach Ursachen für das jeweilige Defizit sucht. Dabei muss deutlich werden: Vor allem kognitive Minderleistungen beruhen nicht immer nur auf „Faulheit“ und „Dummheit“. Dennoch sind Faulheit und Dummheit die wohl häufigsten Alltagshypothesen darüber, dass Kinder und Jugendliche die erwarteten Leistungen nicht erbringen.

2. **Lernstand und Lernfortschritt feststellen**
   Vorgehen:
   z. B. durch Hausaufgaben, Mitarbeit im Unterricht, Klassenarbeiten / Klausuren / Vergleichsarbeiten, Referate, Facharbeiten, formelle und informelle Tests
   Das heißt:
   Zur Bildung erster Hypothesen über die Ursachen defizitären Lern- oder Sozialverhaltens muss der Lehrer sich ein Bild über das tatsächliche Leistungsvermögen des jeweiligen Schülers verschaffen. Dazu kann gehören, dass er über die üblichen Testate wie Tests und Klassenarbeiten hinaus weitere Möglichkeiten der Prüfung in den Blick nimmt, um einen differenzierten Eindruck über die Leistungsfähigkeit eines Schülers zu erhalten.

3. **Ursachen für Lernprobleme feststellen**

Vorgehen:

z. B. durch Gespräche mit dem Schüler, Fragebogen, Elterngespräch, Gespräch mit Kollegen, Beratungsgespräch mit dem Schüler, IQ-Test

Das heißt:

Verhaltenspsychologisch sind kognitive und soziale Minderleistungen vernetzt und beide vom Individuum niemals primär gewünscht: Kognitive Minderleistungen bedingen also soziales Fehlverhalten und umgekehrt. Kein Schüler entwickelt einen Plan und zeigt bewusst und absichtlich Minderleistungen. Allerdings hat das defizitäre Verhalten oft einen sekundären Nutzen für den Handelnden: Es schafft Aufmerksamkeit, manchmal sogar die Anerkennung des sozialen Umfelds. Die Ursachenforschung seitens des Lehrers sollte besonders darauf achten, einen möglichen sekundären Nutzen für das defizitäre Verhalten ausfindig zu machen. Gespräche über das soziale Umfeld des Schülers sind hier ein besonders geeignetes Mittel, um solche Zusammenhänge aufzuklären.

Dieser Dreischnitt von Verhaltensbeobachtung, Feststellung des Lernstands und Ursachenforschung führt im günstigen Fall zu einer Klärung des Lern- und / oder Arbeits- bzw. Verhaltensproblems eines Schülers. Aufgabe des Lehrers ist es, auf der Grundlage der diagnostisch gewonnenen Erkenntnisse ein individualisiertes Förderungsprogramm für den jeweiligen Schüler zu entwickeln. Für eine effektive **Förderung** sollte der Lehrer u. a. Bescheid wissen über

- Förderungsmöglichkeiten an der eigenen Schule
- Binnendifferenzierung von Unterricht
- Begabtenförderung
- Sprachförderung
- Konzentrationsförderung
- Beratungsmöglichkeiten bei psychosozialen und psychischen Problemen
- Anti-Aggressions-Training

Nicht immer werden die Kompetenzen des Lehrers und die Möglichkeiten der Schule ausreichen, um eine effektive Förderung einzelner Schüler zu gewährleisten. In dem Fall muss der Lehrer auf **weitere Institutionen** zurückgreifen. Nachdrücklich muss man in Einzelfällen auch vor übertriebenen Hoffnungen auf Besserung der beobachteten Defizite warnen: Bei manchen Schülern haben die Lern- und Leistungsdefizite so nachhaltig ihre Ursache in den Sozialisationserfahrungen des Schülers, dass eine **individuelle Beratung**, vielleicht sogar erst eine **Therapie** das Problem beheben kann (vgl. a. Preuss-Lausitz 2004). Lehrer sollten – wie an anderen Stellen – auch im Bereich Diagnostik und Förderung ihre Grenzen kennen und nicht unnötig überschreiten.

⇨ ***Arbeitsanregungen***

Diagnostizieren und Fördern

Wie können sich unterschiedliche Lernvoraussetzungen der Schüler auf den Unterricht auswirken?	
Welche Lernschwierigkeiten sind Ihnen bekannt und woran erkennen Sie diese?	
„Peter fällt innerhalb von zwei Monaten in seinen Leistungen stark ab.“ Welche Ursachen vermuten Sie?	
Wie gehen Sie auf unterschiedliche Lernausgangslagen von Schülern ein?	
Woran erkennen Sie Arbeitsstörungen? Was unternehmen Sie gegen Arbeitsstörungen?	
Wie erkennen Sie einen hochbegabten Schüler?	

Wie fördern Sie Hochbegabte?	
Wie fördern und fordern Sie „durchschnittlich" begabte Schüler?	

2.4. Beurteilen

Unter „Beurteilen" werden im Folgenden

a) die Leistungsbeurteilung und

b) die Verhaltensbeurteilung

beschrieben. Die Leistungsbeurteilung korrespondiert mit dem Bildungsauftrag der Schule, die Verhaltensbeurteilung mit deren Erziehungsauftrag.

Leistung wird durch Verhalten wesentlich mitbestimmt. Beide Bereichen sollten jedoch nicht als Gesamtwirkung, sondern eher als Ursache und Wirkung betrachtet werden, wenn es um die durch eine Note zu beurteilende Lernleistung geht.

Wenn von Beurteilung in der Schule besprochen wird, dann ist zunächst – und häufig ausschließlich – die Beurteilung der **Leistung** von Schülern durch den Lehrer gemeint. **Beurteilt wird der Lernzuwachs**, der durch Schule intendiert und vermittelt wird. Also: In erster Linie wird der Lernzuwachs **im kognitiven Bereich** bewertet. Im Folgenden geht es insbesondere um diese Aufgabe eines Lehrers. An späterer Stelle wird gezeigt, dass sich im Zusammenhang der Beurteilung von Schülerleistungen auch andere Perspektiven eröffnen. Diese Perspektiven können helfen, weitere Maßnahmen des Unterrichts zu beurteilen.

Bei der Beurteilung eines Lernfortschrittes sind **Quantität und Qualität** voneinander zu unterscheiden. Die Qualität, um die es im Folgenden geht, zeigt sich an der Fähigkeit, das erworbene Wissen sprachlich angemessen darzustellen. Die qualitative Darstellung von Wissen kann auf verschiedenen Ebenen erfolgen. Die Richtlinien für die gymnasiale Oberstufe in NRW (1999) unterscheiden drei Ebenen:

- *Anforderungsbereich I*
  Hierzu gehören z. B.
  - Wiedergabe von gelerntem Wissen unter Beibehaltung des gelernten Zusammenhangs
  - Beschreibung und Verwendung von gelernten Arbeitstechniken

- *Anforderungsbereich II*
  Hierzu gehören z. B.
  - Selbstständiges Auswählen und Anordnen von Sachverhalten unter neuen Gesichtspunkten
  - Selbstständiges Übertragen gelernter Sachverhalte auf Situationen gleicher Art

- *Anforderungsbereich III*
  Hierzu gehören z. B.
  - Begründete Stellungnahmen, auch kritische
  - Erkennen von zugrunde liegenden Werten und deren Beurteilung
  - Entwicklung von Hypothesen und Lösungsmöglichkeiten zu einem erarbeiteten Problem
  - Bewertung von Entscheidungen

Die Reproduktion von Wissen ist als Leistung geringer anzusehen als die Fähigkeit, Wissen auszuwählen, zuzuordnen oder argumentativ zu verwenden.

Jeder Beurteilung geht ein „Messen" der Leistung voraus. Eine **Messung** macht eine Bezugsnorm erforderlich; das Messergebnis wird durch Vergleich von Messdaten und Bezugsnorm festgestellt. Dieses Feststellen stützt sich also bereits auf eine Beurteilung. Gelegentlich wird dieses Vorgehen als Bewertung bezeichnet. Damit hebt man hervor, dass die Beurteilung des Lernzuwachses noch etwas anderes ist. Mit Beurteilung ist die pädagogische Wertung des Messergebnisses unter Heranziehung weiterer Informationen über die Situation eines Schülers gemeint, z. B. das Herausstellen von Stärken und Schwächen. Durch die Beurteilung des Lernzuwachses erfährt man etwas über die Leistung, über das Wissen, die Fähigkeit und die Fertigkeit eines Schülers. In der Beurteilung spiegelt sich somit insgesamt die Leistung wider.

Man unterschiedet verschiedene **Bezugsnormen:**

- *Schülerzentrierte (auch intra-personale, diagnostische) Bezugsnorm*
  Der individuelle Lernfortschritt eines Schülers wird – vor dem Hintergrund möglichst genau beschriebener Lernziele – in Abhängigkeit von den spezifischen Fähigkeiten mit seinem vorangegangenen Lernstand verglichen.
- *Klassen-/gruppenorientierte (auch inter-personale) Bezugsnorm*
  Es wird festgestellt, wie sich der individuelle Lernfortschritt eines Schülers – vor dem Hintergrund möglichst genau beschriebener Lernziele – zum Durchschnitt der Klasse (Gruppe) verhält.
- *Kriterien-(lernziel-)orientierte Bezugsnorm*
  Es wird festgestellt, ob und in welchem Ausmaß ein Schüler einen genau festgelegten Standard an Lernzielen erreicht hat, das heißt, welche Leistungen in welcher Ausprägung auf jeden Fall erzielt wurden, und zwar unabhängig vom Leistungsdurchschnitt der Klasse und unabhängig vom früheren Leistungsstand des Schülers.

Für welche dieser Bezugsnormen man sich entscheidet, hängt von dem Zweck ab, den man mit der Leistungsbeurteilung verbinden möchte. Es geht darum, die für einen Schüler geeignete Methode zu seiner Lernförderung und Qualifizierung anzuwenden. Bei Klausuren können – zumindest ab der Klasse 9 – nur kriterienorientierte Leistungen einer Beurteilung durch Noten unterzogen werden (siehe Richtlinien der Fächer).

Die Einschätzung einer Leistung hinsichtlich der ihr entsprechenden **Anforderungsebenen** erfolgt durch **Taxonomien**. Darunter versteht man ein System von Kategorien zur Einstufung von Lernzielen, die durch eine Rangfolge so einander zugeordnet sind, dass die untergeordnete Kategorie in die übergeordnete jeweils eingeschlossen ist. In den Richtlinien und Lehrplänen werden die Anforderungsbereich durch die Taxonomie von H. Roth beschriebenen. Diese enthält die Anorderungsebenen:

- Reproduktion von Wissen
- Reorganisation von Wissen
- Transfer
- Problemlösendes und entdeckendes Denken

Diese Taxonomie ist klarer und übersichtlicher als die von Bloom (⇨ vgl. Kap. 3.3.), macht es aber auch schwierig, in allen Fällen intersubjektiv gültige Entscheidungen bezüglich der jeweils zutreffenden Anforderungsebene zu ermöglichen.
Der Lehrer ist von Amts wegen verpflichtet, in seinem Unterricht die Leistung der Schüler zu beurteilen. Grundlage der Leistungsbeurteilung ist die Leistungsmessung. **Leistungsmessung und -beurteilung geben dem Schüler Auskunft über den persönlichen Lernerfolg** und damit die Möglichkeit der Selbstkontrolle und der Lernhilfe. Darin besteht der Zweck der Leistungsmessung und Leistungsbeurteilung. Die Leistungsmessung muss kriterienbezogen sein, um diese Funktion erfüllen zu können. Sicherlich sind bis zu einer bestimmten Altersgrenze auch gruppenbezogene Leistungsmessungen und -beurteilungen sinnvoll. Die dadurch gegebene unmittelbare Wettbewerbssituation kann auf bestimmten Alterstufen durchaus lernmotivierend und für die Persönlichkeitsentfaltung unterstützend sein (Anreizfunktion). Über die kriterienorientierte Leistungsbeurteilung lassen sich Schul- und Berufslaufbahn eindeutiger entscheiden (Klassifizierungsfunktion und Zuteilungsfunktion); so lässt sich der Rangplatz des Einzelnen in einer Gruppe von Qualifikanten feststellen (Berichtsfunktion).

In Bezug auf den Unterricht bietet die Leistungsmessung und -beurteilung eine Möglichkeit **für den Lehrer, Aufschlüsse über seinen Erfolg im Unterricht** und damit für eine gezielte Unterrichtsplanung zu erhalten. Die Rückkopplung zwischen Leistungsmessung (mit dem, was erreicht wurde) und Unterrichtsplanung (mit dem, was erreicht werden sollte) liefert wichtige Kriterien für die weitere Unterrichtsarbeit (⇨ vgl. Kap. 2.7.). Unter dem Gesichtspunkt dieser Funktion muss die Leistungsmessung in der Regel kriterienorientiert sein. Über eine gruppenbezogene Leistungsmessung ergeben sich Hinweise für den Vergleich Realnorm und Idealnorm: Die Realnorm orientiert sich am Leistungsdurchschnitt der Lerngruppe; sie ist eine Art Korrektiv für die in den Lernzielen genannte Idealnorm. Darüber hinaus bietet jede Leistungsmessung und -beurteilung die Grundlage für die jeweils geeignete Förderung der Schüler.

Bei der **Leistungsbeurteilung** werden bestimmte **Grundsätze** eingehalten. Die Leistungsbeurteilung

- ist insgesamt ein kontinuierlicher Prozess und bezieht sich auf alle im Zusammenhang des Unterrichts erbrachten Lernleistungen (auf schriftliche Arbeiten, auf die mündlichen Mitarbeit, auf praktische Arbeiten).
- bezieht sich auf die im Unterricht vermittelten Kenntnisse, Fähigkeiten und Fertigkeiten.
- setzt voraus, dass Schüler im Unterricht ausreichend Gelegenheit hatten, die an sie gestellten Anforderungen kennen zu lernen und sich auf diese vorzubereiten.
- erfordert hinreichend Gelegenheit für die Schüler, die geforderten Leistungen zu erbringen.
- bezieht sich auf den Umfang der Kenntnisse und deren selbstständige und sachlich richtige Anwendung.
- bezieht sich weiter auf Fähigkeiten und Fertigkeiten sowie auf komplexere Denkleistungen.
- bezieht sich außerdem auf die Art der Darstellung und
- muss im Vergleich mit den Mitschülern transparent sein.

Die **Beurteilung mündlich** erbrachter **Leistungen** wird im Unterricht oft isoliert durchgeführt (**Prüfungssituation**); in der Regel wird sie aber im Zusammenhang mit der mündlichen Mitarbeit vorgenommen, die sich auf den Fortgang des Lernprozesses bezieht (unterrichtlicher **Interaktionsprozess**). Für die Prüfungssituation gelten formalisierte Verhaltensregeln u. a. auch in der Abfolge von Aufgabenstellung, Beobachtung, Kontrolle und Zensierung; sie ist daher eher als ein statisches Verfahren und mit der schriftlichen Leistungsmessung und -beurteilung vergleichbar. Der Interaktionsprozess zielt einerseits auf Forderung und Beurteilung des Erbrachten, andererseits aber auch auf Förderung. In diesem eher als dynamisch zu bezeichnenden Verfahren werden Schülerfragen ermöglicht, Spontanäußerungen angeregt und eine kritische Auseinandersetzung mit den Lerngegenständen herausgefordert. Insgesamt ist diese Art von Unterricht aber ständig begleitet von Beurteilungshandlungen.

Bei der Orientierung auf den Lernprozess zeigen die Schüler, inwieweit sie die behandelte Problemstellung verfolgen und in welchem Maße sie Impulse setzen können, um bestimmte Fragen zu lösen. Die Aufgabe des Lehrers besteht zunächst darin, in angemessener Weise (durch konvergente oder divergente Fragen, Impulse,

Arbeitsanregungen) allen Schülern Gelegenheit zu geben, Kenntnisse wiederzugeben und Denkakte mit zunehmendem Anspruchsniveau in ein Lehrgespräch einzubringen. Dabei ist sicherzustellen, dass sich jeder Schüler beteiligt. Unproblematisch ist dieses bei Schülern, die sich ohnehin aktiv und regelmäßig am Unterrichtsgeschehen beteiligen. Weniger aktive Schüler muss man (zumindest in der Sekundarstufe I) unmittelbar über die gestellte Frage auffordern sich zu äußern. (Also nicht: „Mach mal mit!"). Auf diese Weise lässt sich deren Leistung abfordern. Hierbei gilt es auch, keine oder eine unzureichende Leistung zu ermitteln. Wichtig ist für den Lehrer, auf diese Weise festzustellen, auf welcher Ebene die **Fehl- oder Mangelleistungen** gegebenenfalls bestehen. Zwei Aspekte kommen dabei in Betracht:

- nicht verstandene unterrichtliche Voraussetzungen
- unzureichende individuelle Voraussetzungen

Für die betroffenen Schüler werden Defizite nicht nur in Bezug auf die Forderung des Lehrers, sondern auch im Vergleich zu den Mitschülern deutlich. Die Lehrperson andererseits verschafft sich über diese Kenntnis die Möglichkeit, den entsprechenden Schülern angemessene Lernhilfen anzubieten – eine wichtige Aufgabe der **Lernförderung** im Unterricht (⇨ vgl. Kap. 2.3.). Das Prinzip der Chancengleichheit erfordert es, dass jeweils über eng begrenzte Zeiträume in einem Schuljahr alle Schüler einer Lerngruppe Gelegenheit erhalten, mehrfach ihre – wie auch immer geartete – Lernleistung zu erbringen.

⇨ *Profitipp*

Es ist zweckmäßig, die Verteilung mündlicher Mitarbeit (= Beteiligung im Unterricht) etwa mit einer Strichliste zu dokumentieren. Achtung! Die Schulaufsicht gibt Einsprüchen statt gegen Noten für mündliche Leistungen, bei denen ein solcher Nachweis nicht vorgelegt werden kann!

Kontrolle des Anspruchsniveaus der Äußerungen einerseits und **Sicherung der regelmäßigen Mitarbeit** andererseits sind Aufgaben, die ein Lehrer beim Unterrichten gleichzeitig in den Blick nehmen muss. Diese Doppelaufgabe gilt es nicht nur im Frontalunterricht, sondern auch bei der Gruppenarbeit zu lösen. Die Beurteilungssituation ist also andersartig; die Äußerungen im Frontalunterricht wirken in der Regel unmittelbar auf den Unterrichtsverlauf zurück.

Die **kognitiven Leistungen** von Schülern sind nicht unabhängig von **affektiven Variablen** wie Konzentrationsfähigkeit, Aufmerksamkeit, Ausdauer usw.. Lerndefizite gehen zurück z. B. auf sozial und individuell bedingte Lernschwierigkeiten oder auf hinderliche Verhaltensstörungen. Die verschiedenen Einflussfaktoren gilt es, bei den Schülern zu erkennen und zu modifizieren, um zunächst die Lernleistung, aber auch die affektiven Fähigkeiten insgesamt verbessern zu können. Affektive Fähigkeiten schaffen die Möglichkeit für ein Individuum, sich in seiner sozialen Umgebung zu orientieren (vgl. ⇨ Kap. 2.3.).

Es bedarf der **Erhebung des Verhaltens**, um bei einem Schüler auf Verhaltensweisen eingehen zu können. Man muss einen Katalog von Merkmalen erstellen, der in differenzierter Weise Auskunft über Verhaltensweisen, Haltungen und Einstellungen geben kann. Dazu kann der Lehrer weitere Informationen verwenden, da man auf deren Grundlage Maßnahmen unmittelbar zur Lernförderung und mittelbar bei der Beratung einleiten kann:

- Informationen, die Vermutungen über mögliche Ursachen im Bereich der Lerngruppe und im Bereich außerschulischer Gruppen (z. B. Familie) zulassen
- Informationen über Persönlichkeitsmerke wie Sprachfähigkeit, Leistungsmotivation, Interessen

Man sollte sich bewusst sein, dass Merkmale und Informationen stets **subjektiven Bedingungen** unterliegen; es fehlen objektive Messkategorien und jeweils die Bezugsnorm für objektive Beurteilungen. Auf dieser Grundlage verschafft sich ein Lehrer jedoch hinreichendes Wissen über Lernschwierigkeiten von Schülern, das es ihm möglich macht, angemessen und in geeigneter Weise Hilfe anzubieten (⇨ vgl. auch Kap. 2.5.).

Für die genannten Kategorien gibt es unterschiedliche, empirisch gesicherte Erhebungs- und Beurteilungsverfahren mit je eigenen Formen und Problematisierungen. Bei **besonders lern- und verhaltensschwierigen Schülern** wird man auf die Anwendung empirisch gesicherter Verfahren nicht verzichten können, meistens aber mit Unterstützung durch außerschulische Beratungsinstitutionen. In solchen Fällen geht es darum, eindeutige Beobachtungsergebnisse zu erhalten, um Hilfen im Sinne einer

Verhaltenstherapie anbieten zu können. Im Schulalltag stützt sich ein Lehrer im Bereich der Verhaltensbeschreibung in der Regel auf seine Wahrnehmung, bei der – auch bei aller Sorgfalt der Erhebung – stets subjektive Interessen und Bedürfnisse einfließen und die deshalb nicht therapierelevant sein können.

⇨ ***Arbeitsanregungen***

Beurteilen

Wie unterscheiden Sie Leistungs- und Verhaltensbeurteilung?	
Beschreiben Sie differenziert die Anforderungsbereiche (Taxonomie von Heinrich Roth) aus der Sicht eines Ihrer Fächer.	
Versuchen Sie, am Beispiel einer konkret durchgeführten Unterrichtsstunde Kriterien für die Rückkopplung „erbrachte Leistung“ und „Planungsfolgen“ anzugeben.	
Welches Gewicht sollen bei der Beurteilung der mündlichen Mitarbeit Spontaneität und Ausdrucksfähigkeit der Schüler haben?	
Welches Gewicht sollen bei der Beurteilung der mündlichen Mitarbeit die Regelmäßigkeit der Beiträge der Schüler haben?	

„Die Beurteilung der Schülerbeiträge während des Unterrichts verstärkt den Rollenkonflikt eines Lehrers hinsichtlich der Aufgabe Fördern und Beurteilen.“ Stimmen Sie dieser Aussage zu?	
Bei der Ermittlung der Gesamtnote in einem Fach erhält die mündliche Note oft (ohne einen pädagogischen Hintergrund) eine größere Gewichtung. Ist das zu rechtfertigen?	
Nennen Sie Möglichkeiten und Probleme bei der Bewertung mündlicher bzw. schriftlicher Leistungen.	
Wie „pädagogisch“ dürfen bzw. sollen Noten sein?	
Erstellen Sie für einen „auffälligen“ Schüler aus einer Ihrer Lerngruppen einen Katalog von Verhaltensmerkmalen.	

2.5. Beraten

Beratungsaufgaben an der Schule lassen sich formal unterscheiden in

- Schullaufbahnberatung,
- Berufsbildungsberatung und
- Lernberatung.

Alle drei Formen hängen zusammen, beziehen sich jedoch jeweils auf andere Ziele und Inhalte und erfordern schwerpunktmäßig auch andere Methoden. Im Folgenden geht es ausschließlich um die **Lernberatung**. Darunter sind die Beratung hinsichtlich der Lernleistung eines Schülers und die Erziehungsberatung zusammengefasst. Die Aufgabe der Beurteilung der Schüler ist eng mit den Unterrichts- und Erziehungshandlungen des Lehrers verknüpft. Lerndefizite sind vor dem Hintergrund sozial und individuell bedingter Lernschwierigkeiten zu betrachten; dabei sind hinderliche Verhaltens- und Erlebnisstörungen zu berücksichtigen, um angemessene Maßnahmen der Lernförderung ergreifen zu können. Häufig abhängig vom Alter und der Schulform kommt es an der Schule dennoch vor, dass ausschließlich Erziehungsberatung notwendig wird.

Unterricht ist hinsichtlich des Anliegens von Vermittlung *und* Erziehung ein Interaktionsprozess, bei dem Beratung zunehmend als eine permanente Aufgabe zu erfüllen ist. Darüber hinaus ergibt sich die Notwendigkeit einmal der persönlichen Beratung eines Schülers außerhalb des Unterrichts und zum anderen – bis zu einer bestimmten Altersstufe der Lernenden – auch die Notwendigkeit der Beratung der Eltern. Unter Beratung versteht man etwas anderes als lediglich „einen Rat erteilen", „Belehren" und „Informationsdefizite ausgleichen". Beratung sollte es sich zum Ziel machen, **Ursachen, Verlauf und Erscheinungsformen individueller Ratlosigkeit, Rat- und Hilfsbedürftigkeit erklären zu helfen und Lösungsvorschläge ins Gespräch zu bringen**. Auf dieser Basis sollten dann Handlungsmuster vermittelt werden, die dem Mangel abhelfen.

Es gibt **direktive und nicht-direktive Methoden** der Beratung. In der Schule hat die nicht-direktive oder personenzentrierte Beratung nach **Carl R. Rogers** große Bedeutung erlangt, weil durch sie ein Prozess initiiert werden kann, der in der Erfahrung des Schülers (allgemein als Klient bezeichnet) abläuft. Beratung wird in diesem Sinne unter dem Gesichtspunkt der Analyse von Problemen, Fähigkeiten und Anlagen des Ratsuchenden und unter dem Gesichtspunkt der Empfehlung von Handlungen durch den Berater betrachtet.

Nach Rogers steht im Mittelpunkt einer Beratung das Individuum und nicht das Problem selbst (1994; 2003). In seinem Konzept ist es das erklärte Ziel, nicht allein ein persönliches Problem zu behandeln und durch Ratschläge aus der Sicht des Beraters zu lösen. Der Berater wird dem Individuum vielmehr helfen, sich so zu entwickeln, dass es mit seinem gegenwärtigen Problem und mit seinen späteren Problemen besser und durch eigene Lösungen und eigene Lösungsfindung umzugehen vermag. Rogers setzt dabei nachdrücklich auf das Interesse jedes Menschen, sich selbst zu verwirklichen; er spricht von einer **Tendenz zur Selbstaktualisierung**. Auf der Basis der Aktualisierungstendenz geht Rogers auch von der Selbstverantwortung des Ratsuchenden für den Beratungsprozess aus. Rogers nimmt dazu an, dass jeder Mensch grundsätzlich auch alle Ressourcen besitzt, die er braucht, um seine persönlichen Schwierigkeiten zu analysieren und zu überwinden.

Der Berater muss sich dem Klienten gegenüber in bestimmter Weise verhalten, damit der Klient alle Fähigkeiten auf den Klärungs- und Lösungsprozess richten kann. Rogers spricht von **Beratervariablen**; zu ihnen gehören:

- einfühlendes (empathisches), nicht-wertendes Verstehen und Verbalisierung persönlich-emotionaler Erlebnisinhalte
- positive Wertschätzung, Achtung, emotionale Wärme
- Echtheit und Selbstkongruenz statt Unechtheit und Fassadenhaftigkeit

Die nicht-direktive Methode schafft die Voraussetzung, die Ursachen des Problems zu finden und vor diesem Hintergrund Lösungen zu beschreiben. Die Zentrierung des Gesprächs auf die Person führt zur Klärung der persönlichen Voraussetzungen, der eigenen Ziele und zur Aktivierung des Willens zur Handlung bei dem Ratsuchenden; so kann der Ratsuchende am Ende eine selbst verantwortete und für ihn sinnvolle Entscheidung treffen. Für den Berater heißt das: Statt mit belehrenden Informationen auf eine Frage des Ratsuchenden zu antworten, ist es zweckmäßig, die vom Ratsuchenden erlebte Problemlage zu thematisieren. Dadurch gelangt man zu einer Exploration der vom Ratsuchenden wirklich erlebten Schwierigkeiten. Hierbei spielt vor allem **die Gefühlswelt**, also die erlebte Wirklichkeit, die entscheidende Rolle (vgl. Kliebisch / Schmitz 2005).

Das Beratungskonzept von Rogers geht von einigen theoretischen **Prämissen** aus, die Anlass zur Kritik an diesem Konzept geben.

1. Die personenbezogene Beratung setzt die Verabsolutierung einer Persönlichkeitstheorie voraus, nach der der Mensch ein „gestalthaft organisiertes Selbst ist, das ganzheitlich reagiert" und sich „in Richtung auf größere Unabhängigkeit oder Selbstverantwortlichkeit" entwickelt (vgl. Rogers 1994). Kritik wird an

der in dieser Theorie zum Ausdruck gebrachten Homogenität von subjektivem und objektivem Geist geübt, die als solche – so die Kritiker – nicht existieren kann, weil zwischen beiden stets ein spannungsbezogenes Verhältnis besteht.

2. Die verschiedenen Problemgründe eines Ratsuchenden werden auf die Modellsituation des durch äußere Einwirkung im Subjekt hervorgerufenen Zwiespalts zwischen Selbstkonzept und Erfahrung zurückgeführt. Unberücksichtigt bleiben dabei – so die Kritiker – Informationsmangel oder Verhaltensprobleme, die die kognitive oder lerntheoretische Maßnahmen der kommunikativen Erarbeitung von Informationen oder Verhaltensmodifikationen erfordern könnten.

Für die **Unterrichtspraxis** ist bedeutend, dass

- das innere Erleben des Ratsuchenden zu einer weitreichenden Hilfe im Sinne der Selbsthilfe genutzt werden kann und
- verhaltensmodifikatorische Maßnahmen unmittelbar im Unterricht das Handlungsfeld des Lehrers durchaus bestimmen können.

Steve DeShazer (2003; 2004) entwickelte die **lösungsorientierte Beratung**; er bezieht sich auf diese **Grundgedanken**:

1. Systemdenken: Jede Person ist mit einer Vielzahl von Systemen und Interaktionsmustern vernetzt.
2. Konstruktivismus: Jede Person konstruiert auf Grund ihrer Erfahrungen und ihres Wissens ihr eigenes Bild von der Wirklichkeit.
3. Humanistisches Menschenbild: Jeder Mensch ist aktiver Gestalter seiner eigenen Existenz; er trägt in sich alle Ressourcen, sich selbst zu verwirklichen und seinem Leben Sinn zu verleihen.
4. Kurzzeittherapie: Die Probleme eines Menschen liegen im Hier und Jetzt, nicht notwendig in seiner Vergangenheit.

Das Beratungsgespräch konventioneller Art beginnt mit der Formulierung von Problemen. Ein Verzicht auf eine Analyse dieser Probleme soll helfen, sich von Anfang an auf mögliche Lösungen zu konzentrieren: Statt des Rückblicks auf die Vergangenheit geht es um die **Konstruktion von Zukunft**. Lösungen konstruieren heißt:

- die kompetenten Persönlichkeitsanteile des Ratsuchenden bewusst machen (nicht seine Hilflosigkeit und deren Ursachen)
- sich fragen, was gut für den Ratsuchenden ist (nicht danach, was und warum etwas falsch läuft)
- den Blick auf alternative Verhaltensmöglichkeiten richten (sich nicht auf das Problem fixieren)
- innere Suchprozesse anstoßen (Ermöglichung von Kreativität und Vitalität, nicht nur Bekanntes denken)
- Probleme als etwas Normales annehmen (Probleme sind notwendige Impulse für die persönliche Entwicklung, kein Stigma.)
- Der Ratsuchende lernt sich selbst zu regulieren und zukünftig besser mit Problemen umzugehen (und wird nicht durch Besserwisserei eingegrenzt).
- Die Lösung ist immer schon vorhanden und muss von dem Ratsuchenden selbst (und nicht von anderen für ihn) entdeckt werden.

Der lösungsorientierte Beratungsprozess beginnt in einer systematisch aufeinander aufbauenden Abfolge von lösungsorientierten Fragen, Anstößen usw.. Der Ratsuchende erhält **keine Antwort** (Lösung); er wird **vielmehr** mit **Fragen** konfrontiert. Auf dem Wege der Auseinandersetzung mit diesen Fragen entdeckt er selbst lösungsorientierte Antworten.

⇨ ***Arbeitsanregungen***

Beratung

Welche Formen des Beratungsgesprächs kennen Sie? Nennen Sie typische Merkmale dieser Gesprächformen.	
Was sollten Sie können, um Beratungsgespräche erfolgreich zu führen?	

Welche Probleme kann es bei Beratungsgesprächen geben?	
Beschreiben Sie drei bestätigende Reaktionen. Welchen Sinn haben diese Reaktionen?	
Thomas Gordon nennt Fragen prinzipiell „Kommunikationssperren". Inwieweit stimmen Sie der These zu?	
Wie gehen Sie mit den Gefühlen eines Ratsuchenden um?	
Wann und wie würden Sie einem ratsuchenden Schüler einen konkreten Rat geben?	
Rogers meint, Ratsuchende können ihre Probleme selbst lösen. Nehmen Sie Stellung.	
Inwieweit sollte ein Lehrer Berater bei psycho-sozialen Problemen seiner Schüler sein?	
Wie bereiten Sie sich auf ein Beratungsgespräch vor (z. B. Elternsprechtag)?	

Erläutern Sie das Konzept der Kollegialen Fallberatung. In welchen Situationen würden Sie es nutzen?	
Was ist „Aktives Zuhören“ und in welchen Gesprächssituationen setzen Sie es in der Beratung ein?	
„Das kotzt mich hier alles an.“ Spiegeln Sie die Äußerung.	
„Ich weiß wirklich nicht mehr, was ich machen soll.“ Spiegeln Sie die Äußerung.	
Informieren Sie sich über das Nachrichtenquadrat nach Schulz von Thun. Erläutern Sie es an einem Beispiel.	
Wie gehen Sie mit Ihren Gefühlen während der Beratung um? In welchem Umfang äußern Sie Gefühle?	
Wie gehen Sie mit den Gefühlen des Ratsuchenden um?	
Sandra schreibt sehr gute Klausuren, sagt im Unterricht aber keinen Ton. Wie beraten Sie Sandra?	

Philipp schreibt mangelhafte Arbeiten, ist im Unterricht aber sehr gut. Wo liegen Ihrer Meinung nach die Ursachen?	
Wie gehen Sie mit Eltern um, die Sie während des Beratungsgesprächs sprachlich attackieren?	
Wie erkennen Sie einen Beratungsbedarf bei Schülern?	
Was verstehen Sie unter Supervision und was halten Sie davon?	
Wo sehen Sie die Grenzen Ihrer eigenen Beratungstätigkeit? Geben Sie Beispiele.	
Welche außerschulischen Beratungsinstitutionen gibt es? Welche Aufgaben haben diese Institutionen?	
Wie können Sie mit diesen Institutionen zusammenarbeiten?	
Welche Ausbildung und Aufgaben haben Beratungslehrer?	

Inwieweit können und sollten Sie als Klassenlehrer Beratungsaufgaben wahrnehmen?	
Worin liegt das Problem für Sie bzw. den ratsuchenden Schüler, wenn Sie auch der Lehrer dieses Schülers sind?	
„Beratung sollte immer freiwillig sein!“ Nehmen Sie unter dem Aspekt schulischer Beratung Stellung zu der These.	
Zeigen Sie an Beispielen, inwieweit Elemente der klienten-bezogenen Beratung unmittelbar im Unterricht eine Rolle spielen können.	
Vergleichen Sie die Methoden der Beratung nach Rogers und nach DeShazer.	
„Bei der Beratung kann durch vereinfachende Lösungsvorschläge das Problem des Ratsuchenden negiert werden.“ Was halten Sie von dieser These?	

Man spricht von folgenden sechs Denkfehlern bei der Beratung:

1. Probleme sind objektiv gegeben, es bedarf nur ihrer klaren Formulierung.
2. Jedes Problem hat eine einzige Ursache.
3. Verstehen eines Problems heißt Erkennen des Ist-Zustandes.
4. Verhalten ist voraussagbar, wenn eine ausreichende Informationsgrundlage vorhanden ist.
5. Jedes Problem lässt sich beherrschen; es ist eine Frage des Aufwandes.
6. Das Problem hat sich durch seine Lösung erledigt.

Wie beurteilen Sie diese Denkfehler?

1.

2.

3.

4.

5.

6.

2.6. Organisieren und Verwalten

Die Berufsarbeit des Lehrers wird geleitet von **schulrelevanten Normen und Vorschriften**, die das pädagogische Handeln bestimmen. Die Grundsätze sind in den Richtlinien und Lehrplänen der Fächer und in der Allgemeinen Schulordnung sowie in Erlassen zu einzelnen Maßnahmen durch die Kultus-/Schulbehörde niedergelegt. Diese Regelungen können bei der Durchführung einzelnen Maßnahmen optimiert, dürfen aber niemals unterlaufen werden.

Ein Grundsatz wird von den Lehrern nicht immer mit letzter Konsequenz beachtet. Deshalb soll dieser in diesem Zusammenhang besonders hervorgehoben werden. Er lautet im übertragendem Sinne: **„Unfallschutz geht vor Unterricht.“** Lehrer sind verpflichtet, Schüler an der Schule (nicht nur im Unterricht) und bei sonstigen Veranstaltungen vor Unfällen zu schützen. Es besteht eine grundsätzliche Aufsichtspflicht. Jede Veranstaltung mit Schülern ist zu beaufsichtigen; das gilt auch für Veranstaltungen außerhalb des Schulgebäudes oder außerhalb der für die Lerngruppe vorgesehenen Unterrichtszeit. Eine solche Veranstaltung bedarf aus unfallschutzrechtlichen Gründen stets der schriftlichten Genehmigung durch die Schulleitung.

Die **Kompetenzen** unter der Lehrerfunktion „Organisieren und Verwalten“ sind nach folgenden Gesichtspunkten auszurichten:

- Dokumentation der pädagogischen Arbeit zum Zwecke der Rechenschaftslegung
- Sicherheitserziehung
- Erweiterung des Lernangebotes
- erzieherische Maßnahmen außerhalb des eigentlichen Unterrichts

Die sich daraus ergebenden **Aufgabenbereiche** sind z. B.

- Klassengeschäfte und die mit diesen in Beziehung stehenden Maßnahmen (Führen des Klassenbuches / Kursheftes, Führen von Notenlisten, Durchführung von Klassen- und Kursarbeiten sowie Übungen und Tests, Erteilen funktionsgerechter Hausaufgaben, Übernahme von Aufgaben eines Klassenlehrers u. a.)
- außerschulische Veranstaltungen (z. B. Exkursionen, Wanderungen, Wanderfahrten, Klassen- und Kursfahrten; Besuch außerschulischer Lernorte u. a.)
- Einrichtung offener Unterrichtsformen (z. B. Projekt, Stationenlernen, auch unter Einbeziehung außerschulischer Lernorte u .a.)
- Veranstaltungen als Leistungsshow und als Ereignis zur Förderung des Zusammenhalts der Schulgemeinde (einerseits z. B. Tag der offenen Tür, dann Musikveranstaltungen, andererseits z. B. Förderverein, Events in besonderen Sportarten)

Zahlreiche Aufgaben haben eine **organisatorische Komponente** hinsichtlich der Vorbereitung und Durchführung, eine **didaktische Komponente** hinsichtlich der Zielentscheidungen und der Einstimmung der Schüler auf das geplante Vorhaben sowie eine **erzieherische Komponente** hinsichtlich der Einübung von Verhaltensweisen und -maßnahmen. Bei dieser Lehrerfunktion gilt es, **die rechtlichen Vorschriften zu erfassen und diese mit den pädagogischen Handlungsprinzipien zu verbinden**. Es besteht durchaus die Möglichkeit, gegebenenfalls auch Vorschläge zur Weiterentwicklung von Vorschriften zu unterbreiten.

⇨ ***Arbeitsanregungen***

Organisieren und Verwalten

Was verstehen Sie unter einem Schulprogramm? Wie beteiligen Sie sich an dessen Umsetzung?	
Worauf müssen Sie bei der Vorbereitung und Durchführung einer Exkursion achten?	
Inwieweit nutzen Sie für Verwaltungsaufgaben den PC? Wie sinnvoll erscheint Ihnen dies?	
Beschreiben Sie Ihr eigenes Zeit-Management und bewerten Sie es im Blick auf Effizienz.	
Was müssen Sie beachten, wenn Sie aus Krankheitsgründen nicht zum Dienst kommen können.	
Was machen Sie, wenn ein Schüler mehr als einen Unterrichtstag fehlt?	

Ihre Klasse der S I möchte in der Schule eine Karnevalsfeier organisieren. Sie sind der Klassenlehrer. Worauf müssen Sie achten?	
Sie planen für eine Klasse ein Methodentraining. Beschreiben Sie Ihre Vorgehensweise unter organisatorischen Gesichtspunkten.	
Sie beabsichtigen, mit einer Klasse eine Exkursion durchzuführen. Beschreiben Sie die Aufgaben, die Sie in der Vorbereitungs-, Durchführungs- und Nachbereitungsphase erledigen werden.	
Diskutieren Sie Ihren Katalog mit Aufgaben zur Vorbereitung und Durchführung der Exkursion mit einer Kollegin / einem Kollegen. Notieren Sie die Ergebnisse des Gesprächs.	
Beschreiben Sie Aufgaben, die Sie im Sinne der Aufsichtspflicht a) in der Unterrichtsstunde, b) in der Pause auf dem Schulhof zu erfüllen haben. Holen Sie sich außerdem von Kollegen Hinweise dazu ein.	
Beschreiben Sie verschiedene Funktionen von Hausaufgaben und informieren Sie sich darüber, in welchem Umfang Hausaufgaben erteilt werden dürfen.	

Versuchen Sie, ein Verfahren zu entwickeln, wie Sie die Schülermitarbeit im Unterricht quantitativ und qualitativ, fortlaufend und gleichverteilt festhalten können.	
Schüler möchten im Rahmen eines Projekts an einem Nachmittag a) an der Schule, b) im Freigelände, c) in einer Bibliothek weiterarbeiten. Welche Regelungen sind von Ihnen zu treffen oder zu beachten, wenn die Weiterarbeit a) von Ihnen in Auftrag gegeben wird oder b) von den Schülern freiwillig – mit Ihrer Kenntnis – organisiert wird?	

2.7. Evaluieren, Innovieren und Kooperieren

Diese Lehrerfunktionen liegen in einem gewissen Sinne quer zu den übrigen. Das Innovieren setzt in der Regel bei einer Problemlage der aktuellen schulischen Situation an: Man erkennt einen Mangel, z. B. einen Mangel an Förderung lernschwacher Schüler, und kommt so auf die Idee, ein Projekt ins Leben zu rufen, das diesen Mangel mindert oder sogar beseitigt (⇨ vgl. a Kap. 2.3. u. 2.5.). Innovieren setzt die Fähigkeit voraus, schulische Wirklichkeit zu analysieren und zu bewerten und über die gängige Praxis hinaus Wünschenswertes zu formulieren. Insofern setzt Innovieren immer Evaluieren voraus. Auf der Basis einer präzisen **Problembeschreibung** lässt sich dann eine Zielsetzung formulieren und diese Schritt für Schritt in die Praxis umsetzen. Im Grundsatz kennzeichnen die Lehrerfunktionen Evaluieren und Innovieren ein methodisches Vorgehen, wie es auch in der **Organisationsentwicklung** üblich ist. Dabei greift man selbstverständlich auf kooperative Arbeits- und Umsetzungsformen zurück, weil dies unter allen Bedingungen als effizient betrachtet werden muss.

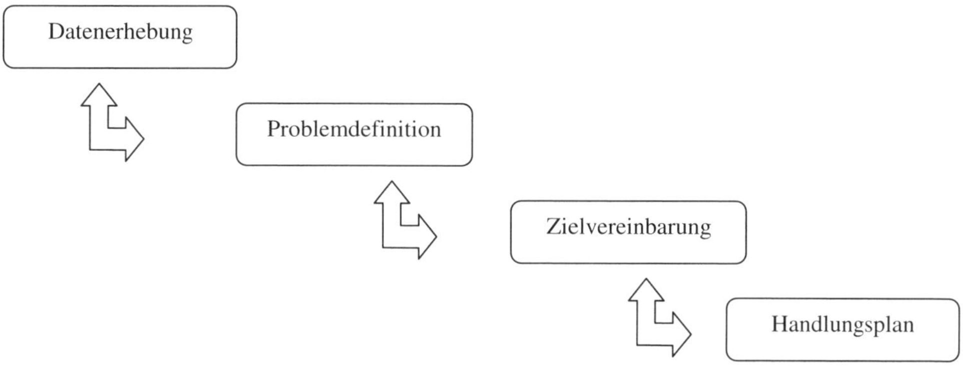

Organisationsentwicklung ist ein Entwicklungsprozess, bei dem man versucht, bestehende Mängel in der Organisation Schule aufzudecken, zu analysieren und zu beheben (vgl. zum Folgenden Kliebisch / Schmitz 1998 u. 1999). Der Analyse dient die Erfassung des Ist-Zustands. Zwei **Möglichkeiten zur Datenerhebung** erscheinen besonders zweckmäßig: Fragebogen und Kartenabfrage.

Man entwirft einen **Fragebogen** im Blick auf die Situation, die man untersuchen will. Ein solcher Diagnosebogen sollte so angelegt werden, dass er die Diskrepanz zwischen den Zielen und den aktuellen Zuständen wiedergibt. Ein besonders bekannter Fragebogen ist der **GIL** („Guide to Instutional Learning"). Dieser Fragebogen umfasst fünf Dimensionen, die wiederum in zehn Kategorien eingeteilt sind. Für jede dieser Kategorien gibt es eine an der Likert-Skala ausgerichtete Einschätzungsskala (s. folgende Abbildungen nach Dalin / Rolff / Buchen 1998).

Fünf Dimensionen
1. Werte
2. Normen
3. Beziehungen
4. Strategien
5. Umgebung

Zehn Kategorien	
1. Werte und Ziele	6. Entscheidungsprozesse
2. Unterrichtspraxis	7. Einfluss und Kontrolle
3. Arbeitsklima	8. Veränderungen in der Schule
4. Normen und Erwartungen	9. Zeit für Arbeitsaufgaben
5. Leitung	10. Belohnung

stimmt nicht *stimmt zum Teil* *stimmt genau*

-5	-4	-3	-2	-1	0	+1	+2	+3	+4	+5

Die Kategorien des GIL sind recht allgemein; eine präzise Analyse der Situation ist damit oft nicht möglich. Außerdem ist die Umsetzung einer Umfrage für ein Kollegium sehr aufwändig. Praktikabler ist daher eine **Informationssammlung auf der Grundlage der Moderationsmethode**. Die Moderationsmethode ist besonders demokratisch ausgelegt: Die Aussagen aller Beteiligten sind gleichwertig. Zumindest theoretisch sind die Hierarchieunterschiede aufgehoben und damit Einflussnahmen aufgrund des sozialen Status eines Teilnehmers ausgeschlossen.

Die Moderationsmethode erfasst die Daten über den Ist-Zustand durch eine **Kartenabfrage**. Jeder Teilnehmer (z. B. auch Schüler) kann sich im Stuhlkreis am Gruppengeschehen beteiligen (vgl. Klebert / Schrader / Straub 2002). Mit dem Einstieg werden die Zielsetzung der Sitzung, der zeitliche Rahmen und die inhaltliche Orientierung abgestimmt. Im nächsten Schritt beginnt das Sammeln der Themen zu einer vorgegebenen Fragestellung. Die Fragestellung bezieht sich auf das Problem, das analysiert werden soll. Die Anwesenden notieren einzeln oder in Paaren auf einer oder mehreren Karteikarten jeweils einen Einfall zu der Fragestellung. Die Karteikarten heftet man an eine Pinwand. Dann folgt die Auswertung. Die Karten werden dazu in Clustern geordnet, denen Oberbegriffe zugeteilt werden. Diese Oberbegriffe fungieren als Themenspeicher. Dieser Speicher bleibt während der gesamten Entwicklungsarbeit visualisiert und dient als Grundlage für das weitere Vorgehen. Die Gewichtung der Themen erhält man durch ein Bewertungsverfahren mit Klebepunkten. Die so ermittelte Rangordnung der Themen ist Ausgangspunkt dafür, welche Themen in welcher Reihenfolge bearbeitet werden. Die Karten können jederzeit neu geordnet werden.

Praxistipp:
Die Moderationsmethode kann man auch mit Schülern im Unterricht anwenden. Sie eignet sich zum Beispiel dafür, beim Einstieg in eine Unterrichtsreihe Themenaspekte zu finden und zu ordnen.

Natürlich lassen sich Evaluationen auch weniger aufwändig durchführen, insbesondere wenn sie „nur“ den eigenen Unterricht betreffen. Allerdings: In manchen Fällen macht es schulintern Sinn, sich über den Horizont eigenen Tuns deutlich hinauszubewegen, will man Innovationen praxisnah gestalten. Aus den Evaluationsprozessen können zahlreiche **Themenbereiche** hervorgehen, die verbesserungswürdig und daher für Innovationen offen sind. Hier einige Beispiele, gegliedert in fünf Bereiche:

A. Schule als Lern- und Erfahrungsraum

1. Gestaltung der Klassenräume, Flure, Außenanlagen, des Lehrerzimmers
2. Verbesserung der medialen Ausstattung
3. Raumsituation und Raumverteilung im Schulgebäude
4. Hausordnung und Pausenregelung
5. Qualitätssicherung
6. Befindlichkeit von Lehrern und Schülern
7. Aspekte der Schulprogramm-Entwicklung
8. Müllprobleme
9. Schule als Zuhause

B. Organisation der Arbeitsbedingungen

1. Informationseinrichtungen
2. Vereinfachung von Verwaltungsabläufen
3. Arbeit von Klassenlehrern und Inhabern von Funktionsstellen
4. Fahrtenprogramme
5. Zusammenarbeit unter den Kolleginnen und Kollegen

6. Unterrichtsverteilung, Stunden- und Vertretungspläne
7. Gestaltung von Konferenzen, Elternsprechtagen und Pflegschaftssitzungen
8. Organisation von Klassen- und Kursarbeiten

C. Aspekte des Lehrens und Lernens

1. Erkennen von Lerntypen und Lernstilen
2. Verbesserung der Gedächtnisleistungen
3. Verbesserung des Zeit-Managements
4. Nutzung von Entspannungstechniken
5. Nutzung moderner Lehr-/Lern-Methoden
6. Außerunterrichtliche Aktivitäten
7. Nutzung moderner und klassischer Medien
8. Verbesserung der Prüfungsergebnisse
9. Förderung minder- oder hochbegabter Schülerinnen und Schüler
10. Erhöhung der Schüleraktivitäten

D. Events

1. Kollegiumsinterne Fortbildungen
2. Projektwochen
3. Fächerübergreifende Aktivitäten
4. Team-Teaching
5. Öffnung von Schule
6. Tag der offenen Tür
7. Podiumsdiskussionen
8. Schulfeste
9. Film- oder Konzertabende
10. Trainings für Schüler
11. Sportveranstaltungen
12. Diskussionsabende

E. Kommunikations-Management

1. Informationsfluss Schulleitung – Kollegium
2. Informationsfluss unter den Kollegen
3. Informationsfluss Schule – Elternhaus

4. Kommunikation mit externen Institutionen
5. Konflikt-Management
6. Verbesserung der Beratungskompetenz der Lehrer
7. Sprache, Auftreten und Outfit
8. Elternforum
9. Schülervertretung
10. Krisen-Management
11. Schülerzeitung
12. Öffentlichkeitsarbeit

Für die konkrete Umsetzung entsprechender Projekte lohnen sich Teams, die gemeinsam entscheiden und handeln. Unabhängig von solchen schulinternen Innovationen soll der einzelne Lehrer natürlich auch seinen persönlichen Arbeitsbereich, vor allem den Unterricht und dessen Ergebnisse evaluieren und stetig verbessern. Dabei kann er analoge Verfahren einsetzen.

⇨ ***Arbeitsanregungen***

Evaluieren, Innovieren und Kooperieren

Welche Formen der Evaluation Ihres eigenen Unterrichts haben Sie bisher genutzt?	
Beurteilen und formulieren Sie die Ergebnisse Ihrer Evaluationen und beschreiben Sie die Maßnahmen, die Sie dann ergriffen haben.	
Nennen Sie Bereiche, die an Ihrer Schule verbesserungswürdig sind. Welche Maßnahmen könnten Sie ergreifen?	

Welche Formen der Kooperation mit Kollegen haben Sie bisher praktiziert?	
Welche Möglichkeiten der Kooperation könnten Sie sich zusätzlich vorstellen? Wie würden Sie diese initiieren?	
Nehmen Sie an, Sie wollen eine Supervisionsgruppe gründen. Gäbe es dafür an Ihrer Schule Bedarf? Wie würden Sie dann vorgehen?	
Welche Mitwirkungsorgane kennen Sie? Welche Aufgaben haben diese Organe?	
Wie geben Sie Rückmeldung über Ihre Arbeit? Wie sinnvoll finden Sie das?	
Wie nutzen Sie das Feedback von Kolleginnen und Kollegen für Ihre Arbeit?	
Inwieweit beteiligen Sie sich an der Entwicklung kooperativer Unterrichtskonzepte?	
Inwieweit arbeiten Sie mit schulexternen Partnern zusammen?	

Welche Fortbildungen haben Sie besucht? Wie bewerten Sie die Veranstaltungen?	

2.8. Selbstreflexion des Lehrers

Unter **Selbstreflexion** versteht man die Aufgabe des Lehrers, das Wissen über die eigene Lehrertätigkeit zu prüfen und zu erweitern; dadurch gewinnt der Lehrer Orientierung für neue Zielentscheidungen und Einsichten in nachfolgendes Handeln. Ein Lehrer wird Situation und Probleme seiner Tätigkeit besser verstehen und gezielter handeln können, wenn er sich mit der Wirkung des eigenen Handelns und der Realisierung der intendierten Zielen nachhaltig auseinandersetzt. Die Lehrertätigkeit umfasst die Handlungsfelder Unterrichten, Beurteilen und Erziehen, Diagnostizieren und Beraten, Innovieren sowie Organisieren, Verwalten und Evaluieren. Zustand und Prozesse dieser Handlungsfelder sind die Bezüge, über die reflektiert wird – **eine Art innerer Dialog**, den der Lehrer mit sich selbst zu führen hat.

In Bezug auf diese Handlungsfelder ist die Selbstreflexion eine **Voraussetzung für Prozesse der kontinuierliche Anpassung und Feinabstimmung** in einer Lernumgebung, in der sich die Lernvoraussetzungen, Bedürfnisse und Interessen der Schüler recht kurzfristig verändern. Die pluralen Einflüsse der Gesellschaft verstärken zudem die bestehende Unterschiedlichkeit der Lernvoraussetzungen, der Lernfähigkeiten und Lernstile der Schüler auf unterschiedliche Weise. Die Selbsteinschätzung der eigenen Lehrtätigkeit und die Bereitschaft, Konsequenzen aus dem Feststellungen zu ziehen und umzusetzen, stellen wichtige Gesichtspunkte der Selbstreflexion des Lehrers dar. Ein anderer Gesichtspunkt ist der, Dritten (z. B. Eltern) gegenüber Rechenschaft über die eigene Tätigkeit ablegen zu können. Die Selbstreflexion soll zu erfolgreichem Handeln des Lehrers führen, bei dem einerseits die gesellschaftlichen Rahmenbedingungen von Schule und Unterricht erfüllt und andererseits die Schüler in einer Weise gefördert werden, die in deren Möglichkeiten liegt.

Neben der Unterrichtspraxis, die zunächst im Vordergrund steht, sollte es bei der Selbstreflexion auch um das **eigene Lehrerbild** gehen. Dieses beinhaltet u. a. Vorstellungen von den eigenen **Fähigkeiten**, von den eigenen **Kontrollmöglichkeiten** über die Folgen der eigenen Handlungen und Vorstellungen von den persönlichen **Eigenschaften** des Lehrers.

Im Rahmen der Selbstreflexion scheint eine wichtige Komponente das Bild zu sein, das der Lehrer von sich hat. Dieses Eigenbild bezieht sich auf alle Gesichtspunkte des Bewusstseins von der eigenen Person. Jeder Lehrer hat auf Grund seiner Persönlichkeitsstruktur, seiner Ausbildung und Erfahrung und seines persönlichen Umfeldes eine ausgeprägte Vorstellung von seiner Person überhaupt und von seiner Person als Lehrer. Darüber hinaus hat der Lehrer Vorstellungen davon, wie er sich sein Selbst wünscht. Außerdem ist zu berücksichtigen, dass das Lehrersein nicht allein eine Kombination oder Summe der Persönlichkeitseigenschaften ist, sondern sich insbesondere auch als eine soziale Rolle darstellt. Das **Lehrerbild** ist daher als **vielschichtig und multiperspektivisch** anzusehen.

Die **Identifikation eines Lehrers mit seinem Lehrerbild** ist ihm in der Regel **nur zum Teil bewusst**. Sie bildet aber doch eine bedeutende Ausgangslage für sein Lehr- und Erziehungshandeln. Es stellt sich die Frage, ob das subjektive Lehrerbild durch solche Merkmale charakterisiert ist, die es dem Lehrer jederzeit und in allen Fällen ermöglichen, ausgesprochene oder vermutete Anforderungen an seine Lehrertätigkeit zu befriedigen. Um dieses aufzuklären, muss das eigene Lehrerbild bewusst gemacht und an theoretischen und praktischen Alternativen gespiegelt werden. Das eigene Lehrerbild wird zudem konfrontiert mit dem Lehrerbild, das ein Betrachter (z. B. Schüler, Eltern, Kollegen) auf Grund seiner subjektiven Beurteilung hat. Lehrerbilder als Selbstbildnisse finden sich in verschiedenen Beschreibungen von **Lehrertypen** wieder, bei der man Lehrer nach Verhaltensmerkmalen oder Einstellungen klassifiziert. Es scheint einen Zusammenhang zwischen Lehrertypen, Unterrichtsprozessen und Lernergebnissen zu geben, wenngleich dieser durch die pädagogische Forschung noch nicht in generalisierbare Aussagen erfassbar ist.

Bei der hier beschriebenen Selbstreflexion steht die **Selbsterkundung der eigenen Person** im Vordergrund. Darunter soll das Bewusstmachen der persönlichen Art und

Weise verstanden werden, wie man sich als Lehrer erlebt und sieht. Die Wahrnehmung der eigenen Person ist allerdings eine schwierige Aufgabe. Ein typisches Verhalten ist durch eine Reihe von Verhaltensweisen und Merkmalen bestimmt. Es erscheint daher sinnvoll, sich mit Hilfe der vorhandenen Typologien und Verhaltensklassifikationen von Lehrern seinem eigenen Lehrerbild zu nähern. Dabei wird man zunächst einzelne Momente der Unterrichtspraxis auswählen, um diese auf ihre tatsächliche oder vermutete Wirkung hin zu analysieren. Grundlage bietet eine Niederschrift (nachträglich oder im Unterricht angefertigt) über die eigenen Feststellungen.

Reflexion über die eigene **Unterrichtspraxis** setzt voraus, dass Informationen über die verschiedenen Momente des Unterrichts wie z. B. den Verlauf des Lehr-/Lernprozesses, die Verhaltensweisen der Beteiligten (Lehrer und Schüler) und über die Störfaktoren der Lehr-/Lern- und Erziehungsarbeit vorhanden sind. Die Aufgabe der Informationsbeschaffung erscheint auf den ersten Blick einfach, denn der Lehrer sieht ja, was sich im Unterricht abspielt. Lehrer nehmen Schülerverhalten und Klassengeschehen wahr, um im Unterricht **Lehr-/Lernprozesse und Lernergebnisse zu analysieren, zu bewerten und zu beurteilen**. Die Informationen hierzu liefert die eigene Wahrnehmung des Unterrichtsgeschehens.

Wahrnehmungen sind subjektive Prozesse und gehen mit Verzerrungen einher, die durch die Situation und durch den Wahrnehmungsprozess selbst entstehen (vgl. u. a. Watzlawick 2005). Häufig kann die Wahrnehmung nicht in Ruhe und Gelassenheit erfolgen, wenn sie in die anstrengende, die volle Aufmerksamkeit fordernde Unterrichtstätigkeit eingebettet ist. Die Wahrnehmung selbst ist ein komplexes Geschehen; dabei entstehen im Gehirn durch Selektion und Konstruktion „Bilder“, die die Wirklichkeit unterschiedlich gut wiedergeben. Generalisierungen, Tilgungen und Verzerrung treten auf, weil Wahrnehmungen von verschiedenen Bedingungen abhängen können, z. B. von Erwartungen (Erwartungswahrnehmung) und Ursachenzuweisung (Kausalitätswahrnehmung). Außerdem spielt die Verfestigung der Wahrnehmungsabläufe zu stereotypen Sichtweisen eine Rolle. Unter all diesen Bedingungen sind Fehleinschätzungen auf Grund der eigenen Wahrnehmungen unvermeidlich. Wird eine Einschätzung nicht immer wieder durch die Erfahrung korrigiert, dann verfestigt sich die Wahrnehmung zu einem Vorurteil. Vorurteile bleiben – auch bei widersprechender Erfahrung – sehr stabil erhalten. Ein durch die Fehleinschätzung ausgelöstes Verhalten wird als Pygmalion-Effekt (self-fulfilling prophecy) bezeichnet. Ein Schüler z. B. verhält sich so, wie der Lehrer es von ihm erwartet und auch nur wie er glaubt, dass der Lehrer es von ihm erwartet.

Es ist ein gängiger Weg, in der beruflichen Praxis mit Einschätzungen umzugehen, auch wenn diese nicht immer als zuverlässig zu bezeichnen sind. Um diese Einschätzungen flexibel und reversibel zu halten, ist es notwendig, sich immer wieder aufs Neue mit den Erfahrungen auseinander zu setzen und seine **Erfahrung** durch fortlaufende Erhebung von Informationen und durch Probieren und Reflektieren **immer wieder neu zu bestimmen**.

Die Einschätzungen werden insbesondere dann zuverlässiger, wenn man versucht, seine Informationen durch systematische Beobachtungen von Unterrichtssituationen und -ereignissen zu gewinnen. Hierbei wendet man ein **Analyseverfahren** an, bei dem die Informationsgewinnung durch Datenerhebung erfolgt und das Datenerhebung und Dateninterpretation klar zu trennen erlaubt. Diese Methode hat den Vorteil, dass sie zu einem unmittelbaren Einblick in die in die tatsächlichen Abläufe und Zustände in der Unterrichtspraxis führt. Beobachten ist eine geplante, zielgerichtete Ermittlung unter Beachtung bestimmter Gesichtspunkte und Regeln. Beobachtung wird nicht auf Grund von Eindrücken oder Vermutungen nachträglich konstruiert. Der Beobachter selbst nimmt bei diesem Verfahren eine rezeptive Haltung ein.

Voraussetzung ist die **genaue Beschreibung einer Situation**; Grundlagen sind zu erstellende Beobachtungskategorien oder Leitfragen. Die Kategorien (Leitfragen) für die Beobachtung sind situationsgemäß zu wählen; es muss gesichert sein, dass man zuverlässige Antworten auf die jeweilige Frage erhalten kann. Die Beobachtung muss es ermöglichen, eine Zustand oder eine Ereignis so bewerten zu können, dass Klarheit darüber hergestellt werden kann, welche Konsequenzen zu ziehen sind. Die eigene Beobachtung wird dokumentiert – entweder durch (nachträgliche) Anfertigung eines Protokolls oder Ausfüllen eines vorgefertigten Fragebogens.

Die Bestandsaufnahme von Stärken und Schwächen bietet dem Lehrer die Chance, neue, entwickelnde und gestaltende Aufgaben im Unterricht anzugehen. Die Erhebung von Daten soll zu Ergebnissen führen, die dem Lehrer bei der Bewältigung wichtiger und drängender Fragen helfen. Deshalb ist es vor Beginn einer Erhebung notwendig, deren **Ziele zu klären** und entsprechende Aufgaben bzw. Fragen genau zu beschreiben. Die oben genannten Handlungsfelder helfen, Zuordnungen für die zu untersuchenden Zustände und Vorgänge zu finden.

Man muss **Kriterien als Bezugsrahmen** bestimmen, wenn mit Hilfe der Analyse wertende Aussagen getroffen werden sollen. Die Kriterien können in Bezug auf den Lehr-/Lernprozess den Richtlinien und Lehrplänen, in Bezug auf die Erziehungsaufgaben dem Schulprogramm oder der Allgemeinen Schulordnung entnommen werden. Hierbei spielen aber auch die eigenen (siehe Lehrerbild) und die vereinbarten (Schule) Vorstellungen über Erziehungs- und Bildungsziele eine wesentliche Rolle. Die Erörterung der Ergebnisse und die Planung von Konsequenzen hat der Lehrer mit sich selber zu führen. Um Verzerrungen in der Bewertung und Beurteilung zu minimieren, wird man Beobachtungsaufträge wiederholen und nach verschiedenen Gesichtspunkten konzipieren (z. B. hypothesengeleitet) und vergleichend auswerten. Ergänzend sollten Rückmeldungen und Erörterungen mit Außenstehenden (z. B. Lehrern, Ausbildern) angestrebt werden. Dadurch eröffnet sich die Möglichkeit, sich auf andere Sichtweisen einzulassen.

⇨ ***Arbeitsanregungen***

Selbstreflexion des Lehrers

Notieren Sie sich einige der Routinen (= handwerksmäßige Gewandtheit), die Sie im Unterricht praktizieren.	
Versuchen Sie zu klären, welche Aspekte Ihres Lehrerbildes bei diesen Routinen zur Geltung kommen.	

Beschreiben Sie einige Merkmale eines autoritären/autokratischen Verhaltens im Unterricht (vgl. Typologie von Lewin).	
Wie müssten diese Merkmale bei Anwendung eines demokratischen Unterrichtsstils verändert werden?	
Vergleichen und beurteilen Sie die Phasen eines Unterrichts an Beispielen, die an Hand der Merkmale dieser beiden Verhaltensweisen gestaltet werden.	
Stufen Sie Schüler Ihrer Lerngruppen ein. Die Gesichtspunkte dabei bleiben Ihnen überlassen.	
Geben Sie danach die Merkmale an, nach denen Sie bei der Einstufung vorgegangen sind, und begründen Sie Ihre Einstufung.	
Geben Sie nunmehr zu jeder der genannten Begründungen eine alternative Begründung an.	
Versuchen Sie zu klären, welches Lehrerbild jeweils bei Ihren Begründungen zum Tragen kommt.	
Geben Sie mit positiver und mit negativer Gewichtung typische Items zur Feststellung des „Emotionalen Klimas“ im Unterricht an.	

Verfahren Sie entsprechend für die Dimensionen eines „ungerechten“ / „gerechten“ Lehrerverhaltens.	

Informieren Sie sich über die Dimensionen des Lehrerverhaltens nach Tausch und Tausch (1998).

- Bewerten Sie dann in den folgenden drei Beispielen das Lehrerverhalten mit einem Wert von –5 (= maximale Geringschätzung) bis +5 (maximale Wertschätzung).
- Ordnen Sie das Lehrerverhalten in den Beispielen einer der Verhaltensweisen „autokratisch“ und „demokratisch“ (= „sozialintegrativ“) zu.
- Begründen Sie Ihre Auffassung.

Beispiel 1

Ein Schüler spricht mit seinem Nachbarn. Sie haben vorher wiederholt eine Strafarbeit in entsprechenden Fällen angedroht. Sie verkünden: „Kurt, du gehörst auch dazu; du meldest dich nachher.“

Geringschätzung *Wertschätzung*

-5	**-4**	**-3**	**-2**	**-1**	**0**	**+1**	**+2**	**+3**	**+4**	**+5**

Das Lehrerverhalten ist

- o autoritär
- o demokratisch

Meine Begründung:

Beispiel 2

Eine Schülerin hat eine Antwort gegeben, die im Lärm der Klasse untergegangen ist. Sie sagen in die Klasse: „Die Ilse wollte eben etwas sagen, aber man konnte sie gar nicht verstehen.“

Geringschätzung *Wertschätzung*

-5	-4	-3	-2	-1	0	+1	+2	+3	+4	+5

Das Lehrerverhalten ist

- o autoritär
- o demokratisch

Meine Begründung:

Beispiel 3

Ein Schüler sagt ein Gedicht stockend auf. Sie kommentieren: „Oh, oh! So etwas nennst du Gedicht gelernt! Wir sprechen uns in der Pause."

Geringschätzung *Wertschätzung*

-5	-4	-3	-2	-1	0	+1	+2	+3	+4	+5

Das Lehrerverhalten ist

- o autoritär
- o demokratisch

Meine Begründung:

2.9. Planungs- und Entwicklungsgespräch (PEG)

Bei den einzelnen Lehrerfunktionen wird man nur wenige Handlungskompetenzen gleichzeitig beobachten. **Schwerpunktsetzungen** sind angebracht; diese werden sich zunächst auf den Bedürfnisstand beziehen. Durch die nachträgliche Vernetzung der schwerpunktmäßigen Erhebungen und deren Ergebnis mit bestimmten Handlungsweisen verschiedener Lehrerfunktionen (z. B. aus „Unterrichten" und aus „Erziehen") wird die Möglichkeit geschaffen, über besondere Bedingungen in einer Lerngruppe Aufschluss zu erhalten. Dadurch ist eine Voraussetzung gegeben, in einem Kontext flexibel reagieren zu können. Persönlichen Ressourcen und Erfahrungen sowie eigenen Leitvorstellungen kann man so in angemessener Weise Rechnung tragen.

In der **Ausbildung** hat die **Orientierung auf Handlungsziele** eine zentrale Funktion, um Handlungskompetenzen aufbauen und verbessern zu können. Entsprechende Reflexionen finden in den Unterrichtsnachbesprechungen statt. In Nordrhein-Westfalen und in verschiedenen anderen Bundesländern gibt es darüber hinaus am Ende des ersten Ausbildungsjahres das „Planungs- und Entwicklungsgespräch" (kurz als PEG bezeichnet), bei dem Fremd- und Selbsteinschätzungen über die erreichten und noch zu erreichenden Handlungskompetenzen reflektiert werden. Das PEG ersetzt formal das Zwischengutachten, das früher von den Fachleitern erstellt wurde und in der Hauptsache eine Darstellung und Beurteilung des vom Lehramtsanwärter (Referendaren) Erreichten aus der Sicht des Ausbilders spiegelte. Das PEG hingegen ist ein Gespräch, das der Lehramtsanwärter mit einem von ihm gewählten Seminarausbilder (Fachseminarleiter oder Hauptseminarleiter) und mit einem Ausbildungslehrer (in der Regel mit dem Ausbildungskoordinator der Schule) führt.

Der Lehramtsanwärter bestimmt beim PEG das Verfahren. Er legt die Lehrerfunktionen und die in diesen beschriebenen Handlungsfelder fest, über die er das Gespräch führen möchte. Die Gesprächespunkte sollten zweckmäßigerweise in einem sogenannten Positionspapier oder Portfolio zusammengestellt und den weiteren Beteiligten rechtzeitig zur Verfügung gestellt werden. Diese Maßnahme unterstützt das Reflexionsgespräch, weil es jedem Beteiligten erleichtert, seine Eindrücke (positive wie negative) im vorgegebenen Rahmen zu thematisieren.

Beim PEG geht es darum, auf die Entwicklung von Qualifikationen und den erreichten Ausbildungsstand des Lehramtsanwärters Bezug zu nehmen und Perspektiven für die weitere Ausbildung aufzuzeigen. Es gilt vor allem, **Handlungsfelder der Lehrerfunktionen Unterrichten und Erziehen und die mit diesen in Beziehung stehenden Lehrerfunktionen Beurteilen und Beraten im Gespräch der Beteiligten zu reflektieren.** Es ist auch ein Anliegen, den Referendaren als selbstverantwortlich Lernenden in die Aufgaben der Selbstreflexion einzuführen.

Dem Referendar bietet sich im PEG die Möglichkeit, durch selbstkritische Darstellung der Eigenwahrnehmungen den Stand seiner Qualifikationen in den Handlungsfeldern der Lehrerfunktionen aufzuzeigen. Darüber hinaus hat er die Möglichkeit, Felder zu beschreiben, auf denen er sich persönlich entwickeln möchte. Dabei kann er sich während des Gesprächs beraten lassen und die Erfahrung der Beteiligten einholen. Auf dieser Basis lassen sich Zielprojektionen formulieren, die für den Referendaren im zweiten Teil seiner Ausbildung zielführend werden sollten. Die Ausbilder sollten diese Zielprojektionen bei der weiteren Beratung und Beurteilung des Referendars angemessen berücksichtigen. So vollzieht sich eine Annäherung an die gemeinsam verantwortete Zielprojektion.

⇨ ***Arbeitsanregungen***

Planungs- und Entwicklungsgespräch (PEG)

Das eigene Lehrerbild steuert nachhaltig das Handeln im Unterricht. Beschreiben Sie typische Lehrerverhaltensweisen (eigene, beobachtete, z. B. aus früherer Schulzeit, solche aus der gegenwärtigen Ausbildung), die a) für Sie als gut und die b) für Sie als ungeeignet gelten. Begründen Sie Ihre Einschätzung.	

Beschreiben Sie bezüglich der folgenden Dispositionen eine Einschätzung der eigenen Person: Persönliche Kontakte (z. B. Offenheit, Kooperationsfähigkeit, Einfühlungsvermögen, Solidarität, Hilfsbereitschaft usw.).	
Beschreiben Sie bezüglich der folgenden Disposition eine Einschätzung der eigenen Person: Verhaltensweisen (z. B. Anstiftung zur Mitarbeit, Aufbau von Interessen, Aufbau einer Arbeitshaltung, Verbindlichkeit im Sagen und Tun, Führungsbereitschaft, Bereitschaft zur Initiative, Beharrungsvermögen/Geduld, Gewissenhaftigkeit, Echtheit, Freundlichkeit usw.).	
Beschreiben Sie bezüglich der folgenden Disposition eine Einschätzung der eigenen Person: Sachbezug (z. B. Vorlieben/Interessen, Engagement, Begeisterungsfähigkeit, Handlungsorientierung usw.).	
Wählen Sie eine Phase einer Ihrer Unterrichtsstunden, für die Sie versuchen, die Unterrichtssituation und Ihr Verhalten in dieser Situation nach der Unterrichtsstunde möglichst genau schriftlich darzustellen. Welche persönlichen Merkmale können Sie an Hand des Protokolls feststellen?	

Wie beurteilen Sie nachträglich diese Merkmale für die gegebene Unterrichtssituation (s. o.)?	
Ordnen Sie die Qualifikationsmerkmale Medienkompetenz, Kooperations- und Teamfähigkeit Handlungsfeldern der verschiedenen Lehrerfunktionen zu. Wie begründen Sie diese Zuordnung?	
Durch welche Lehrerfunktionen können Sie die Handlungskompetenz „Kontakte mit Eltern“ beschreiben? Geben Sie jeweils Teilkompetenzen an.	
Die Handlungskompetenz „Gespräche führen“ ist verschiedenen Lehrerfunktionen zuzuordnen. Welchen Grad an Aktualität hat diese Handlungskompetenz für Sie im Rahmen der verschiedenen Lehrerfunktionen?	
Beschreiben Sie Ihre Schwächen und Stärken hinsichtlich der Kompetenz „Gespräche führen“.	

2.10. Fragebogen zur Kompetenz-Analyse

Mit dem folgenden Fragebogens können Sie testen, wie Sie Ihre Rolle als Lehrer ausfüllen und wie kompetent Sie sich in Ihrem Berufsfeld fühlen.

1. Beispiel

Ich bin stets ausgeglichen.

stimmt nicht *stimmt zum Teil* *stimmt genau*

-5	-4	-3	-2	-1	0	+1	+2	+3	+4	+5
									X	

Die Antwort „+4“ besagt: Ja, ich bin fast immer ausgeglichen.

Und hier die Testfragen:

1. Ich beteilige die Schüler an der Planung meines Unterrichts.

stimmt nicht *stimmt zum Teil* *stimmt genau*

-5	-4	-3	-2	-1	0	+1	+2	+3	+4	+5

2. Ich lebe den Schülern täglich Sekundärtugenden vor.

stimmt nicht *stimmt zum Teil* *stimmt genau*

-5	-4	-3	-2	-1	0	+1	+2	+3	+4	+5

3. Ich weiß genau, wie ich in meinem Unterricht Schülern helfen kann, mündige Erwachsene zu werden.

stimmt nicht *stimmt zum Teil* *stimmt genau*

-5	-4	-3	-2	-1	0	+1	+2	+3	+4	+5

4. Ich weiß, wie ich Konflikte kooperativ lösen kann, und beteilige die Schüler an solchen Lösungsgesprächen.

stimmt nicht *stimmt zum Teil* *stimmt genau*

-5	-4	-3	-2	-1	0	+1	+2	+3	+4	+5

5. Ich kann meine eigenen Gefühle im Unterricht formulieren und fördere dadurch, dass die Schüler auch ihre Gefühle artikulieren.

stimmt nicht *stimmt zum Teil* *stimmt genau*

-5	-4	-3	-2	-1	0	+1	+2	+3	+4	+5

6. Ich kann auf aggressives Verhalten von Schülern so eingehen, dass daraus ein konstruktives Miteinander wird.

stimmt nicht *stimmt zum Teil* *stimmt genau*

-5	-4	-3	-2	-1	0	+1	+2	+3	+4	+5

7. Ich weiß, wie ich Schüler mit besonderen Begabungen oder besonderen Schwächen fördern kann.

stimmt nicht *stimmt zum Teil* *stimmt genau*

-5	-4	-3	-2	-1	0	+1	+2	+3	+4	+5

8. Ich thematisiere mit meinen Schülern Grundwerte des Zusammenlebens.

stimmt nicht *stimmt zum Teil* *stimmt genau*

-5	-4	-3	-2	-1	0	+1	+2	+3	+4	+5

9. Ich besitze Medienkompetenz.

stimmt nicht *stimmt zum Teil* *stimmt genau*

-5	-4	-3	-2	-1	0	+1	+2	+3	+4	+5

10. In meinem Unterricht übernehmen Schüler auch Aufgaben des Lehrers.

stimmt nicht *stimmt zum Teil* *stimmt genau*

-5	-4	-3	-2	-1	0	+1	+2	+3	+4	+5

11. Ich habe Grundkenntnis der Erziehungswissenschaften und wende sie an.

stimmt nicht *stimmt zum Teil* *stimmt genau*

-5	-4	-3	-2	-1	0	+1	+2	+3	+4	+5

12. Ich habe Grundkenntnisse der Lernpsychologie und nutze diese für die Vorbereitung meines Unterrichts.

stimmt nicht *stimmt zum Teil* *stimmt genau*

-5	-4	-3	-2	-1	0	+1	+2	+3	+4	+5

13. Ich habe ein großes Repertoire an schülerorientierten Arbeitsformen und kann diese auch anwenden.

stimmt nicht *stimmt zum Teil* *stimmt genau*

-5	-4	-3	-2	-1	0	+1	+2	+3	+4	+5

14. Ich fühle mich gut ausgebildet.

stimmt nicht *stimmt zum Teil* *stimmt genau*

-5	-4	-3	-2	-1	0	+1	+2	+3	+4	+5

15. Ich kenne verschiedene Dimensionen von Lernzielen, ich kann sie hierarchisieren und ich kann Lernziele angemessen formulieren.

stimmt nicht *stimmt zum Teil* *stimmt genau*

-5	-4	-3	-2	-1	0	+1	+2	+3	+4	+5

16. Ich kann Unterrichtsthemen angemessen formulieren.

stimmt nicht *stimmt zum Teil* *stimmt genau*

-5	-4	-3	-2	-1	0	+1	+2	+3	+4	+5

17. Ich weiß, welche Elemente eine Unterrichtsstunde haben sollte (Unterrichtsverlauf).

stimmt nicht *stimmt zum Teil* *stimmt genau*

-5	-4	-3	-2	-1	0	+1	+2	+3	+4	+5

18. In meinen Unterrichtsstunden kommt die Vernetzung der Inhalte nie zu kurz.

stimmt nicht *stimmt zum Teil* *stimmt genau*

-5	-4	-3	-2	-1	0	+1	+2	+3	+4	+5

19. Ich fühle mich sicher bei der Umsetzung meiner Unterrichtsplanung. Meine Unterrichtsstunden sind in der Regel gelungen.

stimmt nicht *stimmt zum Teil* *stimmt genau*

-5	-4	-3	-2	-1	0	+1	+2	+3	+4	+5

20. Ich fühle mich sicher in der Leistungsbeurteilung meiner Schüler.

stimmt nicht *stimmt zum Teil* *stimmt genau*

-5	-4	-3	-2	-1	0	+1	+2	+3	+4	+5

21. Ich habe Beratungskompetenz.

stimmt nicht *stimmt zum Teil* *stimmt genau*

-5	-4	-3	-2	-1	0	+1	+2	+3	+4	+5

22. Ich kenne außerschulische Beratungsinstitutionen und verweise bei Bedarf Schüler und deren Eltern an diese Institutionen.

stimmt nicht *stimmt zum Teil* *stimmt genau*

-5	-4	-3	-2	-1	0	+1	+2	+3	+4	+5

23. Ich engagiere mich in der Schule.

stimmt nicht *stimmt zum Teil* *stimmt genau*

-5	-4	-3	-2	-1	0	+1	+2	+3	+4	+5

24. Ich bereite mich stets zu Hause auf die Stellungnahme zu meinem Unterricht vor, die ich im Rahmen von Hospitationen abgeben soll.

stimmt nicht *stimmt zum Teil* *stimmt genau*

-5	-4	-3	-2	-1	0	+1	+2	+3	+4	+5

25. Ich bin zufrieden mit meiner Berufswahl.

stimmt nicht *stimmt zum Teil* *stimmt genau*

-5	-4	-3	-2	-1	0	+1	+2	+3	+4	+5

26. Wenn ich bei mir im Zusammenhang mit meinen beruflichen Aufgaben Stress-Reaktionen erkenne, weiß ich immer, wie ich damit umgehen kann.

stimmt nicht *stimmt zum Teil* *stimmt genau*

-5	-4	-3	-2	-1	0	+1	+2	+3	+4	+5

27. Ich beteilige mich aktiv am Geschehen in den Ausbildungsseminaren bzw. an der Schule.

stimmt nicht *stimmt zum Teil* *stimmt genau*

-5	-4	-3	-2	-1	0	+1	+2	+3	+4	+5

28. Ich engagiere mich in den Gesprächen mit Ausbildungslehrern bzw. in den Gesprächen mit meinen Seminarausbildern.

stimmt nicht *stimmt zum Teil* *stimmt genau*

-5	-4	-3	-2	-1	0	+1	+2	+3	+4	+5

29. Ich habe keine Probleme bei der Vorbereitung von Unterricht.

stimmt nicht *stimmt zum Teil* *stimmt genau*

-5	-4	-3	-2	-1	0	+1	+2	+3	+4	+5

30. Meine Arbeitsbelastung ist erträglich.

stimmt nicht *stimmt zum Teil* *stimmt genau*

-5	-4	-3	-2	-1	0	+1	+2	+3	+4	+5

Auswertungsbogen

Tragen Sie jetzt die im Fragebogen angekreuzten Punktwerte sorgfältig in den unten abgedruckten Auswertungsbogen ein. Machen Sie kleine Kreuze in die entsprechenden Felder. Verbinden Sie anschließend die einzelnen Kreuze durch eine Linie miteinander.

Nr.	-5	-4	-3	-2	-1	0	+1	+2	+3	+4	+5
1											
2											
3											
4											
5											
6											
7											
8											
9											
10											
11											
12											
13											
14											
15											
16											
17											
18											
19											
20											
21											
22											
23											
24											
25											
26											
27											
28											
29											
30											

Zu Ihrer Information:

Je mehr Ihre „Kompetenzlinie" im linken, negativen Bereich des Diagramms verläuft, desto geringer sind Ihre Fähigkeiten in ihrem Berufsfeld entwickelt. Sie sollten etwas dagegen tun! Je mehr die Linie im rechten, positiven Teil des Diagramms verläuft, desto größer ist Ihre Fähigkeit, sich in Ihrem Berufsfeld souverän zu verhalten. Arbeiten Sie weiter in diese Richtung!

3.

Der Unterrichtsentwurf

„Didaktische Reflexion geschieht [...] unter der Perspektive der Förderung möglichst weitgehender Verfügung aller Menschen über sich selbst.“

(Wolfgang Schulz)

3.1. Struktur einer Unterrichtsskizze

Unterrichts- oder Planungsskizzen werden oft auch **Unterrichtsentwürfe** genannt. In der Unterrichtsskizze zeigen Sie z. B. Ihren Ausbildern die Planung Ihres Unterrichts. Unterrichtsskizze und Unterrichtsplanung hängen miteinander zusammen, sind aber nicht das Gleiche. Die Unterrichtsplanung ist wesentlich umfangreicher und komplexer als die Skizze, die Sie schriftlich vorlegen. In die Skizze gehört also nur das, was für einen Außenstehenden zum unmittelbaren Verstehen des Unterrichts oder Ihres Vorhabens von Bedeutung ist.

Die Unterrichtsskizze repräsentiert die **Planung einer Unterrichtsstunde**. Von Seminar zu Seminar sind die Erwartungen meist unterschiedlich im Blick darauf, was in einer Skizze behandelt werden sollte. Die Skizzen sind in der Regel eine Mischung aus Elementen, die verschiedenen didaktischen Konzeptionen entnommen sind. Wichtig: Alle Elemente einer Unterrichtsskizze stehen in einem inneren Zusammenhang zueinander; sie sind vernetzt. Die Vernetzung der Bausteine soll in der Darstellung zum Ausdruck kommen. Erst eine nachvollziehbare Vernetzung der Elemente lässt im Unterrichtsentwurf die Ganzheitlichkeit der Planung erkennen.

Aus unserer Sicht gehören in eine Unterrichtsskizze Angaben zu folgenden Punkten. Einige dieser Punkte sind im Falle kurzer Entwürfe optional.

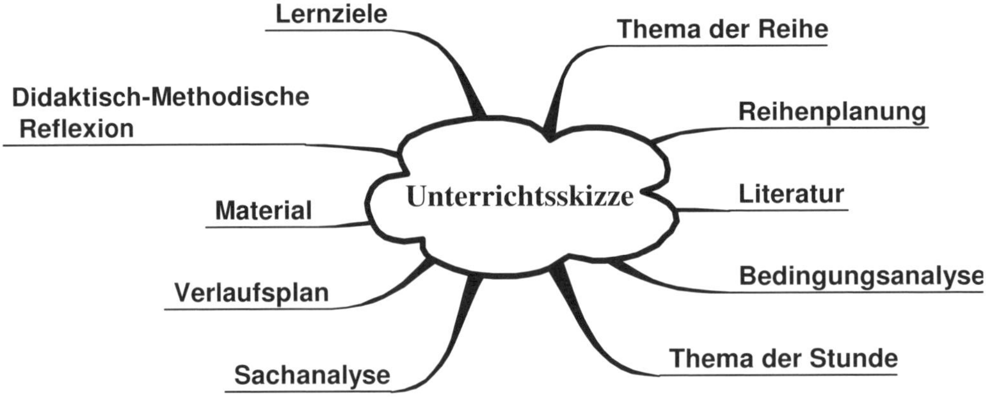

a) Thema der Reihe

Jede Unterrichtsstunde ist eine Unterrichtsreihe eingebunden und hat dort einen spezifischen Stellenwert. Für die angemessene Bewertung dieses Stellenwertes braucht der Beobachter Informationen über die gesamte Unterrichtsreihe (⇨ Kap. 3.2.). Daher müssen Sie das Thema der Reihe nennen und die

b) Reihenplanung

genau darlegen. Dies machen Sie am besten so: Sie geben das Reihenthema an und listen dann nacheinander die Themen der einzelnen Stunden der Reihe auf. Die aktuelle Stunde kennzeichnen Sie beispielsweise dadurch, dass Sie deren Thema in einen Rahmen setzen.

c) Thema der Stunde

Das Thema der Stunde benennt u. a. den Lerngegenstand der geplanten Stunde (⇨ Kap. 3.2.). Das Thema der Stunde gehört auf die erste Seite des Entwurfs, am besten fett gedruckt und gerahmt.

d) Lernziele

Sie zeigen, was das Ergebnis des Unterrichts ist, und geben an, was der Schüler nach der Stunde können soll (⇨ Kap. 3.3.).

e) Verlaufsskizze

Die Verlaufsskizze oder der Verlaufsplan zeigt die Planung des konkreten Ablaufs der Stunde (⇨ Kap. 3.5.).

f) Literatur

Geben Sie an, welche Literatur Sie für die Planung genutzt haben.

g) Unterrichtsmaterial

Bei Unterrichtsbesuchen fügen Sie am besten als Kopie das Material bei, das Sie in der geplanten Stunde verwenden werden (z. B. Texte, Folien, Arbeitsblätter usw.).

h) Optional: Bedingungsanalyse

In knappen Entwürfen können Sie auf eine Bedingungsanalyse verzichten, in umfangreichen sollte sie nicht fehlen. Die Bedingungsanalyse klärt die institutionellen und personellen Rahmenbedingungen, unter denen der Unterricht verläuft. Insbesondere werden Sie dabei auf Besonderheiten der Lerngruppe eingehen, für die Sie den Unterricht geplant haben. Solche Besonderheiten werden Ihre didaktisch-methodischen Entscheidungen beeinflussen (⇨ Kap. 3.4.1.).

i) ***Optional: Sachanalyse***

Auch Sachanalysen fehlen oft in knappen Unterrichtsskizzen. Sachanalysen haben den Zweck, Unterrichtsgegenstände fachwissenschaftlich zu reflektieren und die Ergebnisse dieser Reflexion auf den Planungsprozess zu beziehen. Viele Entscheidungen im Blick auf die didaktische Nutzung eines Gegenstands sind zum Beispiel abhängig davon, wie komplex der Gegenstand ist usw. (⇨ Kap. 3.4.2.).

j) ***Didaktisch-methodische Entscheidungen***

Ausführliche didaktisch-methodische Entscheidungen werden oft nicht mehr verschriftlicht, statt dessen wird eine kurze Darstellung des didaktischen Schwerpunkts und möglicher Schwierigkeiten bei der Umsetzung erwartet. Sie haben in der Regel während der Unterrichtsnachbesprechung Gelegenheit, Ihre Entscheidungen zu entwickeln und zu begründen. Grundsätzlich müssen auch Sie Ihre didaktisch-methodischen Entscheidungen ableiten von dem, was Sie in der Sach- und der Bedingungsanalyse ermittelt haben (Kap. 3.4.3.).

Für die Gestaltung eines **kurzen** Unterrichtsentwurfs bietet sich diese Reihenfolge der Elemente an:

Wo?	Was?
Deckblatt = 1. Seite	*Oberer Rand:* Angaben zum Ausbildungsseminar *Mitte:* **Thema der Stunde** (gerahmt und fett) *Unteres Drittel:* Angaben über • Lerngruppe (Fach / Kurs oder Klasse) • Teilnehmer der Lerngruppe (Anzahl gesamt / Zahl der Jungen und Mädchen) • Schule • Unterrichtsraum • Unterrichtsstunde • Personen (Schulleiter / Fachlehrer / Fachleiter / Ausbildungskoordinator / Hauptseminarleiter / Referendar)

2. Seite	**Übersicht über die Reihenplanung**
3. Seite	**Lernziele der Stunde / Didaktischer Schwerpunkt**
4. Seite	**Unterrichtsskizze: Verlaufsskizze (Verlaufsplan)**
5. Seite	**Literatur**
6. und folgende Seiten	**Unterrichtsmaterial (Arbeitsblätter / Texte / Folien)**

⇨ ***Arbeitsanregungen***

Unterrichtsskizze

Vernetzen Sie das Map und zeigen und begründen Sie dadurch, wie die Strukturelemente der Unterrichtsskizze miteinander zusammenhängen.	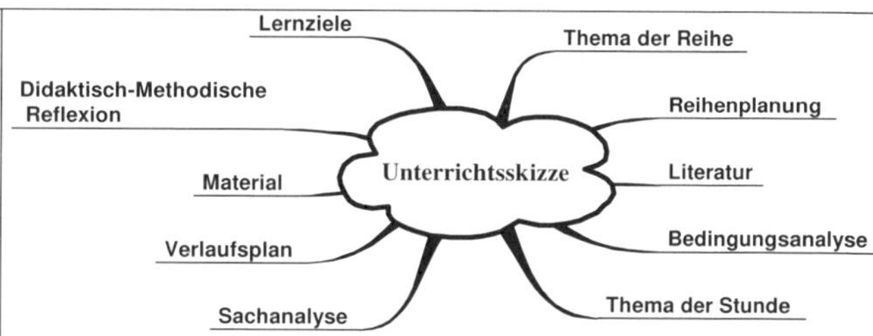
In welcher Reihenfolge werden Sie in der Praxis die Elemente der Planung bearbeiten? Warum?	
Finden Sie im Blick auf Ihre Fächer Beispiele für Unterrichtsthemen.	
In welchen Bereichen kann / soll Unterricht Ziele verfolgen?	
Was ist „Offener Unterricht“ und wie zugänglich ist er für eine Planung?	

Welche Vorteile sehen Sie in einer differenzierten Unterrichtsplanung?	
Welche Gefahren könnte eine eher enge bzw. eher weite Unterrichtsplanung bergen?	
Wie könnten / sollten Sie mit diesen Gefahren umgehen?	
„Jeder Unterrichtsplan wird durch die Realität überholt.“ Nehmen Sie zu dieser These Stellung.	

3.2. Stundenthema

⇨ *Worum geht es?*

Inhalte sind noch keine Themen. Gegenstand (Inhalt) einer Stunde kann vieles sein:

- Konflikte zwischen Eltern und Kind
- Freuds „Psychischer Apparat“
- Die Bergpredigt
- Rhetorische Mittel in einer Rede
- Die zweite Ableitung einer mathematischen Funktion
- Die Ringparabel in Lessings „Nathan der Weise“

- Großraumsiedlungen

Zu einem Unterrichtsthema wird ein Gegenstand aber erst durch einen spezifischen Betrachtungsaspekt, unter dem der Gegenstand behandelt werden soll. Dieser spezifische Betrachtungsaspekt erschließt den Gegenstand als exemplarisch. Erst die **didaktische Intention** des Lehrers macht also den Gegenstand zum Unterrichtsthema mit exemplarischer Bedeutung. Daher wird das Thema auch im Rahmen der didaktischen Entscheidungen begründet. Viele Intentionen sind zwar möglich, aber nicht immer realisierbar; die didaktische Absicht muss in Einklang stehen mit diesen Aspekten:

- Richtlinien und Lehrpläne der Fächer
- Schulinterne Curricula
- Bedingungen in der Lerngruppe (z. B. Alter der Schüler, Lernvoraussetzungen usw.)
- Organisatorische Bedingungen (Raumsituation, Zeitstruktur, technische und mediale Voraussetzungen)

Die Themenformulierung ist nicht identisch mit dem Hauptlernziel der Stunde: Das Hauptlernziel gibt den Soll-Zustand am Ende der Unterrichtsstunde an. Im Thema erscheinen auch keine Hinweise auf die Methode, mit der der Sachgegenstand im Unterricht behandelt werden soll. Das gilt auch für mögliche Aufgabenstellungen, unter denen die Schüler den Inhalt betrachten sollen.

⇨ *So funktioniert es:*

Suchen und formulieren Sie zunächst den Gegenstand der Stunde; fügen Sie dieser Formulierung dann den spezifischen Betrachtungsaspekt, also die didaktische Absicht hinzu, die Sie mit dem Inhalt ansteuern. Sie können zusätzlich das spezifische Beispiel nennen, anhand dessen Sie das exemplarische Unterrichtsthema behandeln wollen. Konkret:

1.) Gegenstand: Gleichnisse im Neuen Testament

2.) Spezifischer Betrachtungsaspekt: Der Reich-Gottes-Gedanke in Gleichnissen des Neuen Testaments

3.) Beispiel (Text): Das Gleichnis vom Sämann

⇨ Thema: „Gleichnisse im Neuen Testament als Ausdrucksform der Rede Jesu vom Reich Gottes, erarbeitet am Beispiel des Gleichnisses vom Sämann

Der Hinweis auf das konkrete Beispiel kann fehlen!

Hier weitere **Vorschläge für die Formulierung von Unterrichtsthemen**:

- Konflikte zwischen Eltern und Kind als notwendige Voraussetzung für den Erwerb von Identität, erarbeitet am Beispiel ....
- Der Beitrag von Freuds „Psychischem Apparat" zur Erklärung von Teilen der Persönlichkeit
- Die Ethik der Bergpredigt als Mittelpunkt der Predigt Jesu
- Die orientierende Funktion rhetorischer Mittel in Richard von Weizsäckers Rede (1985) zum 8. Mai 1945
- Die Bedeutung der zweiten Ableitung einer Funktion für die Steigung eines Funktionsgraphen
- Die Struktur von Verantwortung, erarbeitet am Beispiel der Ringparabel in Lessings „Nathan der Weise"
- Lessings „Nathan der Weise" als Appell an die Verantwortung des Menschen, erarbeitet an der „Ringparabel" (II,7)
- Die Beurteilung von Wohnqualität in Großraumsiedlungen (Beispiel: Berlin-Marzahn)

⇨ *Darauf sollten Sie achten:*

- Das Stundenthema ist in der Formulierung nicht identisch mit dem Hauptlernziel (⇨ s. Kap. 4.3.).
- Achten Sie darauf, dass der spezifische Aspekt des Themas in den Lernzielen zum Ausdruck kommt.
- Das Stundenthema enthält keine Angaben zur Unterrichtsmethode.
- Das Reihenthema hat dieselbe Struktur wie das Stundenthema, nur auf einer abstrakteren Ebene.
- Nutzen Sie „typische" Formulierungen, um aus einem Gegenstand ein Unterrichtsthema zu „machen". Z. B.:

  – „Gegenstand X als Y, erarbeitet am Beispiel Z.

  Also: „Visuelle Leitmotive als Orientierungshilfe für den Zuschauer, erarbeitet an ausgewählten Szenen des Films „Matrix")

  – „Die ..... Funktion von X in Y".

  Also: „Die .... Funktion des Auftrags Gottes an den Menschen in Gen 1,26ff."

Tipps:

- Die Reihenplanung besteht in der Planung einer Anzahl von Einzelstunden, die insgesamt den Themenbereich exemplarisch erschließen.
- Achten Sie auf eine angemessene Vernetzung der Themen der einzelnen Unterrichtsstunden.
- Die Einzelstunden sollten sinnvoll aufeinander aufbauen (Lernprogression).
- Im Unterrichtsentwurf geben Sie die Themen der Einzelstunden in der Reihenfolge an, in der sie in der Unterrichtsreihe vorgesehen sind.

⇨ ***Arbeitsanregungen***

Thema einer Unterrichtsstunde

Erläutern Sie den Unterschied zwischen Thema und Gegenstand.	
Man spricht oft über „Unterrichtsinhalte". Was verstehen Sie darunter.	
Sie wollen im Unterricht eine besondere Methode nutzen. Inwieweit sollte das im Thema erwähnt werden?	
Sie wollen „Albert Schweitzer" im Unterricht behandeln. Formulieren Sie drei Unterrichtsthemen.	
„Die Schlafwagen der Deutschen Bahn." – Handelt es sich um ein Thema? Korrigieren Sie ggf. die Formulierung.	

„Einführung in die Bruchrechnung unter Nutzung von Gruppenarbeit" – Handelt es sich um ein Thema? Korrigieren Sie ggf. die Formulierung.	
„Wie sinnvoll ist das aktuelle Schulgesetz?" – Handelt es sich um ein Thema? Korrigieren Sie ggf. die Formulierung.	
„Die Beratung nach Rogers am Beispiel des Falls Dieter" – Handelt es sich um ein Thema? Korrigieren Sie ggf. die Formulierung.	
„Die Stunde Null – Deutschland und die Alliierten" – Handelt es sich um ein Thema? Korrigieren Sie ggf. die Formulierung.	
„Erarbeitung von Begriffen zur Filmanalyse" – Handelt es sich um ein Thema? Korrigieren Sie ggf. die Formulierung.	
„Auswertung von Schülerplakaten mit Hilfe der Moderationsmethode" – Handelt es sich um ein Thema? Korrigieren Sie ggf. die Formulierung.	
Formulieren Sie ein Unterrichtsthema in einem Ihrer Fächer. Diskutieren Sie mit Kollegen, inwieweit es sich bei Ihrer Formulierung um ein Stundenthema handelt.	

3.3. Lernziele

⇨ *Worum geht es?*

Die Formulierung des Themas einer Unterrichtsstunde ist eine wichtige Voraussetzung für die Formulierung von Lernzielen. Lernziele geben an, was der Schüler lernen soll, um in zukünftigen Lebens- und Lernsituationen angemessen zu reagieren. Lernziele formulieren demnach den **Zuwachs an Kompetenzen**, den der Schüler gewinnt, wenn er den Lernprozess durchläuft. Lernziele sind von Lernwegen und Operationen zu unterscheiden.

Der Lehrer bereitet für die Schüler einen bestimmten Weg des Lernens vor; dieser Lernweg drückt sich in der **Phasierung des Unterrichts** aus (⇨ s. Kap. 4.5.). In den einzelnen Unterrichtsphasen handeln die Schüler auf unterschiedliche Weise und auf unterschiedlichen Lernniveaus, um ein angestrebtes Ziel zu erreichen.

Ein Beispiel:

- Sie wollen im Unterricht einen Text behandeln und haben u. a. das Ziel, dass die Schüler die im Text entwickelte Theorie X verstehen. So kann zum Beispiel nach der Einstiegsphase ein Text gelesen, in der Vernetzungsphase kann die im Text dargestellte Theorie diskutiert werden. Lesen und Diskutieren sind demnach konkrete Tätigkeiten (Operationen), die die Schüler ausführen müssen, um das Lernziel zu erreichen. Grundsätzlich liegt es in der Verantwortung des Lehrers zu entscheiden, welche Operationen geeignet sind, das angestrebte Ziel zu erreichen (vgl. Miller 2001, 238).

Bei die Formulierung von Lernzielen können Sie grundsätzlich auf die Angabe der Operationen verzichten. Insbesondere müssen Sie darauf achten, dass die Zielformulierung nicht etwa die Beschreibung einer Tätigkeit ist. Die Zielformulierung gibt den Soll-Zustand nach Abschluss des Lernprozesses an. **Denken Sie also bei der Formulierung der Ziele stets vom Ergebnis her.**

Man kann verschiedene **Lernzielbereiche** oder **Dimensionen** unterscheiden; eine bekannte Aufteilung ist die nach Bloom (1956) in

- kognitive Lernziele (Kenntnisse / intellektuelle Fähigkeiten),

- affektive Lernziele (Einstellungen / Überzeugungen / Werthaltungen),
- psychomotorische Lernziele (konkretes körperliches Handeln).

Später wurden weitere **Differenzierungen der Lernzielbereiche** vorgenommen (vgl. z. B. Krathwohl / Bloom / Masia 1975). Auch die Unterscheidung verschiedener Kompetenz-Bereiche kann als Anhalt für die Formulierung von Lernzielen nützlich sein (vgl. Erpenbeck / Rosenstiel 2003 und oben ⇨ Kap. 2.2.). Allerdings gibt es hierfür keine spezifischen Taxonomien. Für den täglichen Unterricht sind in vielen Fällen vor allem kognitive Lernziele von Bedeutung. Sie lassen sich (zumindest in Ansätzen) meist schon am Ende einer Stunde überprüfen, während affektive Ziele ebenso wie sozial-kommunikative und handlungsbezogene Kompetenzen eher mittel- und langfristige Veränderungen beschreiben. Affektive und soziale Ziele werden daher ebenso wie Handlungsziele oft im Sinne von Erziehungszielen verwendet. Ziele im psychomotorischen Bereich sind typisch für bestimmte Unterrichtsfächer (z. B. Sport, Technik, Kunst) oder spezifische Lernsituationen (z. B. Rollenspiel, Fertigen von Objekten, Methodenstunden usw.). Nicht alle Zieldimensionen sind in jeder Unterrichtsstunde von Belang.

Für die Praxis heißt das: Beschränken Sie sich bei Hospitationen auf die Formulierung solcher **Ziele**, die im Blick auf die Unterrichtsstunde auch von Außenstehenden wie etwa Seminarausbildern **nachprüfbar** sind. Dies werden meist kognitive Ziele sein. Ihre langfristigen Zielperspektiven sollten Sie allerdings in Nachbesprechungen artikulieren und vor allem in ihren methodischen Entscheidungen sichtbar machen. Affektive und psychomotorische Lernziele sollten Sie aber in jedem Fall nennen, soweit sich diese aus besonderen Lernsituationen ergeben bzw. für bestimmte Fächer relevant sind.

Natürlich ist die einseitige Akzentuierung kognitiver Lernleistungen problematisch. Lernen ist stets ein ganzheitlicher Prozess: **Daher kann ein Mensch kognitive Lernziele nur erreichen, wenn gleichzeitig auch emotionale und handlungsorientierende Fähigkeiten aktiviert werden.** Außerdem werden verschiedene Schüler am Ende einzelner Unterrichtsstunden stets auf einem unterschiedlichen Lernstand sein; sie werden also die Lernziele unterschiedlich weit erreicht haben. Dies liegt sicher auch an der unterschiedlichen emotionalen (und ggf. psychomotorischen) Beteiligung der Schüler. Vor diesem Hintergrund sollte die einseitige Ausrichtung auf kognitive Ziele in Unterrichtsentwürfen nur eine Akzentuierung dieser Zieldimension sein, nicht aber verwechselt werden mit der fälschlichen Annahme, man könne kognitive Lernleistungen vom übrigen Verhalten eines Menschen trennen. Die Lernzieldimensionierung dient somit vor allem der Analyse dessen, was in der Praxis zusammengedacht werden muss und sollte (vgl. a. Stangl o. J.).

Auf dem Hintergrund dieser Gewichtung ist zunächst eine genauere Betrachtung der Lernziele im **kognitiven Bereich** nützlich. Die Bloomsche Taxonomie ist in sechs Klassen gegliedert, die man hierarchisieren kann; von Stufe zu Stufe wächst die Komplexität der angestrebten Verhaltensweisen, zudem werden die Ansprüche abstrakter:

1. Wissen / Kenntnisse (Reproduktion von Daten, Fakten usw.)
2. Verständnis (Erfassen von Zusammenhängen, Überführen in andere Darstellungsformen, Ableiten von Konsequenzen und Implikationen)
3. Anwendung (Übertragen auf andere Zusammenhänge)
4. Analyse (Herstellen von Bezügen in Argumentationen, Erkennen von Strukturen)
5. Synthese (Verknüpfen bekannter Zusammenhänge mit neuen und Aufbau übergeordneter Einheiten)
6. Evaluation / Beurteilung (Kritische Beurteilung von Sachverhalten anhand interner und externer Kriterien)

Im **affektiven Bereich** schlagen Bloom u. a. (1975) diese Taxonomie vor:

1. Aufmerksamkeit / Beachtung (Sensibilisierung für ein Thema)
2. Reaktion (Emotionalisierung, spontane Verarbeitung von Informationen)
3. Wertung (Emotionaler Bezug zum Gegenstand mit daraus resultierender Einstellung, Haltung, d. h., etwas für wertvoll halten, ihm einen Wert beimessen)
4. Organisation (Aufbau eines Wertesystems; Integration von Bezugswerten in eine Hierarchie von Überzeugungen)
5. Charakterisierung durch einen Wert (Identität; Leben einer Werthaltung ohne Notwendigkeit affektiver Betroffenheit)

Der **psychomotorische** Bereich wird so differenziert (vgl. Möller 1976, 255f.):

1. Imitation (Nachahmung z. B. von Bewegungs- oder Handlungsabläufen)
2. Manipulation (Anwenden von Instruktionen, Festigung von Techniken)
3. Präzisierung (größere Genauigkeit beim Üben der Abläufe und Techniken)
4. Handlungsgliederung (Koordination verschiedener Elemente eines Handlungs- oder Bewegungsablaufs)
5. Naturalisierung (Internalisierung der Abläufe; Unabhängigkeit vom Modell)

Für den sozial-kommunikativen Bereich und den Handlungsbereich liegen keine spezifischen Gliederungen vor; diese Bereiche werden daher meist den affektiven Zielen untergeordnet. **Guter Unterricht** wird im kognitiven Bereich nach der Erarbeitung von Inhalten (Ebenen 1 und 2) stets eine Phase der Vernetzung des neu Gelernten mit Bekanntem vorsehen (Ebenen 3 bis 6; ⇨ s. a. Kap. 3.5.). Im affektiven und psychomotorischen Bereich sollte im Sinne der Vernetzung mindestens jeweils die Lernzielebene 3 erreicht werden (Wertung bzw. Präzisierung), mehr ist im Verlauf des Unterrichts oft auch nicht möglich. Denn erst eine Vernetzung der neuen Informationen mit schon gelernten auf einer höheren Ebene sichert das Behalten des neu erworbenen Wissens. Erst in der Verarbeitungsphase lässt sich überprüfen, ob und inwieweit Lernziele erreicht worden sind; das bloße Nennen von Fakten durch den einen oder anderen Schüler (Ebene 1) zum Beispiel ist noch keine Gewähr für Verstehen (Ebene 2) oder gar für die Fähigkeit, das Verstandene zu beurteilen (Ebene 6). Insoweit sollten Sie auch bei der Auswahl der Lernziele darauf Wert legen, dass die Lerngruppe während des Unterrichts mit dem in einer Stunde gelernten Stoff arbeiten darf und muss (Verarbeitung).

Dennoch sollten Sie nicht zu hohe Ansprüche an die **Überprüfbarkeit von Lernzielen** stellen. Die Annahme einer faktischen und globalen Überprüfbarkeit von Lernzielen am Ende einer einzelnen Unterrichtsstunde ist weit verbreitet, wohl aber viel zu optimistisch, selbst wenn man die Lerngruppe eine Vernetzung des Lernstoffs realisieren lässt. Aussagen über das Erreichen von Lernzielen bleiben meist allgemein: „Die Schüler haben ....“, „Die Lerngruppe hat ....“. Welcher Schüler genau wie viel welcher Lernziele erreicht hat, ist aber die wesentliche Frage. Es bedürfte sicherlich sehr differenzierter Überprüfungsverfahren, wollte man die Frage so differenziert beantworten, wie sie gestellt ist. Dies geschieht aber in der Praxis nicht. Daher bleiben die Annahmen der Lehrer über den Lernstand der einzelnen Schüler letztlich zwar meist pauschal, aber dennoch verwertbar.

Im Rahmen von Stundenentwürfen werden die Lernziele oft auf drei weiteren Ebenen differenziert und nach ihrem **Abstraktionsniveau** geordnet (s. Möller 1976, 72ff.):

- Reihenziel (auch: Richtziel)
- Hauptlernziel (auch: Schwerpunktlernziel oder Grobziel)
- Teillernziele (auch: weitere wichtige Lernziele oder Feinziele)

Diese Präzisierung dient dazu, aus zunächst eher vorläufig und allgemein formulierten Zielen möglichst exakte Formulierungen über das vom Lehrer erwartete Schülerverhalten zu machen. Dieses Kleinarbeiten von Lernzielen nennt man Lernziel-**Operationalisierung**. Auf jeder Stufe der Operationalisierung können Ziele jeder Dimensionierung (kognitiv, affektiv, psychomotorisch) und jeder Lernzielebene vorkommen. In der Praxis gibt es aber durchaus Präferenzen.

Richtziele sind dabei die allgemeinsten Orientierungspunkte; in Unterrichtsentwürfen entsprechen sie meist den Reihenzielen. Richtziele bewegen sich in der Regel auf den Lernzielebenen 1 und 2. Die Frage für Richtziele lautet: Was will ich allgemein mit der Unterrichtsreihe erreichen.

Das **Hauptlernziel** gibt an, was Sie in der aktuellen Unterricht hauptsächlich erreichen wollen. Es stellt eine als Ziel formulierte sprachliche Paraphrase des Stundenthemas dar. Hauptlernziele können sich auf alle Lernzielebenen beziehen. Die Frage für das Hauptlernziel lautet: Was sollen die Schüler im Blick auf das Stundenthema hauptsächlich lernen?

Die **Teillernziele** konkretisieren das Hauptlernziel und beschreiben, welche Ziele erreicht werden müssen, damit das Hauptlernziel überhaupt realisierbar ist. Liegt das Hauptlernziel in den unteren Ebenen der Taxonomien (1 + 2), erfüllen die Teillernziele zwei Funktionen: a) Bestimmte Teillernziele konkretisieren das Hauptlernziel und bleiben damit ebenfalls im Rahmen der Taxonomie-Ebenen 1 und 2. b) Andere Teillernziele müssen das geringe Anspruchsniveau des Hauptlernziels überschreiten und mindestens die Taxonomie-Ebene 3 erreichen, um eine angemessene Vernetzung des Lerngegenstands zu garantieren. Beschränken Sie sich auf drei bis fünf Teilziele; mehr können Sie in der Regel in einer Unterrichtsstunde ohnehin nicht erreichen.

Teillernziele müssen so konkret wie möglich formuliert werden (Mager 1994). Prinzipiell müssen sie damit auch genaue Informationen über Aspekte des Gegenstands der Stunde enthalten (Thema). Immer wieder gibt es gerade in Nachbesprechungen zu Hospitationen unter den Beteiligten Streit darüber, *wie* konkret die Teillernziele formuliert werden sollen. Aus unserer Sicht genügt es, wenn die Teilziele konkret benennen, welches Verhalten die Schüler *am Ende* des Lernprozesses zeigen sollen.

⇨ *So funktioniert es:*

Einleitungsformeln

Lernzielformulierungen können Sie so einleiten:

- „Die Schüler sollen erkennen, verstehen, beurteilen ....“ oder
- „Die Schüler erkennen, verstehen, beurteilen .....“ oder
- „Die Schüler können sich darin verbessern, ... zu erkennen, zu verstehen, zu beurteilen ....“.

Hartmut von Hentig (2003) hat alternativ diese Einleitungsformel vorgeschlagen:

- „Die Schüler erhalten die Gelegenheit, ... zu erkennen, zu verstehen, zu beurteilen ....“.

V. Hentig möchte damit die Autonomie des Schüler betonen, die in der ersten Variante der Formulierungen zugunsten äußerer Vorgaben vernachlässigt oder aufgehoben scheint. Lehrer müssen sich im Blick auf die Ziele ihres Unterrichts aber stets an beiden Polen ausrichten: Sie müssen sich einerseits an Vorgaben orientieren (z. B. Richtlinien), andererseits sind die Schüler der Maßstab für ihre Entscheidungen. Insofern stehen beide Einleitungsformeln gleichberechtigt nebeneinander. Die Einleitungsformel für das Hauptlernziel könnten Sie variieren und sagen:

- „In der heutigen (dieser) Stunde möchte ich vor allem (besonders, hauptsächlich) erreichen, dass ....“ (vgl. Dohnke 2002).

Struktur von Lernzielen

Jedes Lernziel sollte enthalten:

- eine passende Einleitungsformel (s. oben) mit
- einem Verb, das die Lernzielebene (= Taxonomie-Ebene) beschreibt,
- den Unterrichts-/Lerngegenstand, wenn sinnvoll und möglich mit
- der didaktischen Intention, unter der der Unterrichtsgegenstand betrachtet wird.

Vielfach werden gerade **Teillernziele** noch in zwei Ebenen **weiter differenziert**: In dem Fall beschreiben die Teilziele zusätzlich,

a) in welchen konkreten Unterrichtssituationen (z. B. „in einer Gruppenarbeit", „in einer Diskussion", „in einem Rollenspiel") das angestrebte Verhalten gezeigt werden soll (= Intention) und
b) wie man dieses Verhalten erkennen bzw. messen kann (z. B. „Die Schüler erkennen die Häufung von Adjektiven, indem sie den Text lesen.").

Diese weitere Differenzierung der Teilziele bezieht sich demnach einerseits auf Methodenhinweise, zum anderen werden Arbeitsziele in die Formulierung integriert. Beide Aspekte gehören *nicht zwingend* in eine Zielformulierung, da sie weniger beschreiben, worin das Ziel besteht, als vielmehr, wie man es erreicht. Außerdem: Die Angaben über Methoden und z. B. Arbeitsvorgänge machen Sie ohnehin im Verlaufsplan. Insoweit können solche Informationen in der Zielformulierung fehlen.

Eine Kompromisslösung zur Integration der weiteren Operationalisierung der Teilziele stellt auch dieses Vorgehen dar: Nummerieren Sie die Teillernziele im Unterrichtsentwurf und ordnen Sie sie im Unterrichtsverlaufsplan in Klammern den jeweiligen Unterrichtsphasen zu (z. B. „LZ 1"). So gehen die Informationen nicht verloren und werden sinnvoll vernetzt.

Beispiele für Hauptlernziele

Beispiel 1

- „In dieser Stunde möchte ich vor allem erreichen, dass die Schülerinnen und Schüler die Gleichnisse Jesu als Rede vom Reich Gottes verstehen".

(a) Die „Gleichnisse Jesu“ sind Unterrichtsgegenstand; die Schüler sollen die Gleichnisse als eine spezifische Aussage über das Reich Gottes verstehen; darin liegt die besondere didaktische Perspektive, unter der die Gleichnisse im Unterricht behandelt werden sollen.

(b) Das kognitive Hauptlernziel orientiert sich an der Taxonomie Ebene 2 (= Verständnis). Dies hat Folgen für die Formulierung der Teilziele und für die Gewichtungen im Unterricht:

(c) Die Teilziele müssen die Ebenen 1 (= Wissen / Reproduktion) und 2 (= Verständnis) konkretisieren; das Erreichen von Ebene 1 ist zugleich Voraussetzung für das Erreichen von Ebene 2.

(d) Der Schwerpunkt des Unterrichts wird auf „Wissen“ und „Verständnis“ liegen müssen; die Taxonomie-Ebenen 3 bis 6 haben untergeordnete Bedeutung, mindestens eine davon sollte aber in der Vernetzungsphase berücksichtigt werden. Insofern macht es Sinn, bei zum Beispiel vier Teilzielen drei auf die Ebenen „Wissen“ und „Verstehen“ zu beziehen und eines auf eine der Ebenen 3 bis 6.

Beispiel 2

- „In dieser Stunde möchte ich vor allem erreichen, dass die Schülerinnen und Schüler Konflikte zwischen Eltern und Kindern als eine notwendige Voraussetzung für die Gewinnung von Identität der Heranwachsenden analysieren.“

  (a) Unterrichtsgegenstand sind „Konflikte zwischen Eltern und Kindern“. Dieser Gegenstand, also die Konflikte zwischen den Generationen, soll verstanden werden als eine Voraussetzung dafür, dass die Jugendlichen ihre eigene Identität entwickeln lernen.

  (b) Dieses kognitive Hauptlernziel orientiert sich an der Taxonomie Ebene 4 (= Analyse). Der intellektuelle Anspruch an die Schüler ist in einer solchen Stunde deutlich höher als in unserem ersten Beispiel. Auch hier ergeben sich aus dem Hauptlernziel Folgen für die Formulierung der Teilziele und für die Gewichtungen im Unterricht:

  (c) Die Teilziele müssen in diesem Fall die Ebenen 1 (= Wissen / Reproduktion), 2 (= Verständnis), 3 (= Anwendung) und 4 (= Analyse) konkretisieren. Die Ebenen 3 und 4 repräsentieren bereits Vernetzungsaspekte, so dass eine weitere Verarbeitung des Gelernten nicht zwingend geboten ist. Streben Sie aber beispielsweise noch eine Beurteilung des neu erworbenen Wissens an, müssen Sie auch dazu ein Teilziel formulieren. Dies wäre beispielsweise dann sinnvoll, wenn Sie bereits in früheren Stunden die Taxonomie-Ebenen 1 und 2 erreicht hatten und in der aktuellen Stunde bereits auf der Ebene 3 einsteigen.

Beispiel 3

- „In dieser Stunde möchte ich vor allem erreichen, dass die Schülerinnen und Schüler die Bedeutung der zweiten Ableitung einer Funktion für die Steigung eines Funktionsgraphen beurteilen."
  - (a) In diesem Fall heißt der Unterrichtsgegenstand „Die zweite Ableitung einer Funktion"; die didaktische Intention besteht darin, die Bedeutung dieser Ableitung für die Steigung von Funktionsgraphen zu beurteilen.
  - (b) Dieses kognitive Hauptlernziel bezieht sich auf die Taxonomie-Ebene 6 (= Beurteilung). Das Ziel ist hochkomplex; der intellektuelle Anspruch an die Schüler demnach besonders hoch. Das Erreichen eines solchen Ziels setzt voraus, dass die Schüler die Taxonomie-Ebenen 1 bis 5 durchlaufen haben. Oft gelingt dies nicht in einer Stunde. Erreichbar erscheint dies in 45 Minuten meist nur dann, wenn der Inhalt quantitativ sehr begrenzt wird und die Lerngruppe besonders leistungsstark ist. Auch in diesem Fall ergeben sich aus der Formulierung des Hauptlernziels Folgen für die Formulierung der Teilziele und für die Gewichtungen im Unterricht:
  - (c) Die Teilziele müssen in diesem Fall alle Taxonomie-Ebenen konkretisieren, wenn die unteren Ebenen nicht bereits in früheren Stunden erreicht wurden.
  - (d) Der Unterricht wird sich vorzugsweise auf der Vernetzungsebene (Taxonomie-Ebenen 3 bis 6) aufhalten; dabei darf die Beurteilung des Gegenstands (Ebene 6) nicht zu kurz kommen.

Beispiel 4

- „Die Schülerinnen und Schüler sollen in der heutigen Stunde hauptsächlich sensibilisiert werden für die Inhaftierungspraxis in diktatorischen Systemen als Beispiel für die physische und psychische Beeinträchtigung der menschlichen Freiheit."

(a) In diesem Fall heißt der Unterrichtsgegenstand „Die Inhaftierungspraxis in diktatorischen Systemen"; die didaktische Intention besteht darin, den Schülern ein Gefühl dafür zu vermitteln, inwiefern diese Inhaftierungspraxis die psychische und physische Freiheit der betroffenen Menschen beeinträchtigt.

(b) Dieses affektive Hauptlernziel bezieht sich auf die Taxonomie-Ebene 1 (= Aufmerksamkeit / Beachtung). Auch in diesem Fall ergeben sich aus der Formulierung des Hauptlernziels Folgen für die Formulierung der Teilziele und für die Gewichtungen im Unterricht:

(c) Die Teilziele dürfen durchaus auch höhere Ebenen der affektiven Taxonomie beinhalten.

(d) In jedem Fall sollte eine Unterrichtsstunde mit diesem Schwerpunktziel kognitive Teilziele enthalten, die in der kognitiven Taxonomie mindestens die Ebene 3, möglichst 4 bis 6 erreichen. Nur so findet auch eine angemessene kognitive Vernetzung des Inhalts statt.

Beispiel 5

➢ „Die Schülerinnen und Schüler sollen in der heutigen Stunde hauptsächlich kleine Bewegungsabläufe als Trainingsmodul für eine Jazz-Tanz-Choreographie ausführen."

(a) In diesem Fall heißt der Unterrichtsgegenstand „Kleine Bewegungsabläufe"; die didaktische Intention besteht darin, diese Bewegungsabläufe ausführen zu lassen, um damit für eine größere Einheit, eine Choreographie, zu üben.

(b) Dieses psychomotorische Hauptlernziel liegt auf der Taxonomie-Ebene 4 (= Handlungsgliederung). Aus der Formulierung dieses Hauptlernziels ergeben sich Konsequenzen für die Teilziele und für die Gewichtungen im Unterricht:

(c) Die Teilziele sollten die Taxonomie-Ebene des Hauptlernziels konkretisieren, müssen diese aber nicht mehr übersteigen.

(d) In jedem Fall sollte eine Unterrichtsstunde mit einem psychomotorischen Schwerpunktziel auch kognitive Teilziele enthalten, die in der kognitiven Taxonomie mindestens die Ebene 3 erreichen. So findet einmal eine angemessene kognitive Vernetzung des Inhalts statt, zum anderen aber ganzheitliches Lernen auf hohem Niveau.

Beispiele für Teillernziele

Beispiel 1

- „Die Schülerinnen und Schüler sollen im Gleichnis vom Sämann die Rede Jesu von der wachsenden Saat als Hinweis auf die besondere und unaufhaltsame Kraft des Reiches Gottes verstehen."
  - Das kognitive Ziel bezieht sich auf Taxonomie-Ebene 2 (= Verstehen); die Taxonomie-Ebene 1 (= Wissen) ist damit implizit abgedeckt, da das Verstehen das Kennen des Gegenstands voraussetzt.
  - Das Ziel konkretisiert den angestrebten Lernzuwachs im Blick auf einen spezifischen Aspekt, der anhand eines genau definierten Textes erkannt und verstanden werden muss.

Beispiel 2

- „Die Schülerinnen und Schüler sollen Jesu Ethik der radikalen Liebe als integralen Bestandteil des Reiches Gottes begreifen."
  - Das kognitive Ziel rekurriert auf die Taxonomie-Ebene 5 (= Synthese). Die Schüler sollen hier einen aus früheren Stunden bekannten Sachverhalt („Ethik Jesu") mit dem aktuell erworbenen Wissen („Gleichnisse als Ausdrucksformen für das Reich Gottes") in einen Zusammenhang bringen.
  - Die Formulierung impliziert die Neustrukturierung der Informationen auf einer höheren Ebene. Dazu müssen die Schüler altes Wissen reaktivieren, reproduzieren, in Vergleich bringen, Zusammenhänge herstellen und diese auf Angemessenheit hin prüfen. Erst dann kann A als integraler Bestandteil von B begriffen, also verstanden werden, wie es das Teilziel ansteuert.

Beispiel 3

- „Die Schülerinnen und Schüler sollen kritisch beurteilen, inwieweit die Vorstellung vom Reich Gottes Menschen in unserer Gesellschaft bei der Bewältigung ihres Alltags nützlich sein kann.“
    - Das kognitive Ziel rekurriert auf die Taxonomie-Ebene 6 (= Beurteilung). Die Schüler sollen hier früher erworbenes Wissen und persönliche Erfahrungen über die Situation in unserer Gesellschaft in einen Zusammenhang bringen mit neu erworbenem Wissen („Vorstellung vom Reich Gottes“).
    - Die Formulierung impliziert wiederum die Neustrukturierung der Informationen auf einer höheren Ebene. Hinzu kommt die Beurteilung des Gelernten („Reich Gottes“), die erst auf der Ebene der Neustrukturierung möglich wird. Eine solche Beurteilung setzt selbstverständlich Kriterien voraus; die Kritik kann sich an internen wie externen Kriterien orientieren. Bei der Verwendung interner Kriterien urteilen die Schüler aus eigenem Augenschein (Erfahrungswissen) und gesundem Menschenverstand (Alltagstheorien). Bei der Nutzung externer Kriterien greifen die Schüler bei ihrer Beurteilung auf wissenschaftliche Modelle und Theorien zurück, die in der Regel im Unterricht behandelt wurden. In der Praxis werden interne und externe Beurteilungskriterien oft vermischt angewendet.

Beispiel 4

- „Die Schülerinnen und Schüler sollen darauf reagieren, wie die räumlichen Ausmaße einer Gefängniszelle die psychische Realität eines Menschen beeinflussen.“
    - Das affektive Ziel rekurriert auf die Taxonomie-Ebene 2 (= Reaktion). Die Schüler sollen hier eine (spontane affektive) Reaktion zeigen auf ein Phänomen, für das sie vorher sensibilisiert sein müssen (Ebene 1).
    - Die Formulierung impliziert damit die Neustrukturierung dessen, was durch die Sensibilisierung erlebt wurde.
    - Ein solches Ziel legt nahe, im Verlauf der Unterrichtsstunde auch zu einer Wertung im affektiven Bereich (affektive Ebene 3) und / oder zu ei-

ner Beurteilung des Phänomens im kognitiven Bereich (kognitive Ebene 5) zu kommen.

Beispiel 5

- „Die Schülerinnen und Schüler sollen die von der Lehrerin vorgeturnte Bewegung als Vorbereitung einer kleinen Bewegungsfolge nachahmen."
  - Dieses psychomotorische Ziel bezieht sich auf die Taxonomie-Ebene 1 (= Nachahmung). Die Schüler sollen zunächst die Bewegung beobachten, die der Lehrer vorstellt. Der Lehrer dient dabei als Modell. Anschließend sollen die Schüler die Bewegung nachahmen und damit üben.
  - Die Formulierung des Lernziels zeigt, wozu die Beobachtung und die Nachahmung dienen: Später sollen aus einzelnen Bewegungen Bewegungsfolgen entwickelt werden. Damit ist der Ablauf mindestens bis zur Ebene 4 (= Handlungsgliederung) der psychomotorischen Taxonomie angebahnt.
  - Psychomotorische Teillernziele sollten stets durch kognitive (evtl. zusätzlich durch affektive) ergänzt werden. Die kognitiven Teillernziele sollten auch eine intellektuelle Vernetzung des Gelernten ermöglichen (kognitive Ebenen 3 bis 6).

⇨ *Darauf sollten Sie achten:*

- Die Zielformulierungen sollten den Unterrichtsgegenstand und Ihre didaktische Intention auf der Zielebene enthalten.
- Verzichten Sie bei der Formulierung der Lernziele auf Angaben zu Methoden oder Arbeitsvorgängen.
- Das Hauptlernziel ist eine Paraphrase des Stundenthemas, ergänzt um die spezifische Zielformulierung.
- Teillernziele sollten so konkret wie möglich formuliert sein.
- Teillernziele müssen das Hauptlernziel erläutern.
- Teillernziele dürfen über die Taxonomie-Ebene des Hauptlernziels hinausgreifen.
- Drei bis fünf Teilziele genügen.

- Zu gutem Unterricht gehören immer Lernziele auf den Taxonomie-Ebenen 3 und höher (⇨ s. Kap. 3.5.6. „Vernetzung").
- Stunden mit hauptsächlich affektiven und / oder psychomotorischen Lernzielen sollten auch kognitive Ziele verfolgen.
- Geben Sie Ziele in allen Dimensionen an, soweit die Unterrichtsplanung dies erfordert.
- In jedem Fall: Formulieren Sie nur Ziele, die im Verlauf der Stunde zumindest im Grundsatz auch für Außenstehende wie Seminarausbilder prüfbar sind.

⇨ ***Arbeitsanregungen***

Lernziele

Erläutern Sie Unterschiede zwischen Hauptlernzielen und Teillernzielen.	
Formulieren Sie drei affektive Lernziele, die Sie in Ihrem Unterricht grundsätzlich verwirklichen wollen.	
Formulieren Sie drei psychomotorische Lernziele, die Sie in Ihrem Unterricht grundsätzlich verwirklichen wollen.	
Ihr Unterrichtsthema heißt: „Analog-Uhren als Abbildung der Zeit" – Wie lauten Ihr Haupt- und drei Ihrer Teillernziele?	

Ihr Unterrichtsthema heißt: „Meta-Kommunikation als Hilfe zur Lösung von Konflikten" – Nennen Sie das Hauptlernziel und vier Teilziele.	
„Die Schülerinnen und Schüler sollen Goethes ‚Faust' verstehen." Beurteilen Sie die Zielformulierung und korrigieren Sie diese ggf..	
„Die Schülerinnen und Schüler sollen erkennen, dass die Demokratie Vorteile hat." – Beurteilen Sie die Zielformulierung.	
„Mit den Zielformulierungen legt sich der Lehrende viel zu sehr fest." Nehmen Sie Stellung.	
„Die Schülerinnen und Schüler sollen ihre Lernziele selbst bestimmen." Was meinen Sie dazu?	
„Es erreichen ohnehin nicht alle Schüler gleichzeitig das Ziel. Daher sind Zielformulierungen unsinnig." Was sagen Sie dazu?	
„Exakte Zielformulierungen sind nur eine Marotte von Allgemeinpädagogen." Inwieweit stimmen Sie dieser These zu?	
„Ziele im affektiven Bereich sollte man für Unterricht in der Sekundarstufe II nicht formulieren." Nehmen Sie Stellung zu dieser These.	

3.4. Unterrichtsvoraussetzungen

3.4.1. Bedingungsanalyse

Die Bedingungsanalyse wird in diesem Abschnitt mit einem sehr engen Bezug zur Unterrichtsstunde beschrieben. Ihre Funktion besteht darin abzuklären, ob und wie eine Lehrperson ein von ihr gewähltes Unterrichtsthema in einer bestimmten Lerngruppe umsetzen kann. Es geht also um die **Ermittlung der konkreten Voraussetzungen für das unmittelbar intendierte Unterrichtsvorhaben**. Unter dieser Perspektive sind bestimmte Konsequenzen für die Bedingungsanalyse zu beachten:

- Für die vorgesehene Aufgabe ist eine allgemeine und umfängliche Beschreibung z. B. der Lerngruppe wenig hilfreich.
- Die für das konkrete Unterrichtsvorhaben ermittelten Bedingungen müssen in ihren Auswirkungen auf die Planung klar erkennbar sein.
- Auch bei weitreichender Fähigkeit einer Lehrperson zur Wahrnehmung und Beobachtung des Verhaltens einer Lerngruppe können die Feststellungen letztlich nur als hypothetisch angesehen werden.

In der Planung (⇨ s. bes. Kap. 3.5.) sind auf dieser Grundlage Alternativen zu berücksichtigen, die ein flexibles Agieren im Unterricht gewährleisten. Das auf die konkreten Bedingungen ausgerichtete Unterrichtsvorhaben ist so zu planen, dass offene Unterrichtsphasen korrigierendes Vorgehen ermöglichen (z. B. offene Einstiege, Spontanphasen). Auf diese Weise ist eine enge **Rückkopplung zum Thema im Unterricht** gesichert.

Die unterrichtlichen Bedingungen werden in dem Modell der lehr-lerntheoretischen Didaktik nach **anthropogenen und soziokulturellen Voraussetzungen** unterschieden. Sie sind auf alle am Unterrichtsgeschehen direkt oder indirekt beteiligten Personen (Schüler, Lehrer, Personen der Schulinstanzen) und auf den äußeren Rahmen von Schule (institutionelle Einrichtungen, Richtlinien / Lehrpläne usw.) zu beziehen. Eine Ausdifferenzierung und Präzisierung der Bedingungsfaktoren in dem genannten Bedingungsfeld sind von verschiedenen Autoren unternommen worden. Vereinbarungen mussten in allen entwickelten Systemen bei der Zuordnung der Bedingungsfaktoren im Grenzbereich der anthropogenen und soziokulturellen Voraussetzungen getroffen werden. Auf die Klärung solcher Zuordnungen gehen wir nicht weiter ein, weil sie sich auf die einzelne Unterrichtssituation nicht unmittelbar auswirkt und weil außerdem in diesem Fall kaum alle Faktoren eine Rolle spielen.

Für die Erfassung der situativen Lernvoraussetzungen haben sich verschiedene **Kataloge von Fragen** bewährt, von denen einer nachfolgend vorgestellt wird (Zimmermann 1977).

A. Voraussetzungen auf der Seite der Schüler

- Lernstand (z. B.: Welche Lernzielstufen wurden bisher vorwiegend berücksichtigt?)
- Lernstil, soziales Klima (z .B.: Haben einzelne Schüler eine besondere Neigung für visuelles oder für auditives Lernen?)
- Lerntempo (z. B.: Wie viel Zeit ist voraussichtlich für bestimmte Lernphasen wie Motivations-, Erprobungs-, Übungs-, Integrationsphasen anzusetzen?)
- Lernbereitschaft (z. B.: Ist die Grundhaltung eher als angepasst oder eher als kritisch-emanzipiert anzusehen?)

B. Voraussetzungen auf der Seiten der Lehrperson

- Lehrstand (z .B.: Wie weitreichend ist das Wissen der Lehrperson im Blick auf die Sache, im Blick auf die Methode?)
- Lehrstil (z. B.: Welcher Unterrichtsstil, welcher Führungsstil, welche Sozial- und Aktionsformen, welches Unterrichtsverfahren liegen der Lehrperson am meisten?)
- Lehrbereitschaft (z. B.: Wo liegen die persönlichen Stärken und Schwächen der Lehrperson?)
- Soziokulturelle Voraussetzungen (z. B.: Welche kulturellen Erfahrungen bringt die Lehrperson mit?)
- Sozioökonomische Faktoren (z. B.: Wie ist die Schule, der Klassenraum in Bezug auf die Durchführung des geplanten Vorhabens ausgestattet?)
- Sozioökologische Faktoren (z. B.: Welche Erfahrungen der Schüler aus dem näheren oder weiteren Umfeld der Schule lassen sich für das Vorhaben nutzen?)

- Ideologisch-normbildende Faktoren (z. B.: Inwieweit steht die Zielsetzung des Vorhabens in Übereinstimmung mit bestimmten gesellschaftlichen Traditionen oder mit bestimmten fortschrittlichen Trends?)

Für die Ermittlung der Lernvoraussetzungen lässt sich auch ein Katalog heranziehen, der nach folgenden Kategorien unterscheidet:

- Kognitiv-psychomotorische Voraussetzungen (z. B. Konzentrationsfähigkeit)
- Affektive Voraussetzungen (z. B. Arbeits- und Verhaltensgewohnheiten)
- Gruppendynamische Voraussetzungen (z. B. Kooperationsverhalten)

⇨ ***Arbeitsanregungen***

Bedingungsanalyse

Versuchen Sie, für den zweiten Katalog weitere Bedingungsfaktoren anzugeben.	
Bei der Vorbereitung einer Unterrichtsstunde stellen Sie fest: „Die Klasse 7a setzt sich zusammen aus 18 Jungen und 12 Mädchen. Anja, Kurt und Theo wiederholen die Klasse.“ Welche Konsequenzen ziehen Sie aus dieser Feststellung?	
Bei der Vorbereitung einer Unterrichtsstunde stellen Sie fest: „Im Leistungskurs Mathematik im Jahrgang 12 sitzen zwei hochbegabte Schülerinnen.“ Welche Konsequenzen ziehen Sie aus dieser Feststellung?	

Sie wissen: „In der Klasse 9 a gibt es einen Ausländeranteil von 60%. Die Versetzung etwa der Hälfte der Schüler ist gefährdet." Welche Konsequenzen ziehen Sie aus dieser Kenntnis?	

3.4.2. Bestimmung von Lerninhalten

Nach der lehr-lerntheoretischen Didaktik besteht zwischen den Entscheidungen über Lernziele, über die Lerninhalte und die Lernorganisation ein **Implikationszusammenhang**: Einerseits lassen sich die Lernziele über bestimmte Inhalte und Methoden verwirklichen, andererseits erhalten die Inhalte ihren funktionalen Charakter erst durch die Zuordnung zu den gewählten Lernzielen. Die Lernziele selbst beziehen sich immer auch auf inhaltliche Vorgaben. Die Inhalte haben nicht einen Wert in sich, sondern bekommen diesen erst in ihrer Funktion für die zu erreichenden Lernziele. Dieser funktionale Charakter lässt sich verständlich machen, wenn man beachtet, dass jede Auswahl und Darstellung eines Inhaltes in einer didaktischen Absicht geschieht. Dabei ist es möglich, dass mit demselben Inhalt sehr verschiedene Ziele im Unterricht angestrebt werden können. Auf Grund dieser Abhängigkeit erlaubt es erst die Festlegung und Beschreibung der Ziele, ein didaktisches Konzept zu erstellen, sich kritisch mit der getroffenen Auswahl der Inhalte auseinander zu setzen, den Lehr-/Lernprozess zu bestimmen und den Unterrichtserfolg zu überprüfen. **Erst die Zuordnung der Inhalte zu den Lernzielen schafft eine didaktische Begründung** für die Auswahl der Inhalte. Diese wird sich dadurch weniger unreflektiert an festgeschriebenen Bildungskatalogen ausrichten oder willkürlich zusammenstellen lassen. Da sich den Lernzielen unterschiedliche Inhalte oder Themen zuordnen lassen, ist es außerdem möglich, auf Erfahrungen und Interessen der Schüler einzugehen.

Bei der Aufgabe, Lerninhalte bestimmten Lernzielen zuzuordnen, ist das Problem der Auswahl der Inhalte noch nicht gelöst. Die Formulierung der Lernziele setzt die Ermittlung der Inhalte schon voraus, wenn sie nicht auf höchstem Abstraktionsniveau vorgenommen wird. Die Inhaltskomponente mancher Lernziele weist einen mittleren Grad an Eindeutigkeit auf und lässt daher mehrere Alternativen zu. In diesen Fällen ist es notwendig, Kriterien zu finden, um eine Auswahl aus der Menge möglicher Inhalte treffen zu können.

In der Unterrichtspraxis beginnt man in der Regel bei der Planung nicht mit der Bestimmung der Lernziele, sondern mit der Auseinandersetzung um einen interessanten und bildungsrelevanten Inhalt. Dabei wird ein in Aussicht genommenes Thema daraufhin überprüft, ob es für die Erreichung der vorgesehenen Lernziele geeignet ist; gegebenenfalls wird es ausgeschlossen oder verändert. Also: **Die Ermittlung von Lernzielen und die Entscheidung über ihre Berücksichtigung im Rahmen eines Unterrichtsthemas schließt inhaltliche Entscheidungen stets ein, setzt diese voraus oder hat diese zur Folge.**

Für die Entscheidungen über Inhalte gilt es, **Kriterien** zu **finden**, die einerseits in enger Beziehung mit den Kriterien zur Auswahl der Lernziele stehen, andererseits diese aber auch unter dem Gesichtspunkt des Inhalts zu ergänzen, zu modifizieren oder zu präzisieren erlauben. Für die Gewinnung solcher Kriterien bietet sich die didaktische Analyse von Klafki an; sie erlaubt es, sich auf die Analyse und Revision von Inhalten zu beziehen.

Für die konkrete Unterrichtsplanung, die vom Unterrichtsinhalt ausgeht, erweist sich die **didaktische Analyse** als ein hilfreiches Instrument. Ein Inhalt – z. B. aus der Literatur oder aus der Wissenschaft – ist nicht gleichzusetzen mit einem Unterrichtsinhalt, den man lediglich auf das Niveau der Schüler abzustimmen braucht. Durch die didaktische Analyse wird der Inhalt modifiziert; erst auf diese Weise ist er dann zu einem Unterrichtsinhalt geworden (⇨ vgl. a. Kap. 3.2.). Die didaktische Analyse stellt eine Reihe von Grundfragen an den Inhalt. Im Folgenden sind diese Grundfragen nach

(a) dem Begründungszusammenhang und nach

(b) der Wirksamkeit für den Unterricht

unterteilt.

A: Begründungszusammenhang

Frage nach der

(1) Gegenwartsbedeutung

(2) Zukunftsbedeutung

(3) exemplarischen Bedeutung des Inhalts

B: Wirksamkeit für den Unterricht

Frage nach der

(4) Struktur des Inhalts

(5) Zugänglichkeit des Inhalts

- **Gegenwartsbedeutung**

Es geht um die Frage, ob ein Inhalt in der gegenwärtigen Lebenssituation des Schülers, z. B. in seinem Selbstverständnis, in seinem Könnensbereich Bedeutung haben kann oder haben sollte.

Also:

– Erfahrungen, Vorkenntnisse aus dem Alltag

– Abneigung, Gleichgültigkeit gegenüber und Interesse am Inhalt

– Kenntnisse, Fähigkeiten und Einstellungen für gegenwärtiges Handeln

- **Zukunftsbedeutung**

Hier steht die Frage im Vordergrund, ob der Inhalt eine Bedeutung haben kann für das Leben, in das der Schüler hineinwächst.

Also:

– Qualifikationen / mögliche Bedeutung dieser Qualifikationen in der Zukunft

– Erwartetes / erwünschtes Normengefüge der Gesellschaft

- **Exemplarische Bedeutung**

Bei dieser Frage handelt es sich darum, ob sich am Inhalt allgemeine Zusammenhänge, Beziehungen, Gesetzmäßigkeiten, Widersprüche, Handlungsmöglichkeiten u. Ä. darstellen lassen.

Also:

– Das Allgemeine am spezifischen Inhalt

– Das Allgemeine als Orientierungshilfe für das spätere Leben

- **Thematische Strukturierung**

Hierbei steht im Vordergrund, aus den am Inhalt ermittelten Strukturmomenten diejenigen auszuwählen, die im Hinblick auf die Fragen (1) bis (3) und die dazu gefundenen Antworten angemessen erscheinen.
Also:
– Fachwissenschaftlicher Zusammenhang
– Perspektiven für das gewählte Thema
– Elemente und ihre Beziehungen zueinander
– Struktureinheiten (immanent-methodische Struktur) und deren mögliche Abfolge
– Sinnschichten und Sachlogik

- **Zugänglichkeit**

Hierbei handelt es sich um die Frage, wie ein Inhalt vereinfacht und verändert werden muss, damit die Schüler den Inhalt kennen lernen oder erarbeiten können. Es handelt sich um die Aufgabe der didaktischen Reduktion (unter Beachtung ihrer sachlichen und fachlichen Zulässigkeit).
Also:
– Veränderungen und Vereinfachungen
– Darbietungs- und Anwendungsformen
– Materialien und Medien

Die Fragen an den Inhalt sind bei der konkreten Unterrichtsplanung nur in **unterschiedlicher Genauigkeit** von einer einzigen Lehrperson zu beantworten. Bei der Frage nach der Zukunftsbedeutung geht es z. B. um Grundsätze, die die junge Generation im Allgemeinen betrifft. Hier ist die einzelne Lehrperson überfordert. In den Richtlinien und Lehrplänen eines Faches finden sich jedoch Entscheidungen, die auf die Zukunftsbedeutung eines Inhalts verweisen. Für die Lehrperson vor Ort gilt es bei der konkreten Planung, kritische Gesichtspunkte für ein zukünftiges Handlungsmuster der Schüler zu beachten. Entsprechendes gilt z. B. für die „Exemplarität" eines Inhalts. Auch unter diesem Gesichtspunkt finden sich Hinweise auf Vorentscheidungen in den Richtlinien und Lehrplänen eines Faches; denn es handelt sich hierbei um weitreichende Eingriffe in das jeweilige Fachverständnis, die von der einzelnen Lehrperson nicht allgemein entschieden werden können.

Hingegen stehen die übrigen drei Fragen unmittelbar mit der konkreten Planung einer Unterrichtsreihe bzw. Unterrichtsstunde in Beziehung. Bei der Bearbeitung dieser Fragen spielt die Bedingungsanalyse wiederholt eine grundlegende Rolle bei der Korrektur und beim Abgleich der Entscheidungen. Auch bei einer eingehend durchgeführten didaktischen Analyse zeigt sich, dass nicht immer alle Gesichtspunkte gleichzeitig gleichrangige Bedeutung für den konkreten Unterricht haben werden. Hier gilt es sich zu entscheiden für das, was einem wichtig erscheint.

⇨ *Arbeitsanregungen*

Gewinnung von Lerninhalten

Überprüfen Sie die Richtlinien und Lehrpläne Ihrer Fächer daraufhin, ob und wie sie auf Gegenwarts- und Zukunftsbedeutung von Inhalten Bezug nehmen.	
Versuchen Sie, die Rückkopplung „Inhalt – Lernziel" an Hand der fünf Fragen der didaktischen Analyse schematisch darzustellen.	
Wie könnte in Ihrem Schema die Bedingungsanalyse zugeordnet werden?	
Benennen Sie Materialien, von denen Sie annehmen, dass diese Ihnen Hinweise für die didaktische Analyse geben.	

Überprüfen Sie diese Annahme an einem selbst zu wählenden Inhalt durch einen Vergleich.	

3.4.3. Didaktisch-methodische Entscheidungen

Die unter diesem Gesichtspunkt anzugehenden Aufgaben beziehen sich auf den Bereich der **Entscheidungen und Begründungen und die Entwicklung des Handlungskonzepts** für den Unterricht. Die Analyse des Unterrichtsgegenstandes und der Lehr-/Lernbedingungen sowie der fachlichen und pädagogischen Zielbeschreibungen liefert die Grundlage der Entscheidungen für den konkreten Unterricht. Diese werden in der Regel über die Annäherung der einzelnen Analyseergebnisse in einem Prozess der wiederholten Rückkoppelung gefunden. Es geht darum, eine **Feinabstimmung** in Bezug auf die didaktische und methodische Akzentuierung und die sich eröffnenden Handlungsspielräume zu erreichen.

Dieser Planungsprozess mündet ein in das Planungsergebnis der Entscheidungen und deren Begründung. Für die einzelne Unterrichtsstunde ist der erste und wichtigste Schritt die didaktisch-methodische Entfaltung und begründete Festlegung des Schwerpunktes (des Kernanliegens) der Stunde. Am Begründungszusammenhang wird die **wechselseitige Beziehung der planungsrelevanten Faktoren** verdeutlicht. Dabei werden u. a. auch Probleme und Fragen thematisiert, Grobperspektiven einer Reihe skizziert und Ausschnitte aus dem Inhaltssegment festgelegt. Außerdem wird das Thema als Zentrum der Unterrichtsstunde bestimmt. Diese Festlegungen bilden die Grundlage dafür, den Unterricht so strukturieren, dass er dem Schüler, den Zielen und dem Gegenstand angemessen ist.

Folgeentscheidungen sind zu treffen hinsichtlich

- der auf den Schwerpunkt auszurichtenden Unterrichtsphasen und deren Gestaltung (z. B. Art des Einstiegs in die Unterrichtsstunde und Art der in Frage kommenden Medien und Materialen)

- der Festlegung der funktional auf den Schwerpunkt auszurichtenden Sozial- und Aktionsformen und Methoden.

Die im Weiteren anzugehende Reflexion der Methoden zielt auf mögliche Schwierigkeiten, auf alternative Zugriffe und den Grad der Differenziertheit. Erforderlich ist daher die Antizipation von möglichen Denkblockaden, z. B. bei der Umsetzung eines Lösungsweges oder aufgrund des Methodenverständnisses der Schüler.

Durch die beschriebene Vorgehensweise soll gesichert werden, dass eine **Fokussierung** auf das in der konkreten Unterrichtsstunde Erforderliche und Wesentliche erreicht wird, so dass der Blick auf das wirkliche Anliegen der Stunde nicht durch Selbstverständlichkeiten, Nebensächlichkeiten oder Überflüssiges getrübt wird.

⇨ ***Arbeitsanregungen***

Didaktisch-methodische Entscheidungen

Welche Folgerungen ziehen Sie aus der Bearbeitung der didaktisch-methodischen Überlegungen für die Abfassung eines „Planungsentwurfs für eine Unterrichtsstunde“ (kurz: Unterrichtsentwurf)?	
Vergleichen Sie die Aufgaben im Rahmen der didaktisch-methodischen Überlegungen, die sich für die Planung einer Unterrichtsreihe und die Planung einer Unterrichtsstunde ergeben.	

Zu den planungsrelevanten Faktoren zählen auch Überlegungen zum Aufbau einer „spannungsfreien Unterrichtsatmosphäre". Versuchen Sie, entsprechende Aufgaben zu benennen und zu begründen.	
Beschreiben Sie an einem konkreten Beispiel, was mit der „wechselseitigen Beziehung der planungsrelevanten Faktoren" gemeint ist.	

3.5. Dramaturgie einer Unterrichtsstunde (Verlaufsskizze)

3.5.1. Elemente und Struktur von Verlaufsskizzen

⇨ *Worum geht es?*

Verlaufsskizzen bilden die **Dramaturgie einer Stunde** ab. Diese Hinweise zum Unterrichtsverlauf sind nützlich:

1.) Länge der einzelnen Phasen (Zeit)
2.) Benennung der Phasen (Phase)
3.) Charakterisierung der Unterrichtsschritte (Unterrichtsschritte / geplantes Vorgehen)
4.) Methoden (Sozialformen / Handlungsmuster)
5.) Medien im weitesten Sinne

Für den Anfänger ist es oft schwierig, Stundenraster zu entwickeln, die den Anforderungen der Ausbildung genügen.

⇨ *So funktioniert es:*

Mit der folgenden Dramaturgie A werden Sie eine Vielzahl von Unterrichtsstunden effizient gestalten können:

Verlaufsskizze (Variante A)

Zeit	Phase	Unterrichtsschritte / Geplantes Vorgehen	Sozialformen / Handlungs-muster	Medien
5 Min.	*Einstieg*	○ Sensibilisierung für das Thema der Stunde ○ Wecken von Assoziationen ○ Motivation zur spontanen Reaktion	Unterrichtsge-spräch / Schü-lergespräch	z. B. Bild / These / Stummer Impuls (Stichwort an Tafel)
2 Min.	*Problem-orientierung (evtl. anschl. Hypothesenbi ldung)*	○ Formulierung der leitenden Fragestellung	Unterrichtsge-spräch / Schü-lergespräch	Tafel / Folie
20 Min.	*Erarbeitung (evtl. vorweg Methoden-reflexion)*	○ Bearbeitung der Problem-frage durch organisierte Selbsttätigkeit der Schüler ○ ggf. vorher: Methodenre-flexion	Einzel-, Part-ner-, Gruppen-arbeit (arbeits-gleich oder arbeitsteilig)	z. B. Text / Quelle / Ex-periment

8 Min.	*Präsentation und Auswertung / Sicherung der Ergebnisse*	o schülerzentrierte Vorstellung der Gruppenergebnisse (mind. 2 Gruppen) o Klärung, Vergleich und Sicherung der Ergebnisse (inhaltlich, ggf. formal) o Beantwortung der leitenden Fragestellung o dabei ggf. Rückbezug zu den Hypothesen der Schüler im Blick auf die Problemfrage o Zusammenfassung o Systematisierung der Ergebnisse o ggf. Formulierung weiterer Fragen, Probleme usw.	Plenum / Schülervortrag + Unterrichtsgespräch (ggf. Schülermoderation)	z. B. Folien / Plakate / Arbeitsblätter / Tafelanschrieb
10 Min.	*Vernetzung: Übertragung (Transfer) / Anwendung / Verarbeitung der Ergebnisse*	o Übertragung der erarbeiteten Ergebnisse auf andere Zusammenhänge und / oder o kritische Stellungnahme und / oder o Erarbeitung von Lösungsmöglichkeiten und / oder o Formulierung weiterer Fragen und / oder o Planung des weiteren Vorgehens	Unterrichtsgespräch (Schülergespräch) oder Partner-, Gruppenarbeit + anschl. Unterrichtsgespräch	z. B. Tafel / Arbeitsblatt
	Optionale Phase	o zusätzliche Vernetzungsleistungen		
		o Hausaufgabe		

Für manche Inhalte ist die Variante A eher ungeeignet. Sie sollten etwas anders vorgehen, wenn Sie Zum Beispiel im Fremdsprachenunterricht ein neues Wortfeld einführen. Eine sinnvolle Verlaufsskizze hierfür könnte so aussehen:

Verlaufsskizze (Variante B)

Zeit	Phase	Unterrichtsschritte / Geplantes Vorgehen	Sozialformen / Handlungsmuster	Medien
4 Min.	*Einstieg*	o Sensibilisierung für das Thema der Stunde o Wecken von Assoziationen o Motivation zur spontanen Reaktion	Unterrichtsgespräch / Schülergespräch	z. B. Bild / These / Stummer Impuls
2 Min.	*Problemorientierung (evtl. anschl. Hypothesenbildung)*	o Formulierung der leitenden Fragestellung	Unterrichtsgespräch / Schülergespräch	Tafel / Folie
15 Min.	*Erarbeitung (evtl. vorweg Methodenreflexion)*	o Bearbeitung des Problemhorizonts durch lehrergelenkte Unterrichtsschritte o ggf. vorher: Methodenreflexion	Unterrichtsgespräch	z. B. Lehrbuch
2 Min.	*Sicherung der Ergebnisse*	o Beantwortung der leitenden Fragestellung o Zusammenfassung o Systematisierung der Ergebnisse	Unterrichtsgespräch	z. B. Folien / Tafelanschrieb

12 Min.	*Vernetzung: Transfer / Anwendung der Ergebnisse*	○ Übertragung der erarbeiteten Ergebnisse auf andere Zusammenhänge ○ kreative Umsetzung ○ z. B. Schreiben eines Dialogs, Interview, Weiterschreiben von Texten usw.	Einzel- oder Partner-, evtl. Gruppenarbeit	z. B. Folien / Hefte
10 Min.	*Präsentation und Auswertung der Ergebnisse der Anwendungsphase / nochmalige Sicherung*	○ schülerzentrierte Vorstellung der Gruppenergebnisse (mind. zwei Paare / Gruppen) ○ Klärung und Vergleich der Ergebnisse / nochmalige Sicherung / Zusammenfassung / Systematisierung der Ergebnisse ○ ggf. Rückbezug auf die Hypothesen der Schüler und auf die leitende Fragestellung	Plenum / Schülervortrag + Unterrichtsgespräch (ggf. Schülermoderation)	z. B. Folien / Plakate / Arbeitsblätter / Tafelanschrieb
		○ Hausaufgabe		

⇨ *Darauf sollten Sie achten:*

- Reduzieren Sie also die Informationen in der Skizze auf das Wesentliche. Manche Verlaufsskizzen enthalten mehr Schritte, als wir es vorschlagen. Erforderlich sind sie nicht, meist machen sie den Plan nur unübersichtlich.
- Sie haben während der Nachbesprechung des Unterrichts Gelegenheit, für Sie wichtige Informationen zu ergänzen, die nicht im Plan stehen.
- In der Spalte „Unterrichtsschritte / Geplantes Vorgehen“ müssen Sie konkret werden: Was genau wollen Sie in der jeweiligen Phase tun?
- Formulieren Sie sprachlich gleich und möglichst nominalisiert. Verwenden Sie also Substantive statt ganzer Sätze („Zusammenfassung der Ergebnisse“ statt „Die Schüler fassen zusammen.“

Was Sie in der Skizze *vermeiden* sollten:

- Zielformulierungen
- Formulierung geplanter Fragen oder Arbeitsanweisungen
- Hinweise darauf, wann Sie welche Ziele erreichen
- Aussagen über geplantes Schülerverhalten
- Informationen zum Thema und / oder zur Lerngruppe
- Didaktisch-methodische Begründungen

Wir gehen (zur weiteren Konkretisierung) in den folgenden Abschnitten des Kapitels die Phasen detailliert durch und geben Ihnen konkrete Hilfen für die Umsetzung. Wir folgen dabei im Wesentlichen der Variante A der Verlaufsskizzen.

⇨ ***Arbeitsanregungen***

Elemente und Struktur von Verlaufsskizzen

Schauen Sie sich bitte das Zeitraster der Verlaufsskizzen an. Was fällt Ihnen auf?	
Bestimmen Sie den Begriff „Unterrichtsphase“.	
Deuten Sie die Phasierung lernpsychologisch.	

Was heißt für Sie „Erarbeitung"?	
Worin sehen Sie den Sinn der „Vernetzung" von Lerngegenständen.	
Welche Handlungsmuster kennen Sie?	
Welchen Stellenwert haben für Sie „Medien" im Unterricht?	

3.5.2. Einstieg

⇨ *Worum geht es?*

Der Einstieg soll die Lerngruppe motivieren, sich mit dem Thema der Stunde zu beschäftigen. Die Schüler sollen Gelegenheit bekommen, **sich assoziativ zu Aspekten zu äußern**, die mit dem Thema zu tun haben. Dabei sollen die Schüler über das gewählte Medium möglichst selbstständig die Problemfrage des Unterrichts entwickeln (Phase „Problemorientierung"). Nehmen Sie sich für den Unterrichtseinstieg etwa 5 Minuten Zeit.

⇨ *So funktioniert es:*

Viele Anfänger schwanken in der Einstiegsphase zwischen großer Offenheit („Gespräch laufen lassen“) und allzu enger Gesprächsführung. So werden spontane Äußerungen der Schüler vom Schüler oft entweder undifferenziert nur zur Kenntnis genommen oder am Ende doch viel zu schnell und eher gewaltsam fokussiert. Schließlich muss man ja, wie man glaubt, möglichst rasch die Problemfrage an der Tafel stehen haben. Eine gute **Moderationsleistung** in dieser Phase zeichnet sich durch vier Punkte aus:

1.) Lassen Sie alle Schülerbeiträge zu.
2.) Strukturieren Sie durch Spiegeln (Wiederholen bzw. zusammenfassendes Paraphrasieren der zentralen Schüleräußerungen).
3.) Helfen Sie den Schülern beim Weiterdenken eher durch Verstärkung und Vertiefung ihrer eigenen Gedanken (s. 1.) als durch gezielte und damit oft einengende Fragen.
4.) Lassen Sie die Schüler ihre eigene leitende Fragestellung möglichst selbstständig formulieren. Bleiben Sie also offen auch für Abweichungen von Ihrem Unterrichtsplan.

⇨ *Darauf sollten Sie achten:*

Zum Einstieg wählen Sie möglichst ein **Medium, das beide Gehirnhälften der Schüler anspricht**: Bilder, Plakate, Grafiken, sehr kleine Filmsequenzen, also alle visuellen Medien sind hier besonders geeignet. Alternativ können Sie selbstverständlich auch mit reinen Sprachinformationen arbeiten; achten Sie aber auch hierbei auf die Visualisierung. Sie könnten zum Beispiel einen Begriff oder ein Zitat an die Tafel schreiben oder das Textstück über eine Folie visualisieren. Wichtig: Die Aufnahme der Information sollte ganzheitlich und rasch, eben spontan möglich sein. Lange Texte, sehr komplexe Bilder oder Grafiken usw. sind ungeeignet für den Einstieg in eine Unterrichtsstunde.

Profitipp

- Bei einem **informierenden Einstieg** nennen Sie den Schülern am Anfang der Stunde das Thema; Sie verzichten dann sowohl auf den Einsatz eines Mediums als auch auf die Erarbeitung des Problemhorizonts durch die Schüler. Statt nach dem informierenden Einstieg sofort mit der Erarbeitung zu beginnen, können Sie die Schüler Hypothesen über den von ihnen eingebrachten Fragehorizont formulieren lassen. Zeitgewinn je nach Vorgehensweise: ca. 5 bis 8 Minuten. Die Verlaufsskizze A verändert sich dann etwa so:

Verlaufsskizze (Variante C)

Zeit	Phase	Unterrichtsschritte / Geplantes Vorgehen	Sozialformen / Handlungsmuster	Medien
2 - 5 Min.	*Informieren-der Einstieg (evtl. anschl. Hypothesen-bildung)*	○ Sensibilisierung für das Thema der Stunde ○ Wecken von Assoziationen ○ Problemorientierung	Lehrervortrag / falls Hypothesenbildung: Unterrichtsgespräch	z. B. Bild / These / Stichwort
25 Min. (oder: 20 Min)	*Erarbeitung (evtl. vorweg Methoden-reflexion)*	○ Bearbeitung der Problemfrage durch organisierte Selbsttätigkeit der Schüler ○ ggf. vorher: Methodenreflexion	Einzel-, Partner-, Gruppenarbeit (arbeitsgleich oder arbeitsteilig)	z. B. Text / Quelle / Experiment
8 Min.	*Präsentation und Auswertung / Sicherung der Ergebnisse*	○ schülerzentrierte Vorstellung der Gruppenergebnisse (mind. zwei Gruppen) ○ Klärung und Vergleich der Ergebnisse ○ Sicherung / Zusammenfassung / Systematisierung der Ergebnisse (inhaltlich, ggf. formal) ○ Beantwortung der leitenden Fragestellung	Plenum / Schülervortrag + Unterrichtsgespräch (ggf. Schülermoderation)	z. B. Folien / Plakate / Arbeitsblätter / Tafelanschrieb

10 Min. (oder: 15 Min.)	*Transfer / Anwendung der Ergebnisse*	o Übertragung der erarbeiteten Ergebnisse auf andere Zusammenhänge o kritische Stellungnahme o Erarbeitung von Lösungen o Formulierung weiterer Fragen o Planung des weiteren Vorgehens	Unterrichtsgespräch (Schülergespräch) oder Partner-, Gruppenarbeit + anschl. Unterrichtsgespräch	z. B. Tafel / Arbeitsblatt
	Optionale Phase	o zusätzliche Vernetzungsleistungen		
		o Hausaufgabe		

⇨ ***Arbeitsanregungen***

Einstieg

Erörtern Sie grundsätzliche Schwierigkeiten der Einstiegsphase.	
Sie nutzen als Einstiegsmedium eine Karikatur. Nennen Sie Vor- und Nachteile dieses Mediums.	
Sie Nutzen als Einstiegsmedium einen Comic. Nennen Sie Vor- und Nachteile.	

Wie präsentieren Sie ein Einstiegsmedium? Warum gerade so?	
Wie verhalten Sie sich nach der Präsentation des Einstiegsmediums?	
Was spricht für einen informierenden Einstieg? Was dagegen?	
Was erwarten Sie in der Einstiegsphase von den Schülern? Warum?	

3.5.3. Problemorientierung

⇨ *Worum geht es?*

Das Einstiegsmedium und die dazu gehörende Spontanphase haben nur ein Ziel: Die Lerngruppe soll fokussiert werden auf das Kernanliegen der Stunde und damit auf das Thema (⇨ s. Kap. 3.2.). Das Einstiegsmedium muss so gewählt sein, dass diese Möglichkeit eröffnet wird (⇨ s. Phase „Einstieg“, Kap. 3.5.2.). Die **Konkretisierung der Problemfrage** sollte nicht mehr als zwei bis drei Minuten Zeit in Anspruch nehmen. Anschließend können die Schüler erste Vermutungen anstellen über mögliche Antworten auf die Problemfrage (= Hypothesenbildung).

⇨ *So funktioniert es:*

Ihr Anliegen wird in der Regel formuliert in einer leitenden **problemorientierten Fragestellung**, die die Unterrichtsstunde trägt und in ihrem Verlauf beantwortet wird (⇨ s. Phase „Präsentation / Auswertung / Sicherung“, Kap. 3.5.5.). Je nach Fach kann es sich hier um geschlossene oder offene Fragen handeln. Die Schüler sollen die Problemfrage möglichst selbst entwickeln, haben aber oft Schwierigkeiten, eine präzise Fragestellung zu formulieren. Für Sie als Lehrer gilt:

1.) Haben Sie Geduld mit den Schülern und ihren Formulierungen.
2.) Bleiben Sie bei Ihren Strukturierungen auf der Höhe der Schüler.
3.) Lenken Sie nur behutsam.
4.) Nutzen Sie für die Stunde nur eine Problemfrage, die mit den Schüleräußerungen in Einklang steht.
5.) Visualisieren Sie die Problemfrage und die von den Schülern formulierten Hypothesen (Tafel / Folie).

⇨ *Darauf sollten Sie achten:*

Sie brauchen vor allem ein geeignetes Einstiegsmedium (⇨ s. Kap. 3.5.2.), um die passende Problemfrage formulieren zu können. Aber: Sie brauchen auch Geschick bei der **Moderation** der spontanen Äußerungen, die die Schüler auf der Grundlage des Einstiegsmediums machen. Lesen Sie unter „Trainingstools“ (⇨ Kap. 5.2.) nach, worauf Sie bei der Moderation von Unterrichtsgesprächen achten sollten.

Profitipps

- Je selbstständiger die Schüler die Problemfrage entdecken, desto besser ist dies für deren Motivation und das Gelingen der Stunde. Also: Geben Sie den Schülern Raum und haben Sie Geduld.

- Wenn Sie Zeit brauchen, z. B. für eine umfangreiche Vernetzungsphase (⇨ s. Kap. 3.5.6. „Vernetzung"), dann nutzen Sie einen informierenden Einstieg und formulieren Sie den Problemhorizont selbst.
- Manchmal (z. B. bei einem induktiven Einstieg) ist eine Hypothesenbildung im Anschluss an die Problemfindung nicht notwendig. Entscheiden Sie das Vorgehen in Abhängigkeit von den Voraussetzungen und dem Material, das Sie zur Lösung des Problems einsetzen.
- Hypothesenbildungen sind nur sinnvoll, wenn sie durch Vorkenntnis der Schüler überhaupt möglich sind und über bloße Evidenzaussagen hinauskommen.

⇨ *Arbeitsanregungen*

Problemorientierung

Was verstehen Sie im didaktischen Sinne unter einem „Problem"?	
Was ist eine „Problemfrage" bzw. eine „Leitende Fragestellung"?	
Wie erreichen Sie am ehesten, dass die Schüler die leitende Frage selbst formulieren?	
Weshalb ist es lernpsychologisch sinnvoll, die Schüler die Problemfrage selbst formulieren zu lassen?	

Was bedeutet für Sie im Zusammenhang mit der leitenden Fragestellung der Begriff „Transparenz“?	
Nehmen Sie Stellung zu der These: „Problemfragen sind Fragen, die die Schüler gar nicht haben.“	
Wann sollten bzw. dürfen Sie als Lehrer die Problemfrage selbst formulieren?	

3.5.4. Erarbeitung

⇨ *Worum geht es?*

In der Phase „Problemorientierung“ haben die Schüler die Problemfrage formuliert; die Problemfrage kennzeichnet das Thema der Stunde (⇨ s. Kap. 3.2.), das Sie behandeln wollen. Dazu haben Sie Material vorbereitet, an Hand dessen die Lerngruppe das Thema bearbeiten wird. Für die Erarbeitungsphase sollten Sie etwa 20 Minuten vorsehen. Der Erarbeitungsphase *können* Sie eine Methodenreflexion voranschicken, in der Sie zusammen mit den Schülern das Vorgehen während der Bearbeitungsphase festlegen.

⇨ *So funktioniert es:*

Lassen Sie die Schüler **kooperativ arbeiten** (⇨ s. Kap. 5.5.), um die Selbsttätigkeit der Lerngruppe zu fördern und eine positive Abhängigkeit unter den Schülern herzustellen. Eine Möglichkeit sieht so aus:

1.) Bilden Sie Arbeitsgruppen mit je 4 bis 6 Schülern.

2.) Jedes Gruppenmitglied bearbeitet zunächst für sich (Einzelarbeit) einen Teil der Informationen, die Sie eingeben.

3.) Die Gruppe erhält einen Auftrag, alle Einzelinformationen zu sichten und unter einer weiteren Fragestellung zu reduzieren und neu zu strukturieren.

4.) Die Gruppe visualisiert die Ergebnisse (Tafel / Folie / Plakat).

5.) Die Gruppe stellt die Ergebnisse vor (⇨ s. Kap. 3.5.5. „Präsentation / Auswertung / Sicherung").

Profitipps

- In manchen Unterrichtsstunden werden Sie die Erarbeitungsphase lehrerzentriert durchführen (Unterrichtsgespräch). In dem Fall sollten Sie die spätere Anwendungsphase in jedem Fall schülerorientiert gestalten (s. Verlaufsskizze Variante B). Mittel- und langfristiges Ziel sollte es aber stets sein, (auch) die Erarbeitungsphase in die Hand der Schüler zu legen.
- Die mögliche Methodenreflexion macht nur Sinn, wenn die Schüler in verschiedenen Methoden geschult sind und sach- und fachgerechte Entscheidungen darüber treffen können, welche Methoden bei welcher Gelegenheit sinnvoll sind. Diese Voraussetzungen sind oft nicht gegeben. In dem Fall sollten Sie auf eine Methodenreflexion verzichten.

⇨ *Darauf sollten Sie achten:*

Die Arbeitsprozesse dauern oft länger, als Sie vermuten, gerade wenn die Schüler intensiv, aber vielleicht nicht immer effektiv arbeiten. Sie können helfen, indem sie

1.) den Umfang der Materialien auf das unbedingt nötige Maß kürzen.

2.) klare Arbeitsanweisungen geben (⇨ s. Kap. 5.4.).

3.) die Arbeitsanweisungen dem Gegenstand angemessen formulieren.

4.) klare Zeitvorgaben machen und diese einhalten.

Profitipp

Vielleicht haben Sie manchmal schon bei der Planung den Eindruck, es fehlt Ihnen Zeit für die Erarbeitungsphase:

- Wählen Sie ggf. einen informierenden Einstieg in die Stunde (⇨ s. Kap. 3.5.2. „Einstieg").
- Vereinfachen Sie das Material oder reduzieren Sie dessen Umfang.
- Setzen Sie einen Erarbeitungsschwerpunkt.

⇨ *Arbeitsanregungen*

Erarbeitung

Welche Methoden müssen Schüler beherrschen, um einen Gegenstand zu erarbeiten?	
Wie erreichen Sie es, dass Schüler Methodenkompetenz erwerben?	
Sie wollen zwei Klimadiagramme auswerten. Wie erreichen Sie bei der Erarbeitung unter den Schülern eine „positive Abhängigkeit“ im Sinne kooperativen Lernens?	
Warum ist es so wichtig, dass Schüler lernen, Inhalte zu reduzieren und zu strukturieren?	
Welchen Sinn hat es, dass die Schüler die Ergebnisse der Erarbeitungsphase visualisieren?	
Welchen Stellenwert hat die Erarbeitungsphase in der gesamten Stunde?	

Nehmen Sie Stellung zu der These: „Jede Stunde kann nach der Erarbeitung sinnvoll beendet werden.“	

3.5.5. Präsentation, Auswertung, Sicherung

⇨ *Worum geht es?*

In dieser Phase stellen die Schüler ihre **Ergebnisse** vor. Die Ergebnisse müssen ausgewertet und durch die Art der Auswertung auch gesichert werden. Für diese Phase sehen Sie etwa 10 Minuten vor.

⇨ *So funktioniert es:*

Für die **Präsentation** können diese Regeln hilfreich sein:

1.) Entscheiden Sie durch ein Zufallsprinzip, welches Gruppenmitglied / welche Gruppenmitglieder die Ergebnisse vorstellen.

2.) Die Referenten sollten für den Vortrag vor die Gruppe treten.

3.) Alle Vorträge sollten knapp und visualisiert sein (Folien / Tafel).

4.) Geben Sie den Zuhörern Arbeitsaufträge, die sich auf Inhalt und / oder auf die Form der Präsentation beziehen (Arbeitsblatt).

5.) Die Referenten sollten weitgehend frei sprechen.

6.) Bei arbeitsgleicher Gruppenarbeit: Lassen Sie mindestens zwei Gruppen ihre Ergebnisse vortragen. Die übrigen Gruppen können dann ggf. Ergänzungen vornehmen.

7.) Bei arbeitsteiliger Gruppenarbeit: Alle Gruppen tragen vor; bei knapper Zeit kann die Präsentation auf die folgende Stunde verschoben werden.

8.) Als Lehrer moderieren Sie den Ablauf (Prozessmoderation), ohne inhaltlich einzugreifen.

Werten Sie die Ergebnisse aus:

1.) Lassen Sie die Schüler falls nötig Ergebnisse korrigieren.

2.) Geben Sie den Schülern Gelegenheit, Fragen zu den Vorträgen zu stellen. Die Referenten der Gruppen antworten und moderieren diesen Prozess der Klärung.
3.) Je nach Art der Ergebnisse: Lassen Sie die Ergebnisse vergleichen, in Beziehung setzen, gewichten usw..
4.) Strukturieren Sie den Gesprächsverlauf (Moderation), halten Sie sich dabei inhaltlich weitgehend zurück.
5.) Bei aufgeschobener Sicherung: Machen Sie den Prozess transparent.
6.) Lassen Sie die Methode reflektieren und die Ergebnisse beurteilen.

Und so sichern Sie die Ergebnisse:

1.) Lassen Sie die Schüler die Ergebnisse zusammenfassen.
2.) Die Schüler sollen in dem Zusammenhang die leitende Frage beantworten.
3.) Klären Sie, inwieweit durch die Ergebnisse die Problemfrage beantwortet bzw. was an der Frage noch unbeantwortet ist.
4.) Lassen Sie ggf. noch offene Fragen oder Teilfragen formulieren und visualisieren Sie die offenen Fragen.
5.) Strukturieren Sie den Gesprächsverlauf, auch mit Hilfe der Schüler (Moderation).

⇨ *Darauf sollten Sie achten:*

Die bloße Präsentation der Schülerergebnisse reicht niemals aus, um eine Stunde abzurunden. Dies gilt auch dann, wenn die Ergebnisse zutreffend sind und angemessen vorgetragen werden. Erst eine **Weiterverarbeitung** der Informationen, also eine Vertiefung durch Anwendung und / oder Übertragung, sichert den Lernerfolg und das Behalten des Gelernten (s. Kap. 3.5.6. „Vernetzung“).

Profitipps:

- Die Schüler sollten ihre Ergebnisse nur mit wenigen Worten, aber strukturiert visualisieren (z. B. Mind map©, Flussdiagramm). So erhöhen Sie die Reduktionsleistung während der Gruppenarbeit (Abstraktion) ebenso wie den Anspruch an den Vortrag (freies Reden).

Außerdem vermindern Sie den Zeitaufwand für das Anfertigen der Visualisierung (Text).

- Die Visualisierungen aller Arbeitsgruppen sollten gleichzeitig sichtbar sein (Tafelanschrieb oder ggf. mehrere OH-Projektionen). Sie können so bei Bedarf auch die formale Gestaltung der Visualisierungen gut zum Thema machen, Sie können deren Unterschiede und Qualität behandeln. Hinweis: Der Vorteil von Folien gegenüber der Verwendung der Tafel besteht darin, dass die Visualisierungen nicht verloren gehen und daher auch für folgende Stunden nutzbar bleiben.
- Bei arbeitsgleicher Gruppenarbeit: Lassen Sie grundsätzlich mindestens zwei Gruppen ihre Ergebnisse vorstellen. Nur so können Sie eine angemessene Auswertung vornehmen. Die Gruppen, die nicht vortragen, sollten Sie in jedem Fall nach Ergänzungen und Korrekturen fragen. Mehr als zwei Gruppen sollten nur dann vortragen, wenn Sie insgesamt genügend Zeit dafür haben und die einzelnen Vorträge nicht zu lang sind. In jedem Fall: Bestimmen Sie die vortragenden Gruppen durch ein Zufallsverfahren.
- Bei vermuteten Zeitproblemen in der Auswertungsphase: Wählen Sie einen informierenden Einstieg und / oder kürzen Sie die Erarbeitungsphase (s. o.). Sorgen Sie dafür, dass die Schüler nur knappe Visualisierungen vornehmen. Solche Entscheidungen sollten Sie schon bei der Planung berücksichtigen.
- Wenn das Zeitproblem erst in der Auswertungsphase selbst auftritt: Lassen Sie maximal zwei Gruppen präsentieren. Im äußersten Notfall können Sie auch einmal mit nur einer Präsentation auskommen, wenn die Erarbeitungsphase in arbeitsgleicher Gruppenarbeit erfolgt ist. Geben Sie den Schülern ggf. in der nächsten Stunde Gelegenheit, ihre Präsentationen nachzuholen. Kündigen Sie dies an. Grundsätzlich: Prüfen Sie den Zeitbedarf schon sehr gründlich bei der Planung.
- Auch so gewinnen Sie Zeit: Fordern Sie die Schüler auf, sich auf das Wesentliche zu konzentrieren, wenn das Auswertungsgespräch zu sehr ausschweift. Fokussieren Sie das Denken der Schüler durch

Strukturierung, ohne sie allerdings unnötig einzuengen. Vermeiden Sie dagegen, die Schüler zu einem rascheren Vortrag ihrer Ergebnisse zu drängen.

⇨ ***Arbeitsanregungen***

Präsentation, Auswertung, Sicherung

Was ist Ihre Aufgabe als Lehrer in der Präsentationsphase?	
Was müssen Sie tun, um die Schülerergebnisse auszuwerten?	
Wie können Sie vorgehen, um Ergebnisse zu sichern?	
Welchen Stellenwert hat die Präsentations-, Auswertungs- und Sicherungsphase im Verlauf einer Stunde?	
Welche Leistungen können die Schüler in Präsentations-, Auswertungs- und Sicherungsphase erbringen?	
Nehmen Sie Stellung zu der These: „Es reicht für die Auswertungsphase, wenn die Schüler ihre Ergebnisse vorstellen.“	

Wie selbstständig können bzw. sollen Schüler die Sicherung der Ergebnisse leisten?	
Welche Möglichkeiten der Sicherung kennen Sie und wie setzen Sie diese ein?	

3.5.6. Vernetzung: Übertragung (Transfer) / Anwendung / Verarbeitung

⇨ *Worum geht es?*

In dieser Phase erhalten die Schüler die Gelegenheit, das Gelernte mit Informationen zu vernetzen, die sie bereits kennen. Eine solche Vernetzung von Informationen erhöht die Wahrscheinlichkeit, dass das Gelernte behalten wird und damit auch zu späterer Gelegenheit zur Verfügung steht. Es gibt (in Anlehnung an die Richtlinien der gymnasialen Oberstufe in NRW) unterschiedliche **Möglichkeiten** der Vernetzung:

- Übertragung (Transfer)
- Anwendung
- Verarbeitung

Zur begrifflichen Vereinfachung spricht man bisweilen in allen Fällen solcher Vernetzungen von „Transfer“, der jedoch je nach gewählter Aufgabe unterschiedliche Anspruchsniveaus haben kann. Auch wir meinen stets alle denkbaren Formen der Verarbeitung des Gelernten, wenn wir von Vernetzung sprechen.

⇨ *So funktioniert es:*

Sie haben verschiedene Möglichkeiten, das Gelernte zu vernetzen; je nach Sachlage werden Sie dabei die Übertragung, die Anwendung oder eine andere Art der Verarbeitung des Gelernten in den Vordergrund stellen. Z. B.:

1.) Übertragung der erarbeiteten Ergebnisse auf andere (vergleichbare) Zusammenhänge
2.) Analyse des Gelernten
3.) Überprüfung des Geltungszusammenhangs des Gelernten
4.) Kritische Stellungnahme zu einem theoretischen Modell, einem Ergebnis, einer These, Meinung usw. auf dem Hintergrund anderer Modelle (Vergleich)
5.) Erarbeitung von Lösungshypothesen oder -vorschlägen
6.) Formulieren einer eigenen Meinung
7.) Begründetes Formulieren weiterer bzw. offener Fragen
8.) Planung des weiteren unterrichtlichen Vorgehens auf der Basis des Erarbeiteten (sowohl inhaltlich als auch methodisch)

⇨ *Darauf sollten Sie achten:*

Übertragungs-, Anwendungs- und Verarbeitungsleistungen sind intellektuell sehr anspruchsvoll; deshalb werden sie oft vernachlässigt oder gar weggelassen (⇨ vgl. Kap. 3.3. „Lernziele"). Üben Sie mit der Lerngruppe Schritt für Schritt und möglichst in jeder Unterrichtsstunde die Reflexion über das Gelernte; stellen Sie so eine Vernetzung des neu Gelernten mit Bekanntem her. Nur dadurch kommen Sie mittelfristig in dieser Phase des Unterrichts zu tragfähigen Ergebnissen, die Sie auch selbst überzeugen werden.

Profitipps:

- Überlegen Sie gut, welche Art der Vernetzung Sie nutzen wollen, damit die Schüler diese leisten können und nicht überfordert werden. Prüfen Sie dazu die Vorkenntnisse der Schüler.
- Leisten Sie nach Möglichkeit eine zweistufige Vernetzung: Ein „einfacher" Transfer, also eine Übertragung auf einen ähnlichen Zusammenhang, kann z. B. verknüpft werden mit einer kritischen Stellungnahme (Verarbeitung). Die kritische Stellungnahme setzt in der Regel die Vernetzung (Transfer) mit anderem Wissen voraus.
- Planen Sie in der Stunde genügend Zeit für die Vernetzung ein (⇨ s. „Elemente und Struktur einer Verlaufsskizze").

- Formulieren Sie auch (Teil-)Lernziele, die sich auf die Vernetzung beziehen (⇨ s. Kap. 3.3.).
- Zu Beginn Ihrer Ausbildung: Überlegen Sie schon bei der Planung Fragen bzw. Arbeitsanregungen, die Sie während der Vernetzungsphase nutzen wollen.
- In der Vernetzungsphase sind Ihre Fähigkeiten als behutsamer Moderator des Unterrichtsgesprächs besonders gefragt. Üben Sie diese Situation so oft wie möglich (⇨ vgl. Kap. 5.2. „Moderation von Unterrichtsgesprächen").
- Wenn Ihnen die Zeit wegläuft: In der Vernetzungsphase können Sie auf ähnliche Weise Zeit gewinnen wie in der Auswertungs- und Sicherungsphase; lesen Sie ggf. dort noch einmal nach.
- Für Fortgeschrittene:
  Insbesondere in Doppelstunden können Sie auch die Vernetzungsphase noch teilweise in Schülerhand geben. Allerdings brauchen Sie dafür in jedem Fall mehr Zeit als bei der üblichen Art der Verarbeitung des Gelernten. In Einzelstunden sollten Sie in einem solchen Fall einen geeigneten (z. B. informierenden) Einstieg in die Stunde wählen, um Zeit für die anspruchsvolle Vernetzungsphase zu gewinnen. Die interne Struktur der Vernetzungsphase sieht dann in Anlehnung an die Erarbeitungsphase so aus, wie im folgenden Ablaufplan dargestellt. Das Zeitraster ist in diesem Umfang nur in Doppelstunden realisierbar.

1 Min. - 2 Min.	• Vernetzungsaufgabe in zwei Ebenen stellen a) für EA, dann b) für PA und / oder GA	Lehrervortrag	Tafel / Folie
3 Min. - 5 Min.	• Bearbeitung der Aufgabe durch die Schüler (EA)	EA	Notizen

6 Min. -15 / 20 Min.	Weitere Bearbeitung in PA und / oder GA	PA oder GA	Notizen
15 / 20 Min. - 30 / 45 Min.	• Vorstellung der PA- oder GA-Ergebnisse, danach • Auswertung dieser Ergebnisse *oder* • Weiterbearbeitung, Auswertung und Sicherung der PA- oder GA-Ergebnisse im Plenum	Schülervortrag / Unterrichtsgespräch Unterrichtsgespräch	

⇨ ***Arbeitsanregungen***

Vernetzung

Was verstehen Sie im didaktischen Sinne unter „Vernetzung“?	
Nennen Sie verschiedene Möglichkeiten der Vernetzung und deren Einsatzmöglichkeiten im Rahmen Ihrer Fächer?	
Worin sehen Sie die Bedeutung der Phase „Vernetzung“?	
Was unterscheidet die Intention „Anwendung“ von anderen Formen der „Verarbeitung“?	

Beschreiben Sie an einem Beispiel, was ein Schüler bei der Vernetzung leisten muss. Beurteilen Sie den Anspruch.	
Nehmen Sie Stellung zu der These: „Hauptsache ist doch, dass die Schüler Ergebnisse reproduzieren können.“	
Wie erreichen Sie, dass die Schüler problemlos mit Vernetzungen umgehen können.	

3.5.7. Optionale Phase

⇨ *Worum geht es?*

Der **Zeitbedarf** kann bei der Durchführung von Unterricht größer oder kleiner sein als geplant. Manchmal fehlt einem bei der Durchführung wertvolle Zeit. Wie können Sie in den einzelnen Unterrichtsphasen Zeit gewinnen? Lesen Sie dazu noch einmal die entsprechenden Profitipps zu den einzelnen Phasen. Für den Fall, dass Sie *mehr* Zeit haben als erwartet, sollten Sie für das Ende der Stunde grundsätzlich eine optionale Phase einplanen und auch im Unterrichtsentwurf ausweisen.

⇨ *So funktioniert es:*

Die optionale Phase sollte eine Erweiterung oder Vertiefung der Vernetzungsphase sein oder auch eine Weiterführung. Drei Beispiele:

1.) Sie haben im Rahmen der Vernetzung bereits einen Vergleich zweier Positionen erarbeiten lassen. In der optionalen Phase könnten Sie die Positionen auf einen konkreten Fall oder auf eine konkrete Situation anwenden lassen.

2.) Sie haben in der Vernetzungsphase den Geltungsbereich einer Aussage geklärt. Entwickeln Sie dann mit den Schülern Fragen, die sich aus dem eingeschränkten Geltungsbereich der Aussage für das weitere unterrichtliche Vorgehen ergeben.

3.) Sie haben mit den Schülern in der Vernetzungsphase geklärt, inwieweit ein spezifisches Modell die eingangs der Stunde gestellte Problemfrage beantwortet. Erarbeiten Sie mit den Schülern, wie der Unterricht fortgesetzt werden muss, um die Problemfrage vollständig beantworten zu können.

⇨ *Darauf sollten Sie achten:*

Halten Sie in der optionalen Phase das Niveau der Vernetzungsphase, was den intellektuellen Anspruch an die Schüler angeht. Vermeiden Sie also auch, für optionale Phasen Abschreib-Aufgaben o. Ä. vorzusehen, nur um die Zeit zu „füllen“.

Profitipps

- Planen Sie für jede Stunde zwei Vernetzungsphasen ein, von denen die zweite optional ist.
- Die optionale Vernetzungsleistung kann ggf. auch in der Hausaufgabe erbracht werden.

⇨ *Arbeitsanregungen*

Optionale Phase

Worin sehen Sie den Sinn einer „optionalen Phase“?	

Machen Sie Vorschläge für die Gestaltung der optionalen Phase.	
Wie können Sie aus der Perspektive Ihrer Fächer begründen, die optionale Phase als zweite Vernetzungsphase anzulegen?	
Welche unterrichtlichen Ereignisse können dazu führen, dass Sie die optionale Phase zwingend benötigen?	
Wie verhalten Sie sich gegenüber dem Einwand, eine optionale Phase sei überflüssig, wenn man angemessen plane.	
Nehmen Sie Stellung zu der These: „Jede gute Planung von Unterricht ist eine Option dessen, was im Unterricht wirklich geschehen wird."	
Welche anderen Möglichkeiten neben der optionalen Phase haben Sie, mit Ihrer Unterrichtsplanung beweglich umzugehen?	
Was halten Sie davon, mit den Schülern in der optionalen Phase den weiteren Verlauf des Unterrichts zu planen?	

4.

Hospitation

„Methodisches Handeln des Lehrers besteht aus der Inszenierung des Unterrichts durch die zielgerichtete Organisation der Arbeit, durch soziale Interaktion und sinnstiftende Verständigung mit den Schülern.“

(Hilbert Meyer)

4.1. Beurteilungsaspekte

Hospitationen (= Unterrichtsbesuche z. B. durch Seminarausbilder) „dienen der Anleitung, Beratung, Unterstützung und Beurteilung“ (OVP 2003, § 11(3)). Hospitationen sind besondere Situationen und haben oft recht wenig mit Alltagserfahrungen von Lehrern zu tun: Lehrer wie Schüler verhalten sich in diesen Situationen anders als im sonstigen Unterrichtsalltag. Fach- und Hauptseminarleiter erleben diese Spannung auch, die sich häufig während des vorgeführten Unterrichts und auch in den Nachbesprechungen zur Unterrichtsstunde aufbaut. Hospitationen sind Testsituationen; denn Hospitationen simulieren auch auf gewisse Weise die Situation im Examen.

Sie stehen als Referendar unter Beobachtung; Ihr gesamtes Verhalten vor, während und nach der Hospitation ist Gegenstand dieser Beobachtung. Dies erzeugt bei den meisten Referendaren Stress: Schneller Herzschlag, kalte und feuchte Hände, Schweiß auf der Stirn, reduzierte Konzentrationsfähigkeit, Handlungsblockaden. Auch noch so freundliches Auftreten der Ausbilder, deren Versicherung, es gehe nur um eine Beratung, und „milde“ Urteile können meist wenig daran ändern, dass Sie sich dennoch unbehaglich und auf dem Präsentierteller erleben. Besonders extrem wird die Situation dann, wenn Sie zwei Ausbilder eingeladen haben und diese untereinander über die Qualität Ihres Unterrichts uneins sind, vielleicht sogar über unterschiedliche Einschätzungen in offenen Streit geraten (vgl. Bovet / Frommer 2004).

Was genau wird bei Hospitationen beobachtet und beurteilt? Drei Bereiche sollten Sie unterscheiden:

- Planungskompetenz
- Durchführungskompetenz
- Reflexions- und Evaluationskompetenz

In den folgenden drei Kapiteln drucken wir für diese drei Bereiche Checklisten ab, damit Sie einen Eindruck von möglichen Beurteilungsgesichtspunkten bekommen. Die Checklisten können Ihnen helfen, sich systematisch auf die Unterrichtsbesuche vorzubereiten und sich während der Besuche sachgerecht zum tatsächlichen Unterricht zu äußern.

Profitipp

- Natürlich können Sie die hier vorgeschlagene Strategie für den Umgang mit Hospitationen auch für Ihre Examensstunden nutzen.

4.1.1.Checkliste Planung

⇨ *Worum geht es?*

Im Blick auf Ihre Planungskompetenz sind z. B. diese Fragen von Bedeutung:

- Wie haben Sie bei Ihrer Planung die Richtlinien und schulspezifischen Vorgaben berücksichtigt?
- Wie plausibel ist der Zusammenhang zwischen der Auswahl des Lerngegenstands und der Formulierung des Themas?
- Wie stringent sind Ziele, Methoden und Medien aufeinander bezogen?
- Wie angemessen haben Sie Besonderheiten der Lerngruppe berücksichtigt?
- Wie intensiv und auf welchen Ebenen beteiligen Sie die Schüler am Unterrichtsgeschehen?

⇨ *So funktioniert es:*

Die folgende Checkliste benutzen Sie als Vorbereitung auf den Unterrichtsbesuch. Gehen Sie die Aspekte durch und beantworten Sie die möglichen Fragen. Machen Sie sich Notizen und haken Sie die einzelnen Aspekte ab, sobald Sie sie hinreichend reflektiert und entsprechende Entscheidungen getroffen haben. Artikulieren Sie Ihre Antworten laut in der Art eines Referats, um sprachlich, vor allem auch in der Begrifflichkeit sicher zu werden.

Profitipp

- Nehmen Sie die Notizen mit in die Nachbesprechung zu Ihrer Besuchsstunde und benutzen Sie die Aufzeichnungen dort.

Aspekt	Mögliche Fragen	Ihre Antworten / Notizen
Unterrichtsreihe	Warum dieses Thema? Warum diese Einheiten? Warum diese Reihenfolge der Stunden?	

Lerngegenstand	Warum diesen?	
Thema	Warum diese didaktische Intention?	
Lernziele	Angemessen formuliert? Hauptlernziel als Paraphrase des Themas? Teillernziele hinreichend konkret und mindestens ein Teilziel auf mindestens Taxonomie-Ebene 3 platziert? Lernziele hierarchisiert? Didaktische Intention beachtet?	
Förderung / Forderung	Welche Schüler? Wie werden sie gefordert / gefördert? Warum? Wodurch?	
Methoden	Warum diese? Welches Schülerverhalten wird angestrebt? Angemessene Organisation überlegt? Vielfalt ermöglicht? Alternativen?	
Sozialformen	Warum diese? Welches Schülerverhalten wird angestrebt? Alternativen?	
Medien	Warum diese? Welche Wirkung haben sie / sollen sie haben? Alternativen?	

Einstieg	Warum so? Schlüssige Möglichkeit, die Problemfrage zu entwickeln? Motivierend? Alternativen?	
Problemfrage	Warum diese? Passend zum Thema und Hauptlernziel?	
Erarbeitung	Material sachlich angemessen? Zu schwierig, zu leicht, zu lang (bei Texten)? Textsorte reflektiert? Alternativen?	
Arbeitsaufträge	Sprachlich präzise formuliert? Vom Schüler verstehbar? Visualisierbar? Alternativen?	
Sicherung	Wie? Visualisierung möglich? Struktur des Tafelbildes? Plakate? Folien? Usw. Alternativen?	
Vernetzung	Wie? Möglichst hohe kognitive / affektive / psychomotorische Ebene erreichbar? Bruchlos aus Erarbeitungsphase ableitbar? Alternativen?	
Hausaufgabe	Sinnvoll aus Unterrichtsgeschehen ableitbar? Weiterführend? Übend? Zu aufwändig? In die nächste Unterrichtsstunde integrierbar?	

Problem-orientierung	Problem des Unterrichts plausibel? Gegenwarts-, Zukunfts-, exemplarische Bedeutung?	
Schüler-orientierung	Schüleraktivitäten geplant? Selbstständiges Arbeiten ermöglicht? Entsprechende Methoden verwendet?	
Erfahrungs-orientierung	Bezug zur Lerngruppe / zur Lebenswelt der Schüler hergestellt? Lern- und entwicklungspsychologische Aspekte berücksichtigt (Gruppensituation)?	
Lernzuwachs (Progression)	Angemessen für die Altersstufe? Quantität und Qualität des Zuwachses? Stellenwert in der Reihe (Progression)?	

⇨ *Darauf sollten Sie achten:*

- Organisieren Sie Hospitationstermine rechtzeitig (z. B. Beachtung von Klausuren, Klassenarbeiten, Exkursionen, Kurs- und Klassenfahrten).
- Verteilen Sie die Besuchstermine sinnvoll über Ihre (reale) Ausbildungszeit.
- Planen Sie den Unterricht für eine Hospitationsstunde frühzeitig.
- Informieren Sie die Schülergruppe über die bevorstehende Hospitation.
- Kopieren Sie den Unterrichtsentwurf für die Ausbilder rechtzeitig.
- Seien Sie am Tag der Hospitation rechtzeitig vor der Besuchsstunde im Schulgebäude.
- Richten Sie den Klassenraum für die Hospitation her, falls dies nötig ist (Raumluft, Sauberkeit, Tischgruppen, saubere Tafel, funktionierender OH-Projektor usw.).
- Stellen Sie am Tag der Hospitation sicher, dass auch „verspätete" Fach- oder Hauptseminarleiter den Unterrichtsraum problemlos finden.
- Sorgen Sie rechtzeitig für einen geeigneten Besprechungsraum, der nach der Hospitation genutzt werden kann.

⇨ *Arbeitsanregungen*

Planung

Wie schaffen Sie im Unterricht eine Problemorientierung?	
Wie wichtig finden Sie, dass Unterricht problemorientiert abläuft?	
Welche Form des Einstiegs bevorzugen Sie? Warum?	
Mit welchen methodischen Mitteln erzeugen Sie Schülerorientierung?	
Wie stellen Sie sicher, dass der Lernzuwachs bei den Schülern hinreichend groß ist?	
Nennen Sie Merkmale für „gute“ Arbeitsaufträge.	
Nennen Sie Merkmale einer „sinnvollen“ Hausaufgabe.	

Welche Möglichkeiten für eine Vernetzung des Erarbeiteten kennen Sie? Welche bevorzugen Sie? Warum?	

4.1.2. Checkliste Durchführung

⇨ *Worum geht es?*

Im Blick auf Ihre Durchführungskompetenz sind z. B. diese Fragen wichtig:

- Wie weit haben Sie Ihren Unterrichtsplan verwirklicht?
- Wie weit haben Sie Ihre Lernziele erreicht?
- Wie beweglich sind Sie mit Ihrem Unterrichtsplan umgegangen?
- Wie flexibel konnten Sie mit unvorhergesehen Ereignissen umgehen?
- Wie geschickt haben Sie die Unterrichtsgespräche moderiert?
- Wie schülernah und kooperativ ist der Unterricht abgelaufen?
- Wie sinnvoll haben Sie das Unterrichtsgeschehen organisiert?

⇨ *So funktioniert es:*

Die folgende Checkliste schauen Sie sich am besten ebenfalls vor den Hospitationen an. Merken Sie sich die Aspekte, so dass Sie diese während der Durchführung der Besuchsstunde im Kopf haben.

Profitipp

- Erbitten Sie sich nach der Hospitation Zeit, um sich einige Notizen zu den Punkten zu machen. Gehen Sie erst dann in die Nachbesprechung.

Aspekt	Mögliche Fragen	Ihre Antworten / Notizen
Einstieg	Medium wirksam? Probleme? Vorhersehbar und in der Planung berücksichtigt? Alternative?	

Problemfrage	Von den Schülern entwickelt? Warum nicht? Alternative?	
Erarbeitung	Schülerleistung angemessen? Schwierigkeiten? Schwierigkeiten behoben? Wie?	
Arbeitsaufträge	Von Schülern verstanden und angemessen erledigt? Wenn nicht: Warum? Alternativen zum geplanten Vorgehen?	
Sicherung	Von Schülern geleistet? Visualisierung angemessen?	
Vernetzung	Gelungen? In welchem Maße? Selbstständig durch Schüler? Wenn nicht oder nur zum Teil gelungen: Gründe? Alternativen?	
Lernziele	Erreicht? Wenn zum Teil nicht: Warum? Folgerungen für Planung? Alternativen?	
Förderung / Forderung	In beabsichtigtem Umfang gelungen? Wenn nicht: Warum? Alternativen?	

Schüler-orientierung	Umfang der Schüleraktivitäten? Wie geplant? Wenn nicht: Warum? Alternativen zur bisherigen Planung?	
Gesprächs-führung	Zu eng? Zu offen? Gründe und Alternativen? Gelenkstellen sinnvoll umgesetzt? Insgesamt angemessen moderiert? Wenn nicht: Gründe und Alternativen?	
Zeit-Management	Plan eingehalten? Wenn ja: Wie sinnvoll war das? Wenn abgewichen: Wann? Warum? Weshalb in dieser Weise? Alternativen?	
Reaktionen der Lerngruppe	Arbeitstempo? Motivationslage? Qualität der Ergebnisse? Rede- und Diskussionsbereitschaft? Mögliche / angemessene Interventionen?	

⇨ *Darauf sollten Sie achten:*

- Lassen Sie die Schüler im Unterricht selbstständige Leistungen erbringen.
- Moderieren Sie Unterrichtsgespräche, statt sie zu lenken.
- Achten Sie auf ein angemessenes Anspruchsniveau.
- Geben Sie Anweisungen so kurz und so präzise wie möglich.

⇨ ***Arbeitsanregungen***

Durchführung

Wie stellen Sie fest, ob die Schüler während des Unterrichts bei der Sache sind?	

Wie können Sie nicht motivierte Schüler aktivieren?	
Wie reagieren Sie, wenn Sie nach Ablauf der Erarbeitungsphase nur noch 3 Minuten Zeit haben?	
Wie verhalten Sie sich als Moderator von Unterrichtsgesprächen? Nennen Sie auch Techniken.	
Welche Möglichkeiten der Sicherung von Unterrichtsergebnissen kennen Sie? Welche bevorzugen Sie? Warum?	
Wie verhalten Sie sich, wenn die Schüler nicht selbst auf die gewünschte Problemfrage kommen?	
Wie verhalten Sie sich, wenn Schüler während einer Phase der Gruppenarbeit über Privates sprechen?	
Wann würden Sie auf eine geplante Hausaufgabe verzichten?	

4.1.3. Checkliste Reflexion und Evaluation

⇨ *Worum geht es?*

Im Blick auf Ihre Reflexions- und Evaluationskompetenz sind z. B. folgende Fragen wichtig:

- Wie gut können Sie sich selbst, die Lerngruppe und die Lernsituation während des Unterrichts wahrnehmen?
- Wie viel Distanz haben Sie zu Ihrem eigenen pädagogischen Handeln?
- Wie gut können Sie das Geschehen im Unterricht analysieren?
- Wie sicher benutzen Sie dabei die Fachterminologie?
- Wie weit sind Sie fähig, Alternativen zu Ihrem Vorgehen zu entwickeln?
- Wie offen sind Sie für Hilfen und Anregungen?
- Wie groß ist Ihr Interesse an konstruktiver Auseinandersetzung über Ihr Tun?

⇨ *So funktioniert es:*

Die folgende Checkliste schauen Sie sich am besten ebenfalls vor den Hospitationen an. Merken Sie sich die Aspekte, so dass Sie diese während der Nachbesprechung anwenden bzw. sich entsprechend verhalten können.

Profitipps

- Erbitten Sie sich nach der Hospitation Zeit, um sich einige Notizen zu den Punkten zu machen. Gehen Sie erst dann in die Nachbesprechung.
- Zeigen Sie sich offen für Anregungen.

Aspekt	Mögliche Fragen	Ihre Antworten / Notizen
Selbst-wahrnehmung	Verhalten? Führungsstil? Moderation? Fragetechnik? Aufgabenstellung? Folgen für die Durchführung? Alternativen?	

Wahrnehmung der Lerngruppe und Lernsituation	Disziplin? Arbeitsverhalten? Leistungsniveau? Motivation? Besonderheiten? Gründe? Konsequenzen für eigenes Handeln?	

⇨ *Darauf sollten Sie achten:*

- Entwickeln Sie ein realistisches Bild Ihres Unterrichts.
- Stellen Sie sich vor, von Ihrer Stunde sei ein Film gedreht worden. Schauen Sie sich die Stunde als Zuschauer an!
- Versetzen Sie sich in die Rolle der Schüler und fragen Sie sich aus deren Perspektive: Wie habe ich die Stunde erlebt? Was habe ich heute gelernt?

⇨ *Arbeitsanregungen*

Reflexion und Evaluation

Welche Strategien der Selbst- bzw. Fremdwahrnehmung nutzen Sie? Welche Erfahrungen haben Sie damit?	
Welche Aspekte der Selbstwahrnehmung sind Ihnen für die Reflexion wichtig? Warum?	

Was am Schülerverhalten müssen Sie während des Unterrichts beobachten, um später eine sinnvolle Evaluation durchzuführen?	
Was halten Sie davon, die Schüler am Ende einer Stunde nach deren Meinung über den Unterricht zu befragen?	
Was halten Sie davon, Schüler generell an der Unterrichtsplanung und -auswertung zu beteiligen?	
Was halten Sie davon, wenn Kollegen wechselseitig im Unterricht hospitieren, um so Unterricht zu evaluieren?	
Wie beurteilen Sie externe Formen der Evaluation von Unterricht?	

4.2. Stellungnahme zum eigenen Unterricht

⇨ *Worum geht es?*

Zu Beginn der Nachbesprechung einer Unterrichtsstunde, aber auch nach den Unterrichtsproben im Examen werden Sie gebeten, eine Stellungnahme zu Ihrem Unterricht abzugeben. Die Stellungnahme sollte keine inhaltliche Wiederholung des Stundenentwurfs sein oder nur Selbstverständliches erwähnen. Sie sollte auf die Aspekte eingehen, die neben dem Entwurf zum Verständnis der Stunde unbedingt notwendig sind. Also: Geeignete Aspekte auswählen! Die Vorbereitung auf die Stellungnahme ist zum Teil auch schon vor den Unterrichtsstunden möglich; Unvorhergesehenes im Umfeld bzw. im Verlauf der Stunde kann dann adhoc einbezogen werden.

⇨ *So funktioniert es:*

Im Folgenden sehen Sie ein Raster, an dem Sie sich für die Stellungnahme orientieren können. In der linken Spalte finden Sie sechs Aspekt-Bereiche, die immer wieder Anlass sind für Nachfragen seitens der Ausbilder. In der rechten Spalte lesen Sie dazu Gesichtspunkte, die als mögliche Erklärungen, Antworten usw. für die in der linken Spalte angenommenen Fälle nützlich sein können bzw. Ansätze darstellen, von denen her Sie argumentieren können.

Mögliche Aspekte einer „Stellungnahme" im Anschluss an eine Hospitation / Unterrichtsprobe

1. Besonderheiten in der Lerngruppe ⇨ *Analyse: Welche Folgen hatten die Besonderheiten für die Planung bzw. im Unterricht?* ⇨ *Wichtig: Aufzeigen von Alternativen nötig, falls Probleme auftraten!*	• leistungsstarke Schüler (z. B. Hochbegabte, einseitig Begabte) • leistungsschwache Schüler (geringe Mitarbeit, intellektuelle Mängel usw.) • verhaltensauffällige Schüler (z. B. Störer, „Klassen-Clown", psychische Störungen, körperliche Behinderungen usw.) • Arbeitsverhalten / Motivation
2. Besonderheiten der Lernsituation ⇨ *Analyse: Welche Folgen hatten die Besonderheiten für die Planung und / oder für die Durchführung des Unterrichts?* ⇨ *Wichtig: Aufzeigen von Alternativen nötig, falls Probleme auftraten!*	• Fehlen bestimmter Schüler • Probleme mit Medien / andere technische Probleme • Raumsituation usw. • Lage der Stunde im Stundenplan • besondere Belastungen der Schüler durch vorherigen oder nachgängigen Unterricht

3. Thema, Lernziele, Ergebnisse ⇨ *Analyse: Wie angemessen waren Thema, Lernziele und Ergebnisse im Nachhinein betrachtet?* ⇨ *Wichtig: Aufzeigen von Alternativen nötig, falls das Verhältnis von Lernzielen und Ergebnissen ungünstig ausfiel!*	• Richtlinien • Fachcurriculum der Schule • Gegenwarts-, Zukunftsbedeutung, exemplarische Bedeutung • besondere Lernziele (z. B. affektiv, psychomotorisch) • Verhältnis zwischen Ergebnissen und Lernzielen
4. Fordern und Fördern ⇨ *Analyse: Welche Folgen hatten ein ungünstiges Lehrerverhalten, eine geringe Schülerorientierung, unpassende Methoden und Medien für den Unterricht?* ⇨ *Wichtig: Aufzeigen von Alternativen nötig, falls Probleme auftraten!*	• Lehrer-Schüler-Interaktion incl. Sozialformen, Gesprächsführung, Fragetechnik und Aufgabenstellung sowie Selbstverständnis des Lehrers • Schüler-Aktivität und Schüler-Orientierung (Schülerbild) • Methoden (auch unter fachspezifischen und lernpsychologischen Aspekten) • Medien (aktueller und allgemeiner Sinn und Nutzen)
5. Abweichen von der Planung ⇨ *Analyse: Welche Folgen entstanden durch das Abweichen vom Plan bzw. sind dadurch vermieden worden?* ⇨ *Wichtig: Aufzeigen von Planungsalternativen nötig, die das Abweichen vom Plan überflüssig gemacht hätten!*	• Zeit-Probleme • fehlende Lernvoraussetzungen • Interesse der Schüler • Planungsmängel
6. Starres Festhalten an der Planung ⇨ *Analyse: Welche Folgen entstanden durch zu starres Festhalten am Plan?* ⇨ *Wichtig: Aufzeigen von (Planungs-)Alternativen nötig, die zu einer weniger starren Unterrichtsführung beigetragen hätten!*	• Erreichen von Lernzielen • Zeit-Probleme • geringe Flexibilität • zu spätes Erkennen von Alternativen

⇨ *Darauf sollten Sie achten:*

- Bereiten Sie sich mit den Checklisten aus diesem Kapitel auf die Nachbesprechung vor!
- Nehmen Sie sich vor der Nachbesprechung bzw. der Stellungnahme im Examen Zeit, die Unterrichtsstunde zu reflektieren.
- Treten Sie in der Nachbesprechung bzw. bei der Stellungnahme selbstbewusst auf.
- Seien Sie in der Nachbesprechung Gesprächspartner, nicht nur Zuhörer.
- Verhalten Sie sich realitätsnah: Benennen Sie im Blick auf Ihre Stunde ebenso klar Positives wie Kritisches und Negatives.
- Fragen Sie nach Handlungsalternativen, wenn Ihnen selbst keine einfallen.
- Seien Sie offen für Alternativen! Bleiben Sie aber kritisch-konstruktiv!
- Klären Sie, was Sie an der Planung und Durchführung des Unterrichts verbessern können und wie Sie die Alternativen umsetzen können.
- Machen Sie sich während der Nachbesprechung Notizen.

⇨ ***Arbeitsanregungen***

Stellungnahme zum eigenen Unterricht

Wie können Hochbegabte die Planung und Durchführung von Unterricht beeinflussen?	
Sie haben einen störenden Schüler (8. Klasse) vor der Unterrichtsstunde (= Hospitation) ermahnt. Nehmen Sie Stellung.	
Wie können ungewöhnliche Situationen die Durchführung von Unterricht beeinflussen? Welche Handlungsalternativen kennen Sie dafür?	

Sie wollten hohe Schüleraktivität erreichen. Dies ist Ihnen aber nicht gelungen. – Welche möglichen Gründe würden Ihnen als Erklärung einfallen?	
Sie haben nur drei von fünf Teillernzielen erreicht. – Nehmen Sie Stellung.	
Sie haben statt die Tafel zu nutzen eine aufwändige Dia-Show geplant, die im Unterricht viel Zeit kostete. – Nehmen Sie Stellung.	
Sie bemerkten während der Stunde, dass die Lerngruppe wichtige Lernvoraussetzungen nicht hatte, und Sie sind dann vom Plan abgewichen. – Nehmen Sie Stellung.	
Sie haben den Verlaufsplan der Stunde „exekutiert“, obwohl aufgrund von Fragen, aber auch von Problemen der Lerngruppe ein Abweichen vom Plan sinnvoll gewesen wäre. – Nehmen Sie Stellung.	

5. Trainings-tools

„Menschen besitzen
ein natürliches Potential zum Lernen.
Sie sind neugierig gegenüber ihrer Welt,
wenn diese Neugier nicht durch die Erfahrungen, die sie in unserem Erziehungssystem machen, abgestumpft wird.“

(Carl R. Rogers)

5.1. Schüleraktive Methoden

Informieren Sie sich über Interaktionsspiele? Wie könnten Sie solche Spiele nutzen?	
Rollenspiele verlangen komplexe Planungsarbeit. Worauf achten Sie?	
Was verstehen Sie unter „Kugellager“? In welchen Unterrichtssituationen bietet sich diese Methode an?	
Erläutern Sie das Verfahren „Der heiße Stuhl“? Wann würden Sie diese Methode nutzen?	
Wie aktivieren Sie die Schüler bei der Erarbeitung von Texten?	
Was ist eine Collage? In welchen Situationen würden Sie Collagen nutzen?	
Welche Formen des Brainstorming kennen Sie und wann setzen Sie diese ein?	
Freiarbeit ist fester Bestandteil bestimmter Schulkonzepte. Wie sinnvoll ist Freiarbeit?	
Sie wollen das Interview als Methode einsetzen. Wie gehen Sie vor?	

5.2. Moderation von Unterrichtsgesprächen

Blickkontakt halten ist eine wichtige Aufgabe eines guten Moderators. Warum?	
Wie gehen Sie im Unterricht mit Vielrednern um?	
Wie motivieren Sie schüchterne Schüler, sich am Unterrichtsgespräch zu beteiligen?	
Sie stellen eine Frage, sechs Schüler melden sich. Wie gehen Sie vor?	
Ein Unterrichtsgespräch dauerte 15 Minuten. Was machen Sie am Ende dieser Phase?	
Schüler wechseln oft Theorie- und Praxisebene. Wie verhindern Sie dies?	
Was verstehen Sie unter aktivem Zuhören und wann wenden Sie es in einer Moderationsphase an?	
Sie wollen ein offenes Unterrichtsgespräch führen. Wie angemessen sind Fragen in einem solchen Gespräch?	
Inwieweit würden Sie Schüler Unterrichtsgespräche moderieren lassen?	

5.3. Lern- und Arbeitstechniken

Welche Techniken müssen Schüler beherrschen, um Texte zu bearbeiten?	
Beschreiben Sie, wie Sie die Techniken zur Texterarbeitung vermitteln.	
Wie sollen Schüler Vokabeln lernen?	
Wie sollen Schüler größere Lernzusammenhänge wiederholen?	
Was verstehen Sie unter einem Mind Map©? Wo könnten Sie es einsetzen?	
Schüler sollen Referate fertigen. Worauf sollen sie achten?	
Schüler sollen Ergebnisse präsentieren. Welche Tipps geben Sie ihnen dazu?	
Schüler sollen Bibliotheken nutzen. Was sollten sie dazu wissen?	
Wie beurteilen Sie die Fähigkeit Ihrer Schüler, systematisch zu arbeiten? Nennen Sie Kriterien für Ihre Bewertung.	

5.4. Arbeitsanweisungen

Die Schüler sollen in Gruppen arbeiten. Wie und wann formulieren Sie die Anweisungen für diese Phase?	
Schüler sollen in Partnerarbeit einen Text erschließen und präsentieren. Formulieren Sie den Arbeitsauftrag.	
Sie werden immer wieder hören: „Arbeitsanweisungen sollen präzise sein.“ Was bedeutet das? Geben Sie ein Beispiel.	
„Macht ein Plakat.“ Beurteilen Sie die Qualität dieser Arbeitsanweisung.	
Wie offen dürfen Arbeitsanweisungen sein?	
Wie umfangreich dürfen Arbeitsaufträge sein?	
Wie erreichen Sie es, dass Schüler Arbeitsaufträge nicht vergessen?	
Nennen Sie typische Situationen, in denen Arbeitsaufträge formuliert werden.	
Wie sollten Arbeitsanweisungen aufgebaut sein? Begründen Sie.	

5.5. Kooperatives Lernen

Welches Ziel hat kooperatives Lernen nach Norm Green?	
Wie erreichen Sie die geforderte positive Abhängigkeit in der Lerngruppe?	
Welche sozialen Fähigkeiten brauchen Schüler, um kooperativ und effektiv zu lernen?	
Nach Norm Green soll jedes Gruppenmitglied persönliche Verantwortung für das Lernergebnis übernehmen. Wie erreichen Sie das?	
Wie gestalten Sie die Evaluation der Lernphasen?	
Welche Schwierigkeiten sehen Sie bei der Einführung kooperativer Arbeitsformen und wie gehen Sie damit um?	
Wie intervenieren Sie, wenn nicht alle Gruppenmitglieder sich aktiv am Arbeitsprozess beteiligen?	
„Kooperatives Lernen ist nicht neu.“ Nehmen Sie Stellung zu der These.	
Wo sehen Sie die Grenzen des kooperativen Lernens im Unterricht?	

5.6. Alte und neue Medien im Unterricht

Welche Möglichkeiten sehen Sie, alte und neue Medien gleichzeitig im Unterricht zu nutzen?	
Welche Möglichkeiten bietet Ihnen ein virtuelles Klassenzimmer?	
Welche Chancen bietet das Internet für die Förderung selbstständigen Lernens bei Schülern?	
Wie sind Lernprogramme gestaltet, die sich auf die konstruktivistische Lerntheorie stützen, und welchen Nutzen haben diese?	
Welche PC-Text- und PC-Bildverarbeitungsprogramme sollten Schüler beherrschen? Begründen Sie bitte!	
Wie verändert sich die Lehrerrolle beim Einsatz neuer Medien?	
Nennen Sie Einsatzorte, an denen neue Medien im Unterricht genutzt werden sollten.	
Welche Gefahren sehen Sie bei der Nutzung des PCs im Unterricht?	
„PC-Nutzung während des Unterrichts ist verschwendete Zeit.“ Nehmen Sie Stellung zu der These.	

5.7. Unterrichtsstörungen

Welche Arten von Unterrichtsstörungen kennen Sie?	
Ordnen Sie den Ihnen bekannten Unterrichtsstörungen Störungsursachen zu?	
Überlegen Sie Maßnahmen, wie Sie mit den Ihnen bekannten Unterrichtsstörungen umgehen könnten?	
„Störungen haben Vorrang.“ Interpretieren und bewerten Sie diese These der TZI.	
In welcher Weise könnte sich ein Schüler gestört fühlen. Was bedeutet das für Sie als Lehrer?	
Ein Schüler beteiligt sich so gut wie nie am Unterricht. Inwieweit interpretieren Sie dieses Verhalten als Unterrichtsstörung?	
Inwieweit sind aus Ihrer Sicht hochbegabte oder ständig überforderte Schüler ein Störfaktor im Unterricht?	
Inwieweit kann aus Ihrer Sicht Ihre persönliche Befindlichkeit ein Störfaktor des Unterrichts sein?	
„Störungen sind immer konstruktiv.“ Nehmen Sie Stellung zu der These.	

5.8. Konflikte in der Schule

Was verstehen Sie unter einem Konflikt? Nennen Sie konkrete Beispiele.	
Worin sehen Sie Unterschiede zwischen Meinungsverschiedenheiten und Konflikten?	
Welche Motive können Konfliktpartner für Ihr Verhalten haben?	
Welche Gedanken und Gefühle haben Menschen, die sich in einem Konflikt befinden?	
Welche Konfliktlösungsmuster beobachten Sie im Alltag? Wie beurteilen Sie diese Strategien?	
Welche Folgen kann es haben, wenn Sie als Lehrer einen Konflikt durch Nutzen Ihrer Machtposition regeln?	
Stellen Sie die Niederlage-lose-Methode nach Gordon dar. Worin liegt der Nutzen dieser Methode?	
Wo sehen Sie Möglichkeiten und Grenzen für die Niederlage-lose-Methode?	
Schüler weigern sich, an einem heißen Tag Unterricht zu machen. Wie reagieren Sie?	

5.9. Angst und Stress im Schulalltag

Wodurch fühlen Sie sich im Schulalltag gestresst? Wovor haben Sie Angst?	
Welche Stress- und Angstauslöser gibt es wohl für Schüler?	
Was denken Sie und was fühlen Sie, wenn Sie gestresst sind?	
Was denken und fühlen Sie, wenn Sie Angst haben?	
Welche Folgen haben Stress und Angst für den Betroffenen? Wie wirken sich diese Faktoren im Unterricht aus?	
Wie können Sie als Lehrer verhindern, dass Schüler im Unterricht gestresst werden und / oder Angst bekommen?	
Welche Vorteile bringt eine stress- und angstfreie Lernumgebung für die kognitive und affektive Seite eines Menschen?	
Wie gehen Sie mit Stress und Angst um?	
„Stress bringt den Menschen zu Höchstleistungen und ist daher positiv." Nehmen Sie Stellung zu der These.	

5.10. Auftreten und Körpersprache

Was verstehen Sie unter Körpersprache?	
Welche Bedeutung hat Körpersprache im Alltag und im Unterricht?	
Ein Schüler hebt während Ihres Vortrags die Augenbrauen. Wie interpretieren Sie diese Geste?	
Ein Schüler lehnt sich während der Gruppenarbeit auf dem Stuhl weit zurück. Was denken Sie darüber? Wie reagieren Sie?	
Ein Schüler referiert stehend vor der Gruppe. Dabei hat er beide Hände in den Taschen. Wie interpretieren Sie die Körperhaltung?	
Wie wollen Sie im Unterricht als Lehrer durch Ihr Auftreten wirken?	
Welche körpersprachlichen Signale senden Sie aus, um die beabsichtigte Wirkung zu erzielen?	
Wie wichtig ist Ihrer Meinung nach, welche Art von Kleidung ein Lehrer trägt?	
Wie wichtig sind für Sie ‚Auftreten und Kleidung von Schülern?	

5.11. Schülerzentrierter Unterricht

„Schüler und Lehrer sind Subjekte des Unterrichts. Es gibt zwischen ihnen kein Verhältnis der Über- und Unterordnung.“ Richtig?	
„Schüler und Lehrer lernen gemeinsam.“ Inwieweit stimmt die These?	
„Schüler und Lehrer kommunizieren im Unterricht als gleichberechtigte Partner“ Inwieweit stimmen Sie der These zu?	
„Schüler und Lehrer artikulieren im Unterricht ihre emotionalen Bedürfnisse.“ Wie sinnvoll finden Sie das?	
„Schüler planen zusammen mit dem Lehrer den Unterricht, sowohl methodisch als auch inhaltlich.“ Inwieweit sollte dies so sein?	
Wie kann man schülerzentrierten Unterricht planen?	
Wie verändert sich die Lehrerrolle im schülerzentrierten Unterricht? Welche Rolle hat die Lerngruppe?	
Wie schülerzentriert darf bzw. soll Unterricht sein?	
„Im schülerzentrierten Unterricht sind Lernziele überflüssig.“ Inwieweit halten Sie die These für zutreffen?	

5.12. Themenzentrierte Interaktion (TZI)

Informieren Sie ich über TZI. Was versteht Ruth Cohn unter dem Wir, dem Es und dem Ich?	
Beschreiben Sie das Verhältnis von Ich, Wir und Es am Beispiel einer Situation im Unterricht.	
„Sei der Herr deiner selbst und deines eigenen Tuns!“ Was bedeutet dieses TZI-Axiom?	
„Störungen haben Vorrang.“ Interpretieren Sie das Axiom unter Bezug auf Unterricht.	
Eine Hilfsregel der TZI lautet: „Verwende Ich-Botschaften.“ Worin sehen Sie den Sinn von Ich-Botschaften?	
Eine weitere Hilfsregel lautet: „Vermeide Verallgemeinerungen.“ Welchen Sinn hat diese Regel für Sie als Lehrer?	
Ein Lehrer möchte die TZI-Regeln in einer Klasse 5 einführen. Würden Sie diese Maßnahme unterstützen?	
„Wenn der Inhalt ebenso viel Wert ist wie die Schüler, ist der Inhalt des Unterrichts unterbewertet.“ Nehmen Sie Stellung.	
„TZI ist mir zu therapeutisch.“ Was sagen Sie zu dieser Feststellung eines Lehrers?	

5.13. Lernen und Motivation

Welche Lerntechniken halten Sie für wichtig?	
Wie vermitteln Sie Lerntechniken?	
Was bedeutet für Sie Selbstverantwortung beim Lernen? Wie realisieren Sie diese Idee im Blick auf Ihre Schüler?	
Wann verwenden Sie im Unterricht Meta-Kommunikation? Warum?	
Was verstehen Sie unter Leistungsmotivation, wie können Sie diese initiieren und wie können Sie diese feststellen?	
Wie helfen Sie Schülern, die nicht motiviert sind?	
Der Unterrichtseinstieg gilt oft als Motivationsphase. Was halten Sie von dieser Bezeichnung?	
„Schüler sind im Unterricht nur motiviert, wenn Sie über die Schule hinausweisende Ziele haben." Nehmen Sie Stellung zu der These.	
„Schule verhindert Motivation, da sie systematisch Neugier verhindert." Was halten Sie von dieser Meinung?	

5.14. Sozialformen des Unterrichts

In welchen Unterrichtssituationen nutzen Sie Einzelarbeit? Warum gerade dort?	
Wann bietet sich Partnerarbeit an? Weshalb gerade in diesen Fällen?	
Wann nutzen Sie arbeitsgleiche, wann arbeitsteilige Gruppenarbeit?	
Wie sinnvoll sind Kombinationen aus Einzel-, Partner- und Gruppenarbeit? Warum?	
„Keine Stunde ohne Gruppenarbeit!“ Was halten Sie von dieser These.	
Wie organisieren Sie Gruppenarbeit? Welche Struktur haben die Arbeitsaufgaben? Welche Regeln sollen gelten?	
Beschreiben Sie Ihre Aufgabe als Lehrer während einer Phase von Gruppenarbeit. Begründen Sie Ihre Sicht.	
„Gruppenergebnisse müssen nicht immer visualisiert werden.“ Inwieweit stimmen Sie der These zu?	
Erläutern Sie den sozialen Nutzen von Gruppenarbeit. Bedenken Sie auch mögliche Einwände und Probleme.	

5.15. Kommunikation im Unterricht

Erläutern Sie das Vier-Ohren-Modell Schulz von Thuns am Beispiel einer Unterrichtssituation.	
„Man kann nicht nicht kommunizieren". Was bedeutet dieses Kommunikationsaxiom P. Watzlawicks für Ihren Unterricht?	
Die Beziehungsebene bestimmt die Sachebene. Interpretieren Sie dieses Axiom für Unterrichtssituationen.	
Wie symmetrisch kann eine Schüler-Lehrer-Interaktion sein?	
Welche sozial-kommunikativen Kompetenzen wollen Sie Schülern vermitteln? Wie machen Sie das?	
Wie wichtig finden Sie sozial-kommunikative Kompetenzen im Vergleich zu fachlich-methodischen?	
Was verstehen Sie unter Meta-Kommunikation? Welche Rolle spielt diese grundsätzlich in Ihrem Unterricht?	
Was verstehen Sie unter Feedback? Welche Rolle spielt es in Ihrem Unterricht?	
Sie sollen ein Kommunikationstraining für eine Klasse 8 entwickeln. Welche Übungen schlagen Sie vor?	

5.16. Vermischtes zur Prüfungsvorbereitung

Wie verstehen Sie Ihre Rolle als Lehrer?	
Was heißt es für Sie konkret, als Lehrer auch Erzieher zu sein? Welche Erfahrungen haben Sie mit dieser Lehrerfunktion?	
Welche Fähigkeiten und Eigenschaften sollen die Schüler haben, wenn Sie die Schule verlassen? Begründen Sie.	
„Gestern haben wir handlungsorientiert gearbeitet. Die Schüler haben Gedichte vorgelesen.“ Nehmen Sie Stellung.	
Wie nutzen Sie die didaktischen Modelle für Ihren Unterricht?	
Sie kennen den Unterrichtsgegenstand. Wie geht Ihre Unterrichtsplanung weiter?	
In welchem Verhältnis stehen Methoden und Ziele einer Stunde zueinander?	
Was verstehen Sie unter didaktischer Reduktion? Wie setzen Sie sie um? Geben Sie ein Beispiel.	
Was verstehen Sie unter didaktischer Intention? Geben Sie ein Beispiel.	

W. Klafki nutzt das Konzept der TZI. Welchen Annahmen über Unterricht folgt Klafki damit?	
Zeigen Sie für einen Unterrichtsgegenstand dessen Gegenwart-, Zukunfts- und dessen exemplarische Bedeutung.	
Wie rechtfertigen Sie Lernziele?	
Welche Arten von Lernzielen kennen Sie? Welche Arten sind Ihnen besonders wichtig? Warum?	
Was verstehen Sie unter entdeckendem Lernen und welche Erfahrungen haben Sie damit?	
Wie nutzen Sie schüleraktive Methoden im Unterricht?	
Was verstehen Sie unter einem offenen Einstieg? Welche Folgen hat ein offener Einstieg?	
Welche Möglichkeiten des Einstiegs kennen Sie? Bewerten Sie deren Wirkung?	
Wie unterscheidet sich handlungsorientierter Unterricht von klassischen Unterrichtsformen?	
Interpretieren Sie das TZI-Postulat: „Störungen haben Vorrang.“	

Welche Vor- und Nachteile hat handlungsorientierter Unterricht?	
Wie reagieren Sie auf falsche Schüleräußerungen?	
Wie loben Sie Schüler? Welchen Sinn hat das Lob aus Ihrer Sicht?	
Wie motivieren Sie schweigende Schüler zum aktiven Mitmachen?	
Welche Arten von Impulsen kennen Sie? Beschreiben Sie deren Wirkung. Wann setzen Sie die verschiedenen Impulsarten ein?	
Wann nutzen Sie Einzel-, wann Partner- und Gruppenarbeit? Begründen Sie?	
Was beachten Sie bei der Gestaltung von Gruppenarbeit?	
Ein Schüler schreibt mehrfach nicht ausreichende Klausuren. Was tun sie?	
Wie kommen Sie zu Kursabschlussnoten?	
Nennen Sie Probleme bei der Leistungsbeurteilung. Wie gehen Sie mit diesen Problemen um?	

Was verstehen Sie unter „gutem Unterricht“? Was können Sie dazu beitragen?	
Was ist für Sie eine gute Schule?	
„Routine macht Unterricht schlecht.“ Nehmen Sie Stellung.	
Welche Arten von Evaluation des eigenen Unterrichts kennen Sie? Welche wenden Sie an? Welche Erfahrungen haben Sie damit?	
Wie wichtig sind Lernstandserhebungen?	
Was halten Sie davon, Kolleginnen und Kollegen im Unterricht zu besuchen? Welche Probleme oder Gefahren sehen Sie dabei?	
Eine Schülerin trägt während des Unterrichts Mantel und Pudelmütze. Was machen Sie?	
Eltern haben sich bei der Behörde über die Englisch-Note ihres Sohnes beschwert, die Sie erteilt haben. Wie rechtfertigen Sie sich?	
Eine Mutter greift Sie beim Elternsprechtag an: „Ihr Unterricht ist so schlecht, daher die Note meiner Tochter.“ Reagieren Sie!	
Welche Erfahrungen haben Sie mit dem virtuellen Klassenzimmer?	

5.17. Glossar zu den Trainingstools

Hinweis:

Auf den folgenden Seiten finden Sie einige konkrete Informationen zu den Trainingstools 1 bis 15. Die Informationen können als grundlegender Überblick über den jeweiligen thematischen Schwerpunkt dienen und in diesen einführen.

1. Schüleraktive Methoden
Unter schüleraktiven Methoden versteht man Vorgehensweisen, die die Schüler in den Arbeitsprozess integrieren und ihnen gleichzeitig beim Lernen ein hohes Maß an Selbsttätigkeit abverlangen (wie z. B. Blitzlicht, Streitgespräch, Interaktionsspiel usw.). Mit dem Einsatz solcher Methoden verfolgt der Lehrer langfristig das Ziel, die Schüler selbstständig zu machen im Blick auf die Organisation und Gestaltung ihres eigenen Lernprozesses. Je nach Unterrichtsthema und Zielsetzung des Unterrichts wird der Lehrer spezifische Methoden nutzen, um seinem Verständnis von Schülerorientierung und Emanzipation möglichst nahe zu kommen (vgl. Klippert 2004c; 2005).

2. Moderation von Unterrichtsgesprächen
Unterrichtsgespräche zu leiten setzt auf Seiten des Lehrers Moderationskompetenz voraus. Diese äußert sich in der Fähigkeit zur Prozessorganisation, zur Problemlösung, im Aufnahmen nonverbaler Signale, in der Fähigkeit zu Rückmeldungen und zur Nutzbarmachung von Aussagen, um z. B. Unterrichtsgespräche zielorientiert zu steuern. Der Moderator (Lehrer) ist zugleich leitender Teilnehmer und teilnehmender Leiter der Gesprächsrunde. Er braucht Distanz zum Prozess, damit durch die Dynamik eines Gesprächs das Ziel, das Thema und die Aufgaben nicht verloren gehen. Mit der Kompetenz zu moderieren steht die soziale Kompetenz in enger Beziehung. Der Moderator muss eine vertrauensvolle Atmosphäre herstellen können und in der Lage sein, Störungen in der Kommunikation zu entdecken, ihre Ursachen zu analysieren und die Störung letztlich zu beheben (vgl. z. B. Zimmermann 2003). In schülerzentriertem Unterricht übernehmen phasenweise auch die Schüler die Moderation der Unterrichtsgespräche.

3. Lern- und Arbeitstechniken
Unter dem Titel „Lernen lernen" wird heute an vielen Schulen ein Konzept verstanden, Schülern neben den Inhalten auch Methoden des Lernens zu vermitteln. Je nach Fach und Vorbildung können dies z. B. sein: Methoden zur Texterschließung, zur Recherche von Informationen, zur Visualisierung und Präsentation von Daten (vgl. Kliebisch / Basten / Schmitz 2001; Kolossa 2000). Die Vermittlung solcher Lerntechniken geschieht sowohl in dafür eigens vorgesehenen Veranstaltungen (z. B. Projekte) als auch im jeweiligen Fachunterricht. Der einzelnen Lehrer wird vor allem die Techniken einführen, die für seinen Unterricht von besonderer Bedeutung sind.

4. Arbeitsanweisungen
Arbeitsanweisungen an die Schüler können direkt (mündlich) oder indirekt (schriftlich z.B. auf einem Arbeits-/Aufgabenblatt) erteilt werden. Die Anweisungen fordern den Schüler bzw. die Lerngruppe auf, eine Aufgabe mit einer bestimmten kognitiven Perspektive zu bearbeiten; so sollen die Schüler z. B. etwas erörtern, vergleichen oder begründen. Die Anweisungen sind stets vor Beginn der Schülertätigkeit zu erteilen. Der Lehrer muss prüfen, ob und inwieweit die Schüler die Arbeitsanweisungen verstanden haben. Während der selbstständigen Arbeit

der Schüler sollte der Lehrer keine Anweisungen mehr in die Lerngruppe geben. Einzelne Schüler oder Schülergruppen erhalten nötigenfalls Anleitungen an deren Arbeitsplatz. Hinsichtlich der Sprache sind die Anweisungen eindeutig und auf dem Entwicklungsstand der Schüler zu formulieren; hinsichtlich des Inhalts sollten die Anweisungen begründet sein (vgl. u. a. Meyer 2003b).

5. Kooperatives Lernen
Das Konzept des kooperativen Lernens geht auf Norm Green zurück (vgl. Huber 2004). Kooperatives Lernen ist eine spezielle Art, Gruppenprozesse zu organisieren und effektiver zu gestalten als in herkömmlichen Gruppen. Besonders wichtig für kooperatives Arbeiten ist es, unter den Gruppenmitgliedern eine positive Abhängigkeit herzustellen und jedem Gruppenmitglied eine eigenen Verantwortungsbereich für das Zustandekommen des Gruppenergebnisses zuzuweisen. Das Konzept des kooperativen Lernens sieht vor, die für den Gruppenprozess nötigen sozialen Fähigkeiten (z. B. zuhören, ausreden lassen, sich einigen, Kompromisse finden usw.) im Zuge des Arbeitsprozesses selbst zu lernen (s. a. Johnson / Johnson / Holubec 2005; Konrad / Traub 2005).

6. Alte und neue Medien im Unterricht
Medien sind technische Hilfsmittel, die Informationen gestalten, austauschen oder zu verbreiten erlauben. Sie unterstützen die unterrichtlichen Lernprozesse in unterschiedlicher Weise. Durch ihren multisensorischen Charakter erleichtern sie auf verschiedene Weise die Aufnahme und die Veranschaulichung von Informationen. Der Computer als neues Medium bietet hierbei die Voraussetzung einer zeitlich ökonomischen und leicht strukturierbaren Arbeitsweise. Der Zugang zum Internet kann außerdem für selbstbestimmtes Lernen und problemorientiertes Arbeiten genutzt werden. Beispiele: Anwendung von Suchstrategien zur gezielten Beschaffung von Informationen, Bewertung der Suchergebnisse im Hinblick auf Wahrheits- und Informationsgehalt sowie auf ihren Nutzen in Blick auf die Aufgabenstellung, Weiterverarbeitung der gefundenen Informationen. Der Schwerpunkt der Lernmöglichkeiten im Unterricht ist weniger auf die technische Bedienung des Computers zu setzen, sondern mehr auf dessen zielorientierten und (kritisch) reflektierten Einsatz (s. u. a. Aufenanger 2005; Thissen 2003).

7. Unterrichtsstörungen
Eine Unterrichtsstörung liegt nach R. Winkel (2005) dann vor, „wenn das Lehren und Lernen stockt, aufhört, pervertiert, unerträglich und inhuman wird." Unterrichtsstörungen können im Verhalten einzelner Schüler begründet liegen (z. B. mit dem Nachbarn reden) oder aber ganze Lerngruppen betreffen (Beziehungskonflikte zwischen dem Lehrer und der Gruppe z. B. aufgrund soziokultureller Unterschiede oder aufgrund unterschiedlicher Auffassungen über die Unterrichtsgestaltung). Unterrichtsstörungen können das Arbeitsklima und die Lernergebnisse nachhaltig negativ beeinflusse. Der Lehrer muss sie daher ernst nehmen und versuchen, die Störungen zu beheben; zudem müssen Störfaktoren in der Planung des Unterrichts angemessen berücksichtigt werden.

8. Konflikte in der Schule
Von Konflikten spricht man, wenn diese Bedingungen erfüllt sind: Bei einem Konflikt gibt mindestens zwei Konfliktpartner; deren Handlungstendenzen und deren tatsächliche Handlungen sind unvereinbar. Konflikte stellen Auseinandersetzungen dar über unterschiedliche Wertvorstellungen; insofern geht es um die Befriedigung spezifischer Bedürfnisse eines Individuums. Ungünstige Konfliktlösungen machen einen Konfliktpartner zum Gewinner, während der andere unterliegt. Der Lehrer sollte (vor allem bei Konflikten mit Schülern) eine Win-Win-Situation anstreben, wie dies Thomas Gordon vorschlägt (z. B. 1989; 2002). Auf

dem Weg zur Lösung des Konflikts wendet der Lehrer dazu Gesprächstechniken an, die auch in der humanistischen Psychologie üblich sind (vgl. Kliebisch / Schmitz 2005).

9. Angst und Stress im Schulalltag
Angst als aktueller Zustand ist eine Emotion eines Individuums mit einem bestimmten zeitlichen Verlauf. Sie bezieht sich auf ein Ereignis in der Realität oder in der Vorstellung. Angst ist ein negatives „Gefühl“; es kann sich subjektiv verbal (durch Gedanken und Befürchtungen) oder im Verhalten (z. B. durch Strategien der Vermeidung und der Flucht, aber auch durch Aggression) äußern oder durch körperliche Erregungszustände (durch Schwitzen, Zittern, feuchtkalte Hände) zum Ausdruck kommen. Von Stress spricht man, wenn ein Missverhältnis bzw. Ungleichgewicht zwischen den wahrgenommenen Anforderungen der eigenen Person und / oder der Umwelt sowie der subjektiven Einschätzung der eigenen Fähigkeiten entsteht; dieses Missverhältnisses zwischen den von außen kommenden Anforderungen und den Handlungsmöglichkeiten des Individuums gefährdet die erfolgreiche Bewältigung der Situation. Werden die Folgen des Missverhältnisses von dem Betroffenen als Bedrohung empfunden, dann entsteht bei ihm Angst. Bei der Bestimmung einer Stresssituation sind grundsätzlich zu unterscheiden die Bedingungen (Stress-Auslöser) und die Reaktion des Individuums (Stress-Reaktion) bezüglich der Folgen (vgl. u. a. Kliebisch 1995; Vester 2003; Meyer 2002).

10. Auftreten und Körpersprache
Körpersprache ist eine Form der nichtsprachlichen Kommunikation. In einer Kommunikationssituation (Gespräche, sprachlose Begegnung) sendet der Körper Zeichen aus, die willkürlich oder unwillkürlich eine Botschaft enthalten. Die willkürliche Mitteilung ist eine absichtliche Kommunikation; die unwillkürliche ist der Ausdruck eines seelischen Zustandes. Grundelemente der Körpersprache sind verschiedene Arten von Zeichen. Symbolische und ikonische Zeichen sind Bestandteile von Gesten. Symptome sind unwillkürliche Ausdruckserscheinungen des Körpers (Erröten als Zeichen der Verlegenheit). Die Gestik beleitet ein Gespräch (paraverbal). Parallel oder unabhängig davon tauchen dabei zudem Symptome auf. Ein durchgängiges Merkmal von Körpersprache ist die Situations- und Kontextabhängigkeit. Sprache und Körpersprache können sich widersprechen, was zu Irritationen führen kann. Durch das Auftreten wird die Dominanz eines Verhaltens, der Grad der Selbstsicherheit und das Ausmaß des hergestellten Kontakts zu einem Gesprächspartner gezeigt. Auch hierbei spielen die Zeichen eine wesentliche Rolle (Caswell / Neill 2004; Heidemann 2002).

11. Schülerzentrierter Unterricht
Im schülerzentrierten Unterricht stehen die Schüler mit ihren individuellen Interessen und Fähigkeiten im Mittelpunkt. Schülerzentrierter Unterricht ist oft auch handlungsorientiert angelegt. Im schülerzentrierten Unterricht beteiligen sich die Schüler aktiv an der Planung, Durchführung und Auswertung des Unterrichts: Sie bringen z. B. selbst Themen bzw. thematische Aspekte, aber auch Material ein, sie lernen und beherrschen schließlich verschiedene Methoden und Gesprächstechniken, sie organisieren ihre Arbeitsprozesse selbstständig und übernehmen zeitweise Moderationsaufgaben. Schülerzentrierter Unterricht bedingt ein alternatives Selbstverständnis des Lehrers: Der Lehrer ist in diesem Unterricht viel eher Organisator und Moderator der Lernprozesse als Vermittler von Wissen (vgl. z. B. Bosse 2004; Lin-Klitzing / Roth 2005).

12. Themenzentrierte Interaktion (TZI)
Ruth Cohn (2004) entwickelte auf der Grundlage ihrer therapeutischen Tätigkeit die Themenzentrierten Interaktion als Konzept für die Arbeit in Gruppen. Die TZI beruht auf Annahmen der humanistischen Pädagogik und Psychologie. Der Lehr/-Lernprozess wird hier als Interak-

tion verstanden zwischen dem Einzelnen (ICH), der Gruppe (WIR) und der Sache bzw. dem Inhalt (ES). Das Modell wird durch Axiome (z. B. „Der Mensch ist eine psycho-biologische Einheit."), Postulate (z. B. „Störungen haben Vorrang.") und Hilfsregeln (z. B. „Halte dich mit Interpretationen von anderen so lange wie möglich zurück.") konkretisiert. TZI ist auch in der Schule nutzbar. Ziel des Gruppenleiters (Lehrers) ist es, zwischen dem ICH, dem WIR und dem ES zu vermitteln und eine Balance zu halten. Vorstellungen der TZI haben z. B. auch Klafki und Schulz in ihre Didaktik-Modelle übernommen.

13. Lernen und Motivation

Zur Erklärung von Verhalten und Handeln, also auch von Lernen, wird der Begriff Motivation verwendet. Mit seiner Hilfe kann erklärt werden, warum jemand ein bestimmtes Verhalten wählt oder meidet oder warum er es aufgibt oder weiterführt. Der Motivationszustand hängt sowohl von erlernten Bedürfnissen (Motiven) als auch von subjektiven Faktoren ab. Motive sind relativ stabile, überdauernde Neigungen, während eine Motivation den momentanen Zustand einer Person kennzeichnet. Bei der intrinsischen Motivation besteht ein Drang oder Wunsch, ein Verhalten um seiner selbst willen auszuführen. Extrinsische Motivation bezeichnet den Wunsch, ein Verhalten auszuführen, um ein bestimmtes Ziel zu erreichen, das mit dem Verhalten selbst nichts zu tun hat. Unter Leistungsmotivation versteht man ein momentanes Bestreben, die eigene Tüchtigkeit zu steigern und möglichst hoch zu halten, und zwar bei solchen Tätigkeiten, bei denen es einen verbindlichen Gütemaßstab gibt, so dass die Ausführung erkennbar gelingen oder misslingen kann (Heckhausen, zit. n. Rheinberg 2004).

14. Sozialformen des Unterrichts

„Sozialformen des Unterrichts variieren das Verhältnis zwischen dem Lernen von etwas und dem Lernen mit anderen." (Heimann / Otto / Schulz 1969) Diese Beschreibung weist auf zwei Komponenten hin, die als Handlungsablauf und Kommunikationsstruktur bezeichnet werden können (Meyer 2003b). Mit Handlungsablauf ist die Art und Weise angesprochen, wie die Interaktion von Lehrern und Schülern gestaltet wird: Lehrervortrag, Schülerreferat, Unterrichtsgespräch, Planspiel, Rollenspiel u. Ä.. Die Kommunikationsstruktur bezieht sich auf die beteiligten Partner und auf die Absicht, mit der die Kommunikation geführt wird: Frontalunterricht, Kreisgespräch, Partnerarbeit, Gruppenunterricht u. Ä.. Mit den Sozialformen wird häufig auch die Aktionsform in Beziehung gesetzt. Damit ist die Art und Weise gemeint, wie der Lehrer agiert. Dieser kann sich direkt an die Schüler wenden (im Vortrag, in der Frage, im Unterrichtsgespräch, in der Demonstration). Indirekt wirkt der Lehrer über Situationen, in denen er die Schüler sich selbst überlässt (z. B. über schriftliche Arbeitsanweisungen und vorbereitete Materialien bei der Gruppenarbeit).

15. Kommunikation im Unterricht

Kommunikationsprozesse (auch solche im Unterricht) lassen sich als Modelle darstellen. Eines der wohl bekanntesten ist das Vier-Ohren-Modell von F. Schulz von Thun (2005). Das Modell nimmt an, dass Menschen stets vier Botschaften gleichzeitig vermitteln, sobald sie sprechen. Die Botschaften liegen auf vier verschiedenen Ebenen, die in Wechselbeziehung stehen: 1. Die Sachebene, die den Inhalt, das Worüber der Botschaft ausmacht. 2. Zugleich transportiert der Sprecher stets eine Information über sich selbst, über das eigene Befinden, über seine Gedanken und Gefühle; er vermittelt eine Selbstkundgabe. 3. Mit einer Äußerung sagt der Sprecher stets auch etwas darüber, wie er zu seinem Gesprächspartner steht. Er sagt also etwas über die Beziehung, die die Gesprächspartner zueinander haben. 4. Jede Botschaft hat auch Appellcharakter; der Sprecher möchte beim Angesprochenen etwas mit dem erreichen, was er sagt. Der Empfänger nimmt die vier Botschaften nicht synchron auf.

6.

Selbst-Management des Lehrers

**„Glaubenssätze oder Überzeugungen üben
eine nachhaltige Wirkung auf unser Leben aus,
weil sie häufig unbemerkt
unser Handeln so steuern,
dass wir das, was wir glauben,
auch verwirklichen."**

(Mohl 2003)

6.1. Die Kraft der Überzeugungen

Lehrer sein kann Job sein, kann eine Tätigkeit sein wie jede andere, Lehrer sein kann aber auch Berufung bedeuten. Wer sich berufen fühlt, ist Idealist, hat Träume, Ideale, hat Überzeugungen, die er verwirklich will. **Überzeugungen sind** so etwas wie **ein fester Glaube**, von dessen Sinn und Nutzen der jeweilige Mensch profitiert. Überzeugungen gehören zur Persönlichkeit; Überzeugungen bestimmen die Persönlichkeit, ohne sie können wir nicht leben. Terroranschläge wie der am 11. September 2001 sind ein augenscheinlicher Beweis für die Bedeutung und die Kraft von Überzeugungen: Menschen sind sogar bereit, für ihre Überzeugungen zu sterben.

Manche Lehrer verlieren mit zunehmender Dienstzeit ihre Ideale; ihre ursprünglichen Überzeugungen beginnen zu wanken und verändern sich nicht selten: Frustration, manchmal sogar Resignation und „Dienst nach Vorschrift" sind die Folgen. Neue Überzeugungen bestimmen dann das Handeln und zeigen Wirkung bis zum Burn-out-Syndrom. So weit sollte es nicht kommen! Daher ist es so wichtig zu verstehen, wie Überzeugungen unser Leben beeinflussen und welche Überzeugungen man selbst im Blick auf seinen Beruf hat.

Nehmen Sie folgenden Fall: Als Lehrer müssen Sie an Ihrer Schule zum ersten Mal die Klasse 9a in Ihrem Fach unterrichten. Sie betreten den Klassenraum und da sitzen und stehen etwa 30 Schülerinnen und Schüler, die Sie erwarten. Nach der formellen Begrüßung haben Sie eine Reihe von Wahrnehmungen: Sie sehen einige der Schüler bewusst, andere sind nicht in Ihrem Blickfeld. Wieder andere Schüler können Sie deutlich hören. Gleichzeitig haben Sie verschiedene Gefühle, die für Sie mit der Situation verknüpft sind. Vielleicht riechen und schmecken Sie sogar etwas. Mit Hilfe Ihrer fünf sensorischen Wahrnehmungskanäle nehmen Sie die Szenerie wahr. Sehen, hören, fühlen, riechen und schmecken sind die primären Zugangsmöglichkeiten des Menschen zu seiner sozialen Umwelt.

Die durch die Sinneskanäle gewonnenen **Informationen** werden anschließend verarbeitet. Spezifische Filter, insbesondere individuelle Erfahrungen sorgen dafür, dass die Sinneswahrnehmungen **interpretiert** werden. **Das Ergebnis dieses Verarbeitungsprozesses bestimmt anschließend das Verhalten**, das ein Mensch in der jeweiligen Situation wirklich zeigt. Das tatsächliche Verhalten wird danach auf Stimmigkeit hin überprüft. Man testet in der Regel unbewusst, ob das Verhalten für die spezifische Situation angemessen ist oder nicht. Die Bewertung des Verhaltens führt zu einer spontanen Einschätzung darüber, ob man die Situation bewältigen kann oder nicht.

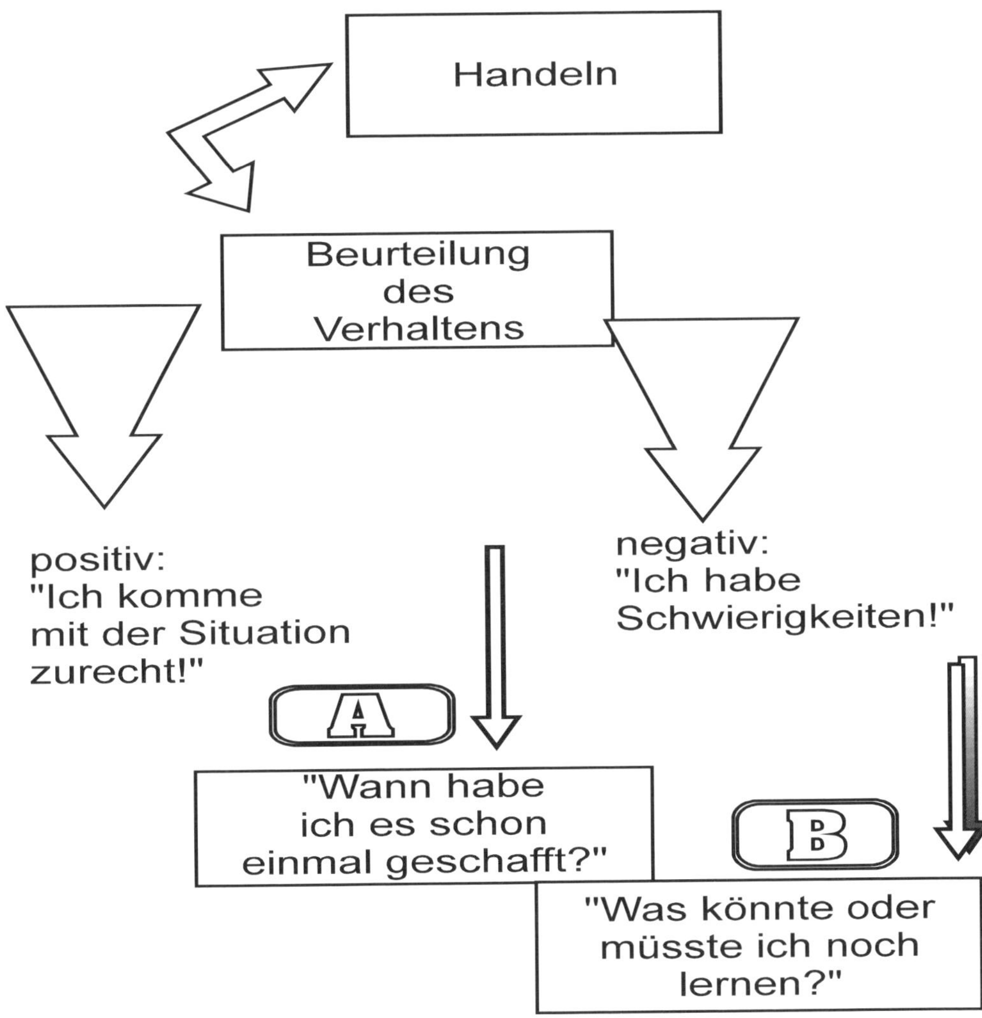

Auf unser Beispiel bezogen: Als Lehrer werden Sie beurteilen, ob Sie in Zukunft mit der Klasse zurechtkommen werden oder nicht. Sollten Sie dabei feststellen, dass Sie sich unsicher fühlen, und sollten Sie befürchten müssen, mit der Lerngruppe Schwierigkeiten zu bekommen, werden Sie dies tun: Sie werden sich an Situationen erinnern, in denen Sie fähig waren, mit schwierigen Schülergruppen souverän umzugehen. Reichen diese Fähigkeiten nicht aus, um mit der problematischen Gruppe hier und jetzt angemessen zu arbeiten, werden Sie an die Möglichkeit denken, sich weitere Fähigkeiten anzueignen, um mit dem aktuellen Problem fertig zu werden.

Während des gesamten Handlungs- und Bewertungsvorgangs wird man beständig von individuellen Erfahrungen geführt, die zu persönlichen Überzeugungen geworden sind. Solche Überzeugungen könnten in unserem Beispiel etwa sein: *„Ein guter Lehrer muss lernen, flexibel mit Lerngruppen umzugehen."* Oder: *„Ich bin grundsätzlich fähig, den Lehrerberuf auszuüben."* Diese Überzeugungen sind positiv und wirken sich daher auch positiv verstärkend auf das Selbstverständnis des Lehrers aus.

Allerdings können negative Überzeugungen das Selbstwertgefühl des Lehrers ebenso negativ beeinflussen. Solche Überzeugungen könnten in unserem Fall etwa sein: *„Die Klasse 9a ist mir schon von einem Kollegen als sehr schwierig beschrieben worden. Mit der kann ich bestimmt nicht richtig arbeiten."* Oder: *„Ich traue mir den Unterricht mit Schülern, die in der Pubertät sind, eigentlich nicht zu!"*

Die Summe der positiven Erfahrungen bestimmt demnach das Selbstverständnis eines Lehrers in positiver Richtung: Der Lehrer wird seine Handlungsmöglichkeiten suchen, finden und ausschöpfen und insgesamt kongruent mit seinem Verhalten sein. **Negative Erfahrungen beeinflussen das Selbstverständnis des Lehrers negativ:** Er wird zurückhaltend und vorsichtig reagieren und auf die Schüler erkennbar unsicher wirken.

Wenn sich das Verhalten mit den persönlichen Überzeugungen eines Menschen im Einklang befindet, so ist er authentisch; er lebt seine **Identität**. Dabei ist unwichtig, ob die die Identität tragenden Überzeugungen in Bezug auf einen spezifischen Lebenssektor eher negativ oder eher positiv sind. Stets erlebt das Individuum die Übereinstimmung zwischen Überzeugungen und den daraus resultierenden Handlungen als ich-identisches Verhalten. Allerdings wird klar, dass negative Überzeugungen im Blick auf die Identität eine Einschränkung darstellen; die subjektiv wahrgenommene Identität entspricht nicht der objektiv möglichen und den potentiell erweiterbaren Handlungskompetenzen.

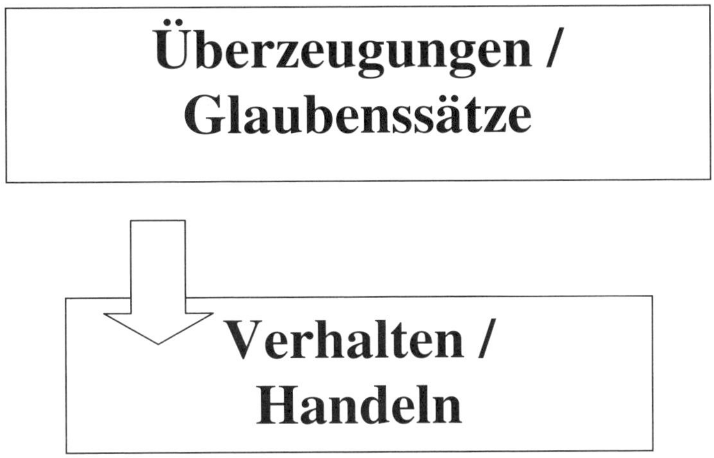

Möchte demnach ein Lehrer im Blick auf seine berufliche Tätigkeit eine möglichst weit gehende Identität erreichen, so sind seine Überzeugungen, die seine Bildungs- und Erziehungsarbeit bestimmen, dafür von ausschlaggebender Bedeutung. Falsche, ungünstige, unvorteilhafte Überzeugungen erschweren die eigene Leistungsfähigkeit hinsichtlich der pädagogischen Arbeit enorm; demgegenüber werden nützliche, positive und kreativ gestaltete Überzeugungen die Arbeit des Lehrers nach vorn bringen und unterstützen. Die Arbeit wird Spaß machen und leicht von der Hand gehen. Ziel eines konstruktiven Selbst-Managements, das zugleich ein Mehr an Zufriedenheit und körperlicher Gesundheit bedeuten würde, kann also nur sein: **Ungünstige, den Lehrer einschränkende Überzeugungen müssen so weit wie möglich ausgeschaltet, günstige, die Handlungsmöglichkeiten des Lehrers erweiternde Überzeugungen genutzt und bei Bedarf neu etabliert werden.**

Allerdings sind viele Überzeugungen, die Lehrer haben, für ihre Tätigkeit eher von Nachteil; solche unvorteilhaften Glaubenssätze müssen aus dem spezifischen Kontext des Lehrens und Lernens herausgenommen werden. An ihre Stelle müssen andere Wertvorstellungen und Überzeugungen treten, die geeignet sind, das Unterrichten angenehmer, entspannter und spannender zu machen. Neue Überzeugungen werden aber nur dann in neues, alternatives Handeln münden, wenn dem Lehrer die Fähigkeiten und Verhaltensweisen zur Verfügung stehen, die diese neuen Überzeugungen repräsentieren. Andererseits werden neue Handlungsweisen aber auch nur dann realisiert, wenn man sich zuvor mit den negativ wirkenden Überzeugungen beschäftigt und deren häufig einschränkende Wirkung erkannt hat. **Die Überzeugun-**

gen bestimmen demnach das Handeln ebenso wie ein erfolgreiches oder nicht erfolgreiches Handeln die Überzeugungen und deren Stabilität festigt.

Menschliches Verhalten ist nicht willkürlich. Es folgt bestimmten innerpsychischen Gesetzmäßigkeiten. Entscheidend ist: Jedes Verhalten und damit auch jede Handlung wird von den Überzeugungen bestimmt, die ein Mensch im Laufe seines Lebens aufgrund von Erfahrungen angesammelt hat. Ein Mensch wird sich weigern, ein bestimmtes Verhalten zu zeigen oder neu zu lernen, wenn es mit seinen Überzeugungen und Wertvorstellungen nicht übereinstimmt. Jede Veränderung im Verhalten ist demnach nur dann möglich, wenn sie mit den bestehenden Überzeugungen eines Menschen vereinbar ist oder wenn die Überzeugungen so geändert werden, dass sie mit dem veränderten Verhalten kongruent sind.

Den Menschen sind ihre Überzeugungen sehr wichtig; sie schützen sie mit allen Kräften, die ihnen zur Verfügung stehen. Für bestimmte Überzeugungen, etwa religiöse, gehen Menschen manchmal sogar in den Tod. Das zeigt: Überzeugungen sind ein wesentlicher Bestandteil der Persönlichkeit; die Glaubenssätze, die jemand hat, helfen ihm, sich eindeutig zu definieren und zu verhalten. So gesehen geben Überzeugungen dem Menschen Sicherheit im Dschungel des Alltäglichen. Nur schwer wiegende Veränderungen in der persönlichen Lebenssituation veranlassen einen Menschen, diese Sicherheit aufzugeben.

Der konservative Aspekt der Überzeugungen ist auf den ersten Blick durchaus positiv: Menschen wenden ihre Überzeugungen wie selbstverständlich an, wenn sie in neue, ungewohnte Situationen kommen. Das Neue wird dadurch sofort berechenbar, indem die Schablonen bekannter Überzeugungen darüber gelegt werden. Dies gibt dem Menschen persönliche Stabilität auch in kritischen Situationen; ein enormer Vorteil also.

Der Sicherheit gebende Aspekt der Überzeugungen kann aber auch ins Negative umschlagen, sobald er überzogen wird. Das starre Festhalten an überkommenen Glaubenssätzen etwa führt zur Unbeweglichkeit gegenüber Veränderungen in der Außenwelt. Das Verhalten eines Menschen kann so „hinter der Zeit" zurück bleiben, da er mit Überzeugungen von gestern die Verhältnisse von heute und morgen beurteilen will. Die Wertvorstellungen eines solchen Menschen „passen“ dann einfach nicht mehr in die Zeit. Durch diese Erfahrungen kann es zu erheblichen psychischen Belastungen kommen, die auch krankhafte Züge annehmen können.

Natürlich kann und wird es in der Praxis nicht darum gehen, seine Überzeugungen zu wechseln wie seine Hemden, nur um stets up to date zu sein. Einmal sind Überzeugungen, die einfach mal so gewechselt werden, wohl kaum echte Überzeugungen; denn sonst wären sie viel grundlegender verankert und man könnte sie nicht nach Belieben austauschen. Zum anderen ist **jeder Wechsel einer Überzeugung mit erheblichen „Schmerzen“ für den betroffenen Menschen verbunden**. Er muss wirklich etwas aufgeben, was ihm wichtig geworden ist, was sich aber überlebt hat und jetzt nicht mehr opportun ist. Dieser Prozess verursacht Unsicherheit und wird nur dann mitvollzogen, wenn es „nicht mehr anders geht“, wenn also der Leidensdruck groß genug ist.

Jede Veränderung von Überzeugungen setzt etwas Wesentliches voraus: Man muss erkennen, welche Überzeugungen einen wie einschränken. Diese Einsicht ist die Bedingung der Möglichkeit von Veränderung überhaupt: Wer weiß, an welcher Stelle er wodurch wie genau eingeschränkt wird, hat den ersten Stein zur Veränderung bereits in der Hand. In diesem Kapitel geht es um eine bestimmte Art von Überzeugungen, die Menschen erheblich einschränken und in ihrem Handeln negativ beeinflussen: **Die irrationalen Überzeugungen**. Sie in seinem eigenen Denken zu erkennen, ist eine wichtige Voraussetzung, um sie mittel- und langfristig zu überwinden und das persönliche Handeln freier und kreativer zu gestalten.

Viele Überzeugungen sind sinnvoll, die Menschen haben und zum Ausgangspunkt ihres Handelns machen. Sie repräsentieren oft das Wertesystem der Person und damit über weite Teile wesentliche Wertvorstellungen der sie umgebenden Kultur. Die Überzeugung etwa *„Du sollst keine Menschen töten.“* macht Sinn, regelt sie doch das Miteinander und sichert das Leben der Mitmenschen. Darüber hinaus kostet das Einhalten dieser Überzeugung (im Regelfall) auch keine besondere Kraft; es gelingt den meisten Menschen, diese Überzeugung auch tatsächlich zu leben, weil sie sich dabei in einer Gemeinschaft mit anderen Menschen erleben, die diese Überzeugung teilen. Das gibt zusätzliche Sicherheit.

Beispiele für irrationale Überzeugungen

- „Alle Menschen = Schülerinnen und Schüler müssen mich lieben!“
- „Ich bin als Lehrerin oder Lehrer minderwertig!“
- „Ich bin als Lehrerin oder Lehrer das Opfer der Umstände (= der Schülerinnen / Schüler; des Schulsystems usw.)!“
- „Nur meine Leistung zählt!“
- „Erst muss sich die Welt (= die Schülerinnen / Schüler, das Schulsystem) ändern, dann ändere ich mich!“
- „Ich kann das nicht (z. B. die Aussiedlerklasse oder fachfremd unterrichten), weil ich damit keine Erfahrung habe.“
- „Das geht überhaupt nicht!“
- „Die „Schülerinnen und Schüler sind faul; da kann ich nichts machen.“
- „Die Ansprüche der Lehrpläne sind viel zu hoch; daher muss ich versagen.“

Ganz anders sieht es bei dieser Überzeugung aus: *„Ich muss von allen Menschen geliebt werden.“*, eine Überzeugung, die Lehrer auch so formulieren könnten: *„Ich muss von allen Schülerinnen und Schülern geliebt werden.“* Klar, ein „vernünftiger“ Mensch würde eine solche Einstellung nicht teilen, aber jemand, der von dieser irrationalen Idee überzeugt ist, wird sein Handeln darauf ausrichten. Das „Irrationale“ an dieser Überzeugung besteht darin, dass sie mit einem Verhalten anderer Menschen rechnet, das durch die Wirklichkeit in keinem Fall realisiert wird. Niemand wird nur auf Menschen treffen, die ihn lieben. Glaubt jemand aber, dass dies für sein persönliches Glück nötig sei, wird er viel dafür tun, dass es doch so kommt, und sehr enttäuscht sein, wenn sich sein Vorhaben letztlich immer wieder als nicht realisierbar erweist.

Irrationale Überzeugungen nehmen **Einfluss auf das Handeln** eines Menschen, aber gleichzeitig auch **auf** seine **Emotionen** (vgl. Ellis / Schwartz / Jacobi 2004). Die irrationale Idee *„Ich muss von allen Menschen = Schülerinnen und Schülern geliebt werden.“* zwingt einen Menschen (= Lehrer) zu einem bestimmten Handeln, von dem er annimmt, es könne andere Menschen veranlassen, ihn zu mögen. Die Person wird ein Gefühl von Getriebensein, von Ehrgeiz entwickeln, alles zu tun, um auch tatsächlich geliebt zu werden. Dann aber wird der Mensch an der Wirklichkeit scheitern: Er wird erkennen, dass ihn nicht alle lieben; dies wird ihn emotional erschüttern und negativ stimmen. Dies wiederum wird ihn motivieren, noch mehr dafür zu tun, um der Überzeugung zu genügen, tatsächlich von allen geliebt zu werden. Ein Kreislauf beginnt, der zu immer intensiverem Verhalten und zugleich immer negativeren Gefühlen führt, da das Verhalten letztlich nicht den Erfolg bringt, den sich der betreffende Mensch davon versprochen hat. Weitere Beispiele für irrationale Ideen finden Sie in dem Kasten auf Seite 226.

Besonders einschränkend wirken irrationale Überzeugungen auf die Handlungsmöglichkeiten eines Menschen. Rationale Überzeugungen gelten für den Kontext, für den sie formuliert wurden; irrationale Glaubenssätze sind dagegen kontextabgehoben. Wenn ein Lehrer sein Verhalten an der Überzeugung *„Ich möchte, dass mich alle Schülerinnen und Schüler mögen.“* ausrichtet, dann wird sich dieser Wunsch in der Wirklichkeit nicht erfüllen können. Die mit der Überzeugung einhergehende Verhaltensweise, Schülern gegenüber beispielsweise keine Grenzen zu setzen, sich mit ihnen unter allen Umständen zu solidarisieren oder auf jeden ihrer Wünsche einzugehen, wird sich im Unterricht in Unruhe und Unaufmerksamkeit der Schüler artikulieren. Damit produziert der Lehrer die Probleme selbst, die er vermeiden möchte. Erst wenn man einem solchen Lehrer hilft, seinen einschränkenden, irrationalen Glauben zu verändern oder gar vollständig durch einen neuen zu ersetzen, wird er sich gegenüber Schülern abgrenzen und damit seinen tatsächlichen Handlungsspielraum erweitern.

Unvorteilhafte Überzeugungen können Lehr- und Lernprozesse auf vielfältige Weise einschränken. Einschränkende Glaubenssätze engen das pädagogische Verhalten des Lehrers erheblich ein. Bei extremer Belastung wird der Lehrer unter Umständen ein Vermeidungsverhalten zeigen, wird krank werden und weniger Interesse haben, sich für seinen Unterricht und für die Schule überhaupt zu engagieren. Er wird weniger effizient arbeiten, seine Unterrichtsplanung wird leiden, der Unterricht selbst dann auch. Die Konzentrations- und Motivationsfähigkeit des Lehrers kann aufgrund einschränkender Überzeugungen reduziert sein, Koordinations- und Organisationskompetenzen können begrenzt sein, das persönliche Zeit-Management verändert sich zum Schlechten.

Die Bereitschaft zur Korrektur der bestehenden persönlichen und pädagogischen Verhältnisse ist bei einem solchen Lehrer stark herabgesetzt. Die Mängel auf der Ebene des Verhaltens und der Fähigkeiten erzeugen entsprechende Gefühle: Unzufriedenheit, innere Unruhe und Anspannung beherrschen die emotionale Wahrnehmung. Das alles bringt Distanz zur Arbeit, statt Freude und Spaß. Kommen private Probleme hinzu, verschlechtert sich die Verfassung des Lehrers weiter. Von daher ist es lohnend, an den einschränkenden Glaubenssätzen zu arbeiten, sie zu modifizieren oder alternative Überzeugungen zu kreieren. Denn es sind letztlich nur die unvorteilhaften Überzeugungen und die damit verbundenen Werthaltungen, die den Lehrer in die Defensive treiben und ihn bis zur Handlungsunfähigkeit belasten. Aber Achtung: Hier geht es nicht um Schönfärberei! Negative Einstellungen mit großer Realitätsnähe haben natürlich ihre Berechtigung; sie zu ignorieren oder zu retuschieren wäre fatal. **Irrationale Überzeugungen sollten dagegen aber kritisch beurteilt und wenn möglich korrigiert werden.**

6.2. Arbeit an irrationalen Überzeugungen

In welchem Umfang ein Mensch Überzeugungen in seinem Leben positiv zur Geltung bringt, hat zu tun mit dem Ausmaß seiner personaler Kompetenz. **Irrationale Überzeugungen** beeinflussen das Selbstkonzept eines Menschen negativ, sie **mindern** sein Selbstwertgefühl und damit seine **personale Kompetenz**. Das kann dazu führen, dass andere Kompetenzbereiche stärker entwickelt werden, die danach in Schwächen umschlagen können. Zum Beispiel: Jemand, der glaubt, er müsse von allen geliebt werden, entwickelt aufgrund der dauernden Frustration, die diese Überzeugung mit sich bringt, eine zunehmend größere Aktions- und Handlungskompetenz. Ab einem bestimmten Zeitpunkt kann diese Kompetenz zu Schwierigkeiten führen, da ein Übermaß an Aktivitäten die Umwelt dazu veranlassen wird, sich von dem betreffenden Menschen zurückzuziehen.

Zu einer **kritischen Selbstwahrnehmung** im sozialen Kontext gehört die Bereitschaft und Fähigkeit zur Reflexion persönlicher Überzeugungen. Bei dieser Reflexion müssen die Auswirkungen deutlich werden, die diese Überzeugungen mit sich bringen können. In diesem Zusammenhang müssen Menschen zeigen, dass sie mit existenziellen Ängsten wie etwa Unsicherheit umzugehen vermögen. Solche Ängste entstehen, wenn spezifische Überzeugungen als irrational erkannt werden. Das Erkennen irrationaler Überzeugungen und das Aushalten der damit verbundenen Emotionen sind die Grundlage für eine Veränderung der irrationalen Anteile der Überzeugungen. Dies und eine spätere Veränderung der irrationalen Überzeugungen führen mittel- und langfristig bei dem betreffenden Menschen zu authentischeren Wertvorstellungen im Vergleich zu der vorherigen Situation. Damit wird der Mensch frei, um wichtige Ziele anzusteuern und motiviert zu handeln. Dieses Erleben ist identisch mit einer Erweiterung der personalen Kompetenz (⇨ s. Kap. 2.3.) und diese Kompetenzerweiterung stabilisiert die Persönlichkeit durch ein Mehr an Ich-Identität.

Hinweis:
Die folgenden Übungen können z. B. als Grundlage für die Seminararbeit dienen. Die didaktischen Kommentare sind entsprechend ausgerichtet. Sie können die Übungen aber (zumindest teilweise) auch im Selbst-Management durchführen.

6.2.1. Übung 1: Überzeugungen, Emotionen und Verhalten

Übung: Strategien zum Erreichen von Zielen

1. Denken Sie an ein wichtiges Ziel, das Sie in letzter Zeit beruflich oder privat erreicht haben. Um was handelte es sich? Warum war Ihnen das Erreichen des Ziels so wichtig?

....

....

....

....

2. Beschreiben Sie die Strategie, die Sie angewandt haben, um das Ziel zu erreichen.

....

....

....

....

....

....

3. Besprechen Sie die Ergebnisse mit einer weiteren Person.

Didaktischer Kommentar

◆ **Ziele**

Erkennen des Strukturzusammenhangs von Überzeugungen, Emotionen und Verhalten; Transfer dieser Struktur auf die Zielerreichungsstrategien; Transfer auf die eigenen Lebenswirklichkeit

◆ **Zeit-Bedarf**

Kalkulieren Sie für die Übung insgesamt ca. 60 Minuten; im Seminar sollten davon ca. 30 Minuten im Plenum stattfinden.

◆ **Auswertung**

Folgende Fragen können helfen, das Auswertungsgespräch zu führen:

- ❑ Wie habe ich mich gefühlt, als ich wusste, welches Ziel ich verfolgen will?
- ❑ Was habe ich getan, als ich wusste, welches Ziel ich verfolgen will?
- ❑ Welche Gedanken gingen mir durch den Kopf, als ich mein Ziel kannte?
- ❑ Wie bin ich zu meiner Zielvorstellung gekommen?
- ❑ Welche Arbeits- und Lernstrategien habe ich genutzt, um zu meinem Ziel zu gelangen?
- ❑ Was habe ich getan, als ich auf dem Weg zu meinem Ziel Schwierigkeiten hatte?
- ❑ Welche Schwierigkeiten waren das?
- ❑ Welche Konsequenzen ziehe ich aus den bisherigen Überlegungen und Einsichten für zukünftige Situationen?
- ❑ Wie kann ich diese Konsequenzen in Handeln umsetzen?
- ❑ Welche Probleme könnten dabei auftreten?
- ❑ Wie kann ich mit diesen Problemen umgehen?

Voraussetzung:
Konkretes, positiv formuliertes und attraktives Ziel

⇨⇨ Überzeugung:
„Ich kann das Ziel aus eigenen Kräften erreichen!"

⇨⇨ Emotion:
„Ich fühle mich motiviert."

⇨⇨ Verhalten:
„Ich tue etwas für mein Ziel."

◆ **Information**

Die Lehrer sollen den **Zusammenhang von Überzeugungen, Gefühlen und Verhalten erkennen**. Dieser Zusammenhang ist am Beispiel von Zielerreichungsstrategien leicht nachvollziehbar. *Voraussetzung* für das Erreichen von Zielen ist, dass jemand sein Ziel konkret und positiv formulieren kann. Außerdem muss die Person davon *überzeugt* sein, ihr Ziel auch tatsächlich aus eigenen Kräften erreichen zu können. Diese Überzeugung wirkt sich positiv stimulierend auf die *emotionale* Befindlichkeit der Person aus: Sie ist motiviert, sich für dieses Ziel einzusetzen. Diese Motivation wird sich im *Verhalten* und Handeln dieser Person entsprechend darstellen. Zur Veranschaulichung dieses Zusammenhangs kann die Folie auf Seite 235 herangezogen werden.

6.2.2. Übung 2: Wirkung irrationaler Überzeugungen

Übung: Überzeugungen – Gefühle – Verhalten

Herr Maier bekommt von seinem Schulleiter Herrn Otto das Angebot, in der Schule in Zukunft den Bereich Mediation zu leiten. Herr Otto ist davon überzeugt, dass Herr Maier diese Aufgabe erfüllen wird. Auf das Angebot reagiert Herr Maier so: „Ich kann gut unterrichten, aber ich kann keine Mediationsgespräche führen, weil ich damit keine Erfahrung habe. Die Sache nervt mich und ich möchte mich damit nicht länger beschäftigen."

Überlegen Sie:

- ❑ Welche Überzeugung hat Herr Maier?
- ❑ Wie beurteilen Sie diese Überzeugung?
- ❑ Wie fühlt sich Herr Maier angesichts der neuen Herausforderung?
- ❑ Wie wird er aufgrund seiner Überzeugung und seines Gefühls handeln?
- ❑ Wie würden Sie als Schulleiter auf Herrn Maiers Aussage reagieren?

Didaktischer Kommentar

◆ **Ziele**

Erkennen und verstehen von irrationalen Überzeugungen; Begreifen, welche negativen Wirkungen irrationale Überzeugungen für die personale Entwicklung haben können; erste Einsicht in die mit Überzeugungen verknüpften Gefühle; Transfer auf die eigene Lebenswirklichkeit

◆ **Zeit-Bedarf**

Der Arbeitsblock besteht aus zwei Phasen: Die Lehrer erhalten das voranstehende Handout und bearbeiten es zunächst ca. 10 Minuten lang in Einzelarbeit, dann ca. 20 Minuten lang in Kleingruppen. Anschließend findet eine Auswertung der Gruppenarbeit im Plenum statt; in der Plenumsphase (75 Minuten) sollen den Teilnehmern auch wesentliche Informationen zu „irrationalen Überzeugungen“ vermittelt werden.

◆ **Auswertung**

Folgende Fragen können helfen, das Auswertungsgespräch zu führen:

- ❑ Wie gut konnte ich mich in Herrn Maier hineinversetzen?
- ❑ Wie kann man Herrn Maiers Reaktion erklären?
- ❑ Welche Gedanken gingen mir durch den Kopf, als ich Herrn Maiers Aussage las?
- ❑ Wie vernünftig ist Herrn Maiers Überzeugung, der neuen Aufgabe nicht gewachsen zu sein?
- ❑ Wie hätte Herr Maier auch noch reagieren können?
- ❑ Wie kommt Herr Otto zu seiner Überzeugung, Herr Maier sei der geeignete Mann für die Aufgabe?
- ❑ Wie erkläre ich mir die unterschiedlichen Wahrnehmungspositionen von Herrn Maier und Herrn Otto?
- ❑ Wann habe ich schon einmal ähnlich wie Herr Maier reagiert?
- ❑ Welche Reaktion hat daraufhin mein Gegenüber gezeigt?
- ❑ Wie plausibel erschien mir damals / erscheint mir heute die Reaktion meines Gegenübers von damals?
- ❑ Welche Konsequenzen ziehe ich aus den bisherigen Überlegungen und Einsichten für zukünftige Situationen in meinem Leben?

◆ **Information**

Die Lehrer sollen in einem ersten Zugriff den **Zusammenhang von Überzeugungen, Gefühlen und Verhalten erkennen**. Das Fallbeispiel macht deutlich: Herr Maier nimmt aufgrund einer irrationalen Idee eine berufliche Herausforderung nicht an. Er glaubt, einer neuen Aufgabe nicht gewachsen zu sein, weil er damit noch keine hinreichenden Erfahrungen gemacht hat. **Die irrationale Überzeugung demotiviert ihn, bringt ihm schlechte Gefühle, die letztlich zu passivem Verhalten führen**:

Er kapituliert vor der Aufgabe. Die Möglichkeit, seine **personale Kompetenz** durch die Herausforderung zu erweitern, schlägt er in den Wind, weil die damit verbundene Veränderung ihm so viel Unbehagen bereitet, dass er lieber in den alten Pfaden bleibt (s. Abbildung unten).

Irrationale Überzeugung

„Ich kann nicht, weil ich keine Erfahrung habe."

....
schafft negative Gefühle und blockiert das Handeln

Während der Auswertung der Gruppenarbeit sollte man nach und nach Informationen über die Struktur irrationaler Überzeugungen einfließen und visualisiert werden. Dabei kann man sowohl auf die theoretische Einführung als auch auf die didaktischen Kommentare der Übungen zurückgreifen (vgl. a. Walen, S. R. / DiGiuseppe, R. / Wessler, R. L. 2005).

6.2.3. Übung 3: Irrationale Überzeugung im Bereich Emotion

Übung: Irrationale Ideen

Lehrerin Rosenbauer sagt über sich: „Eigentlich bin ich gar nicht so schlecht, wie es scheint. Aber dafür, dass ich trotzdem so viele Fehler gemacht habe, könnte ich mich ohrfeigen. Dass ich es jetzt nicht schaffe, besser zu sein, obwohl ich es in Wahrheit könnte, zeigt doch nur, dass ich ein absoluter Trottel und völlig wertlos bin. Kein Mensch kann sich auf mich verlassen."

Überlegen Sie zunächst allein, dann in Ihrer Arbeitsgruppe:

- ❑ Worin sieht Frau Rosenbauer ihr Problem?
- ❑ Wie reagiert Frau Rosenbauer auf ihr Problem?
- ❑ Welche Folgen hat Frau Rosenbauers irrationale Einschätzung für sie selbst?
- ❑ Welche Folgen hat diese Einschätzung für Frau Rosenbauers Selbstwertgefühl?
- ❑ Wie beurteilen Sie Frau Rosenbauers Verhalten?

- ❑ Welche Parallelen erkennen Sie mit eigenem Verhalten?

Didaktischer Kommentar

◆ Ziele

Wahrnehmen von Kompetenzbeschränkungen durch irrationale Überzeugungen; Wissen um die Folgen für die personale, soziale und Handlungskompetenz; Erkennen irrationaler Überzeugungen; Analysieren irrationaler Ideen; Erkennen des Strukturzusammenhangs von Überzeugungen, Emotionen und Verhalten; Erleben der Bedeutung des Selbstwertgefühls; Transfer zu persönlichen Erfahrungen; Beschreiben und Reflektieren von Reaktionen auf das eigene Selbstbild; Erkennen des Nutzens der eigenen Verhaltensmuster

◆ Zeit-Bedarf

Die Arbeit allein und anschließend in Gruppen sollte zusammen ca. 45 Minuten dauern, für die Plenumsphase stehen noch einmal 45 Minuten zur Verfügung.

◆ Auswertung

Folgende Fragen können helfen, das Auswertungsgespräch zu führen:

- ❑ Welche irrationale Idee hat die Person in dem Beispiel?
- ❑ Was ist an der Idee irrational?
- ❑ Welche Bedürfnisse versucht die Person, mit der irrationalen Überzeugung zu befriedigen?
- ❑ Wie bedeutsam sind diese Bedürfnisse?
- ❑ Welche gefühlsmäßigen Folgen hat es für die Person, diese irrationale Überzeugung zu haben?
- ❑ Welche Handlungen vollzieht die Person?
- ❑ Aus welchen Gründen handelt die Person so, wie sie es tut?
- ❑ Welche Folgen haben die Gefühle und das Verhalten der Person für deren beruflichen und privaten Alltag?
- ❑ Welche Auswirkungen hat die irrationale Idee damit für die personale, soziale Kompetenz und für die Handlungskompetenz der Person?
- ❑ Wann habe ich schon einmal die hier angesprochene irrrationale Idee gehabt?
- ❑ Welchen Nutzen habe ich mir von der irrationalen Idee versprochen?

- ❑ Welche Auswirkungen hat das auf mich gehabt?
- ❑ Wie haben andere Menschen auf mein damaliges Verhalten reagiert?
- ❑ Wie gut habe ich das Verhalten der anderen Menschen damals verstanden?
- ❑ Welche Konsequenzen ziehe ich aus den bisherigen Überlegungen und Einsichten?

◆ **Information**

Die Lehrer sollen die im Beispiel dargestellte irrationale Idee besonders auf ihren emotionalen Anteil hin untersuchen. Dabei wird deutlich: Die Person hat ein Problem mit ihrem Selbstwertgefühl. Sie glaubt, dass sie weniger leiste, als sie tatsächlich leisten könne. **Fehler, die sie macht, interpretiert die Person, als Versagen. Dieses Versagen bereitet ihr ein unangenehmes Gefühl der Minderwertigkeit.** Sie empfindet sich als jemanden, auf den man sich nicht verlassen kann, weil sie ihre Fehler als Hinweis für ihre Unfähigkeit und Wertlosigkeit nimmt.

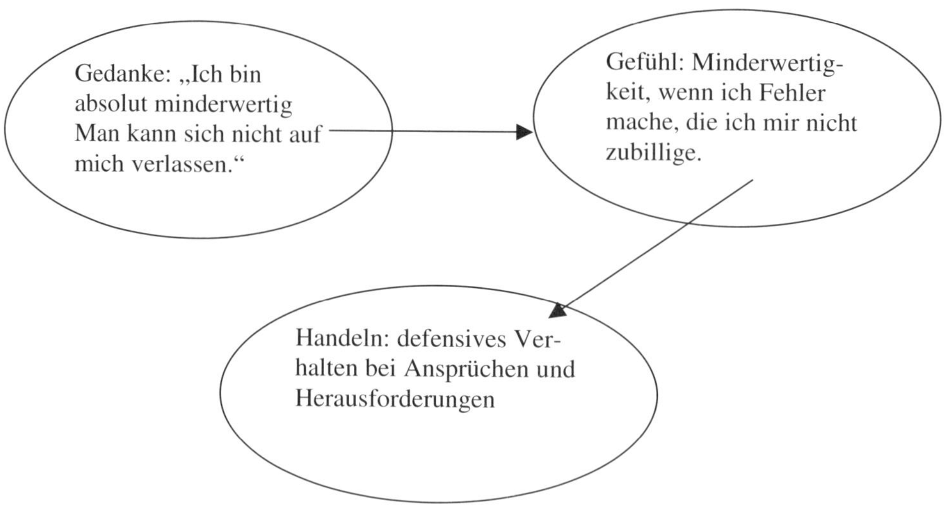

Die Beschreibung des Sachverhalts führt zu einem **Zusammenwirken von Überzeugungen, Gefühlen und Verhalten**: Die irrationale Idee, man sei minderwertig, zieht ein entsprechendes Gefühl nach sich: Ich fühle mich wertlos, wenn ich mir vorstelle, dass ich mehr Fehler mache, als andere und als ich mir selbst zubillige. Aus dieser Einschätzung resultiert für den betreffenden Menschen ein eher defensives Verhaltensmuster: Er zieht sich zurück, weicht Erwartungen und Anforderungen aus und erlebt Aufgaben nicht als Herausforderungen. So erfüllt dieser Mensch eben die Prophezeiung, die er selbst über sich abgegeben hat (s. Abb. S. 236).

Welche **Konsequenzen** hat diese Struktur für die verschiedenen Kompetenzebenen? Die **personale Kompetenz** eines Menschen wird indirekt eingegrenzt durch die irrationale Idee, minderwertig zu sein. Dies gilt vor allem dann, wenn sich diese Überzeugung darauf gründet, Fehler zu machen. Alle Menschen machen Fehler; Fehler sind eine Rückmeldung, aber grundsätzlich keine Aussage über die Fähigkeit oder Unfähigkeit einer Person. Insofern ist es unberechtigt, das Selbstwertgefühl davon abhängig zu machen, ob jemand an ihn gestellte Aufgaben fehlerhaft oder auch fehlerlos bewältigt. **Unterlaufene Fehler sind vielmehr Hinweise darauf, inwieweit Fähigkeiten und Fertigkeiten in Bezug auf die gestellte Aufgabe hinreichend entwickelt sind.**

Konsequenzen für die soziale Kompetenz ergeben sind dann, wenn man Fehler, die man macht, als Aussage über die eigene Unzuverlässigkeit interpretiert. Jeder Fehler wird so zum Indiz dafür, nicht verlässlich zu sein. Dies führt zu Entmutigung bis hin zur Depression; manche Menschen entwickeln aber auch Strategien, um diesen Folgen zu entgehen. Sie sind nicht fähig, Fehler zuzugeben, verschleiern ihre Handlungen und versagen dadurch oft tatsächlich in Bezug auf die Aufgaben, die sie bewältigen müssen.

Auf der Ebene der **Handlungs- und Aktionskompetenz** führt dies zu weitreichenden **Einbrüchen im Leistungsverhalten dieser Person**. Im Extremfall werden diese Menschen passiv, ziehen sich zurück, nehmen Aufgaben nicht mehr wahr und erleben sie nicht mehr als berechtigte Ansprüche und Herausforderungen. Dies wiederum bestärkt sie in der Annahme, tatsächlich nicht den Anforderungen zu genügen. Dies erscheint als Super-Fehler, der das Gefühl der Minderwertigkeit verfestigt und das Selbstbild entsprechend negativ färbt (⇨ vgl. insgesamt zu diesem und den folgenden Abschnitten Kap. 2.2.; Heyse / Erpenbeck 2004a; 2004b).

Ein Auswertungsgespräch sollte vor allem Wert darauf legen, die Erkenntnisse aus dem vorgelegten Beispiel auf die persönlichen Lebens- und Berufspraxis der Referendare zu übertragen. Dabei muss die Rolle des Selbstbildes und des Selbstwertgefühls in solchen Situationen beachtet werden, in denen sich die Teilnehmer selbst einmal wertlos oder minderwertig gefühlt haben. Mit Hilfe der folgenden Übung können die Lehrer dann prüfen, welche Gedanken und Verhaltensweisen mit dem Gefühl der Wertlosigkeit oder Minderwertigkeit verbunden waren.

Übung: Selbstwertgefühl

1. Schritt
   Entspannen Sie sich, schließen Sie die Augen und atmen Sie ruhig ein und aus.

2. Stellen Sie sich eine Situation in Ihrem Leben vor, in der Sie sich minderwertig oder wertlos gefühlt haben. Gehen Sie in die Situation hinein und beantworten Sie dann im Geiste die folgenden Fragen:
   - Was sehen Sie, was hören Sie, was fühlen Sie?
   - Wie intensiv ist dieses Gefühl?
   - Welchen Gedanken gehen Ihnen jetzt durch den Kopf?
   - Welche dieser Gedanken sind irrational?
   - Welche Gedanken halten Sie für vernünftig?
   - Wie verhalten Sie sich in der Situation?

3. Kommen Sie aus der Situation heraus! Schauen Sie kurz auf Ihre Uhr. Wie spät ist es?

4. Schließen Sie wieder Ihre Augen. Entspannen Sie sich, atmen Sie langsam ein und aus. Setzen Sie sich in Ihrer Vorstellung in Ihr Lieblingskino – in die zehnte Reihe. Schauen Sie auf die Leinwand. Dort beginnt jetzt der Film von dem Ereignis zu laufen, in dem Sie sich wertlos oder minderwertig gefühlt haben. Sie sind der Hauptdarsteller in diesem Film. Behalten Sie Abstand zu der Leinwand und beantworten Sie jetzt im Geiste die folgenden Fragen:
   - Wie sehen Sie sich?
   - Wie fühlen Sie sich jetzt in der Beobachterrolle?
   - Welche Gedanken machen Sie sich jetzt über die Situation, die der Film darstellt?

- Welche Gedanken machen Sie sich jetzt über das Verhalten der Person auf der Leinwand?

5. Kommen Sie in das Hier und Jetzt zurück. Öffnen Sie die Augen. Schauen Sie sich im Raum um.

6. Schreiben Sie die Gedanken auf, die Sie in Schritt 2 und in Schritt 4 der Übung hatten.

Gedanken aus			
Schritt 2		**Schritt 4**	
Irrationale	Rationale	Über die Situation	Über das Verhalten

7. Besprechen Sie Ihre Ergebnisse aus Schritt 6 ggf. im Plenum.

6.2.4.Übung 4: Irrationale Überzeugung im Bereich Kognition

Übung: Irrationale Idee – Kompetenzbeschränkung

Nehmen Sie an, ein Kollege teilt Ihnen dieses mit: „Ich wünsche mir, von möglichst vielen Menschen geliebt zu werden, auch von meinen Schülerinnen und Schülern, aber insbesondere von den Menschen, die mir besonders nahe stehen. Um dies zu erreichen, strenge ich mich intellektuell sehr an und versuche, stets gute Leistungen zu erbringen. Wenn ich auch nur einmal schlechte Ergebnisse abliefere, werden mich die Menschen nämlich nicht mehr lieben, sie werden sich von mir abwenden und mich für mein Versagen verachten. Und dies ist für mich eine ganz entsetzliche Vorstellung. Ich darf einfach nicht versagen; das kann man nicht mehr gutmachen."

Überlegen Sie zuerst allein, dann in der Gruppe:
- ❑ Was ist das Ziel dieses Menschen?
- ❑ Wie möchte er es erreichen?
- ❑ Welche Folgen hat diese irrationale Einstellung für diesen Menschen?
- ❑ Welche Gedanken verbindet er mit dieser Überzeugung?
- ❑ Welche Folgen haben diese Gedanken für diesen Menschen?

Didaktischer Kommentar

◆ Ziele

Wahrnehmen von Kompetenzbeschränkungen durch irrationale Überzeugungen; Wissen um die Folgen für die personale, soziale und Handlungskompetenz; Kennenlernen von irrationalen Überzeugungen; Analysieren von irrationalen Ideen; Erkennen des Strukturzusammenhangs von Überzeugungen, Emotionen und Verhalten; Erleben der Bedeutung von persönlicher Zuwendung; Transfer zu persönlichen Erfahrungen; Beschreiben und Reflektieren von Reaktionen auf das persönliche Verhalten; Erkennen des Nutzens der eigenen Verhaltensmuster

◆ Zeit-Bedarf

Die Arbeit allein und in Gruppen sollte insgesamt ca. 45 Minuten dauern, für die Plenumsphase stehen noch einmal 45 Minuten zur Verfügung.

◆ Auswertung

Folgende Fragen können helfen, das Auswertungsgespräch zu führen:
- ❑ Welche irrationale Idee hat die Person in dem Beispiel?
- ❑ Was ist an der Idee irrational?
- ❑ Welche Bedürfnisse versucht die Person mit der irrationalen Überzeugung zu decken?
- ❑ Wie bedeutsam sind diese Bedürfnisse?

- ❑ Welche gefühlsmäßigen Folgen hat es für die Person, diese irrationale Überzeugung zu haben?
- ❑ Welche Handlungen vollzieht die Person?
- ❑ Aus welchen Gründen handelt die Person so, wie sie es tut?
- ❑ Welche Folgen haben die Gefühle und das Verhalten der Person für deren beruflichen und privaten Alltag?
- ❑ Welche Auswirkungen hat die irrationale Idee damit für die personale, die soziale Kompetenz und für die Handlungskompetenz der Person?
- ❑ Wann habe ich schon einmal die hier angesprochene irrrationale Idee gehabt?
- ❑ Welchen Nutzen habe ich mir von der irrationalen Idee versprochen?
- ❑ Welche Auswirkungen hat das auf mich gehabt?
- ❑ Wie haben andere Menschen auf mein damaliges Verhalten reagiert?
- ❑ Wie gut habe ich das Verhalten der anderen Menschen damals verstanden oder verstehe ich es heute?
- ❑ Welche Konsequenzen ziehe ich aus den bisherigen Überlegungen?
- ❑ Wie kann ich die Konsequenzen in mein Handeln integrieren?
- ❑ Wie kann ich verhindern, von dieser irrationalen Idee bestimmt zu werden?

◆ **Information**

Die Lehrer sollen die im Beispiel dargestellte irrationale Idee besonders auf ihren kognitiven Anteil hin untersuchen. Dabei wird deutlich: Die Person möchte von möglichst vielen Menschen geliebt werden, besonders von denen, denen sie besonders nahe steht. **Die Überzeugung geht dahin, von diesen Menschen geliebt werden zu müssen, andernfalls wird dies als katastrophal erlebt.** Die Person tut einiges, um der angenommenen Katastrophe zu entkommen: Sie bemüht sich, stets gute Leistungen zu erbringen und darüber die Zuwendung anderer Menschen zu erlangen (s. Abb. auf S. 246).

Die Beschreibung des Sachverhalts führt zu der Einsicht eines **Zusammenwirkens von Überzeugungen, Gefühlen und Verhalten**: Die irrationale Idee, man müsse von möglichst vielen Menschen geliebt werden, zieht ein unvorteilhaftes Gefühl nach sich: Man fühlt sich schlecht, wenn man sich vorstellt, nicht von möglichst vielen Menschen geliebt zu werden. Infolge dessen bemüht man sich, die Zuwendung zu bekommen, verhält sich also so, wie man glaubt, sich verhalten zu müssen, um dem unangenehmen Gefühl zu entkommen.

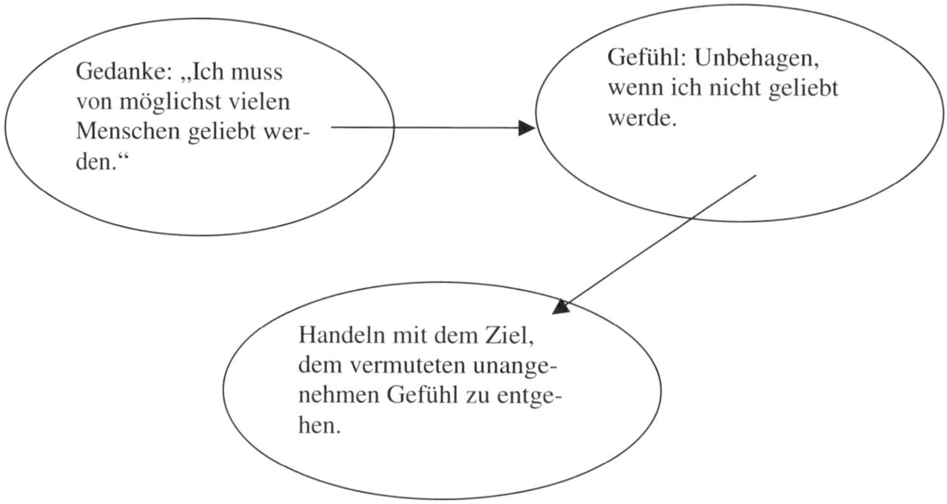

Welche **Konsequenzen** hat diese Struktur für die verschiedenen Kompetenzebenen? Die **personale Kompetenz** eines Menschen wird indirekt **eingegrenzt** durch die irrationale Idee, von möglichst vielen Menschen geliebt zu werden. Vor allem dann, wenn die Befürchtung real wird, eben nicht in dem gewünschten Maße beachtet zu werden. In dem Augenblick erlebt die betreffende Person deutlich eine Abhängigkeit von der sozialen Zuwendung bestimmter anderer Menschen, die sie vermeintlich nur dann bekommt, wenn sie dem selbst gestellten Leistungsanspruch genügt.

Dies wiederum berührt die **soziale Kompetenz**, die sich scheinbar nur noch dadurch erweitern lässt, indem noch mehr Leistung erbracht wird. Leistungsansprüche kann man aber naturgemäß nur bis zu gewissen Grenzen erfüllen, danach erlebt ein Mensch nur noch eine permanente Überforderung. Dies wiederum führt zu **Stresssymptomen** und ist mit Angst besetzt, was zu Fehlleistungen beiträgt, die dann genau zu dem führen, was die Person befürchtet. Daraufhin wird sie sich noch mehr anstrengen, sich also noch mehr überfordern und immer mehr das Gefühl bekommen, den eigenen Erwartungen nicht gerecht zu werden.

Auf der Ebene der **Handlungs- und Aktionskompetenz** führt dies zu Einbrüchen im Leistungsverhalten dieser Person. Im Extremfall ist ihr gesamtes Bemühen darauf ausgerichtet, nur noch Leistungen zu erbringen, um damit soziale Anerkennung zu erlangen. Allerdings mit der Einschränkung, dies niemals in ausreichendem Maße zu erreichen, weil die zwangsläufig auftretende soziale Ablehnung zu selbst gestellten Leistungsansprüchen führt, die ab einem bestimmten Zeitpunkt nicht mehr erfüllt werden können. Der Handlungs- und Aktionsspielraum wird so für andere Bereiche des Lebens, vor allem den privaten Bereich, mehr und mehr **eingeschränkt und belastet**; denn der betreffende Mensch wird fast seine gesamte Energie darauf verwenden, das irrationale Ziel zu erreichen (⇨ vgl. Kap. 2.2.).

6.2.5. Übung 5: Irrationale Überzeugung im Bereich Verhalten

Übung: Irrationale Idee – Handlung und Verhalten

Kollege Rudolph sagt: „Eigentlich arbeite ich ja ganz gern. Aber die Aufgaben, die man mir stellt, zum Beispiel das Korrigieren von Klassenarbeiten, kriege ich doch meistens erst auf den letzten Drücker erledigt. Bei meinen Unterrichtsreihen sieht das nicht besser aus. Immer die gleiche Situation: Dann wird es immer ganz besonders hektisch. Ich neige dann dazu, die Brocken am liebsten hinzuwerfen. Aber der Druck der Situation zwingt mich dazu, am Ball zu bleiben. Ich kriege dann immer Angst und mache mir Vorstellungen davon, wie es ist, wenn ich zum Beispiel mit dem Korrigieren doch nicht rechtzeitig fertig würde. Diese Vorstellungen sind immer ganz schrecklich; ich stelle mir dann zum Beispiel vor, wie die Schüler ständig nach den Arbeiten fragen, vielleicht zum Schulleiter gehen und der mich dann runtermacht. Die Kollegen werden dann wahrscheinlich auch noch davon erfahren. Dann fühle ich mir immer ganz mies."

Überlegen Sie zunächst allein, dann in Gruppen:

- ❑ Worin liegt das Problem von Herrn Rudolph?
- ❑ Wie reagiert er auf sein Problem?
- ❑ Worin besteht sein irrationales Denken?
- ❑ Welche (kurz-, mittel- und langfristigen) Folgen hat seine irrationale Einschätzung für ihn selbst?
- ❑ Welche Folgen hat diese Einschätzung für das Selbstwertgefühl dieses Menschen?

- ❑ Welche Folgen hat Herrn Rudolphs Denken für seine Umgebung?

Didaktischer Kommentar

◆ Ziele

Wahrnehmen von Kompetenzbeschränkungen durch irrationale Überzeugungen; Erkennen von mangelnder Fach- und Methodenkompetenz als Ursache für das Aufschiebeverhalten; Wissen um die Folgen für die personale, soziale und Handlungskompetenz; Kennenlernen von irrationalen Überzeugungen; Analysieren von irrationalen Ideen; Erkennen des Strukturzusammenhangs von Überzeugungen, Emotionen und Verhalten; Erleben der Bedeutung des Selbstwertgefühls und von Frustrationstoleranz; Transfer zu persönlichen Erfahrungen; Beschreiben und Reflektieren von Reaktionen auf das eigene Selbstbild; Erkennen des Nutzens der eigenen Verhaltensmuster

◆ Zeit-Bedarf

Die Arbeit allein und in Gruppen sollte ca. 45 Minuten dauern, für die Plenumsphase stehen noch einmal 45 Minuten zur Verfügung.

◆ Auswertung

Folgende Fragen können helfen, das Auswertungsgespräch zu führen:

- ❑ Welche irrationalen Ideen hat die Person in dem Beispiel?
- ❑ Was ist an den Ideen irrational?
- ❑ Welche Bedürfnisse versucht die Person, mit der irrationalen Überzeugung zu befriedigen?
- ❑ Wie bedeutsam sind diese Bedürfnisse?
- ❑ Wie bewertet die Person die Situation, in der sie sich befindet?
- ❑ Wie angemessen ist diese Bewertung?
- ❑ Welche Bedeutung hätte für die Person eine Vermehrung der Fach- und Methodenkompetenz?
- ❑ Welche gefühlsmäßigen Folgen hat es für die Person, diese irrationale Überzeugung zu haben?
- ❑ Welche Handlungen vollzieht die Person?
- ❑ Aus welchen möglichen Gründen handelt die Person so, wie sie es tut?

- ❑ Welche Folgen haben die Gefühle und das Verhalten der Person für deren beruflichen und privaten Alltag?
- ❑ Welche Auswirkungen hat die irrationale Idee damit für die personale, die sozialkommunikative Kompetenz und für die Handlungskompetenz der Person?
- ❑ Welche Auswirkungen hat die Situation auf das Selbstbild der Person?
- ❑ Welche Auswirkungen hat das irrationale Denken der Person auf ihre Leistungsbereitschaft und die Effizienz ihrer Arbeit?
- ❑ Wann habe ich schon einmal so gehandelt wie die Person in dem Beispiel?
- ❑ Wann habe ich schon einmal die hier angesprochene irrrationale Idee gehabt?
- ❑ Welchen Nutzen habe ich mir von der irrationalen Idee versprochen?
- ❑ Welche Auswirkungen hat mein irrationales Denken auf mich gehabt?
- ❑ Wie haben andere Menschen auf mein damaliges Verhalten reagiert?
- ❑ Wie gut habe ich das Verhalten der anderen Menschen damals verstanden oder verstehe ich es heute?
- ❑ Welche Konsequenzen ziehe ich aus den bisherigen Überlegungen und Einsichten?
- ❑ Wie reagiere ich bisher, wie möchte ich in Zukunft auf Menschen reagieren, die von der angesprochenen irrationalen Idee bestimmt sind?
- ❑ Wie beurteile ich mein bisheriges Verhalten in diesem Punkt?
- ❑ Was möchte ich ändern?
- ❑ Welche Strategien habe ich für eine solche Änderung?

◆ Information

Die Lehrer sollen die im Beispiel dargestellte irrationale Idee besonders auf ihren Handlungs- und Verhaltensanteil hin untersuchen. Dabei wird deutlich: Die Person im Beispiel arbeitet nicht effizient; ihr fehlt offenbar eine klare Vorstellung von den Arbeitsvorgängen, die sie bewältigen soll. **Ein mangelhaftes Zeit-, Planungs- und Entscheidungsmanagement führen zu einem Aufschiebeverhalten**, das die Person am Ende des Arbeitsprozesses unter starken Druck bringt. In dieser Phase **katastrophisiert die Person**; sie empfindet Angst; sie ist besorgt, das Arbeitsziel zu verfehlen oder gar in einer anderen Klassenstufe eingesetzt zu werden. Dabei **sinkt** zugleich **das Selbstwertgefühl** der Person stark ab; sie glaubt irrational, im Vergleich zu anderen Menschen minderwertig zu sein.

Die Beschreibung des Sachverhalts führt zu der Einsicht eines Wechselspiels von Überzeugungen, Gefühlen und Verhalten: Das irrationale Verhalten, die Situation bis in eine vermeintlich katastrophale Zukunft weiterzudenken, führt zu erheblichen Konsequenzen im Bereich der Emotionen und auf der Überzeugungsebene. Die Person bekommt **Angst** in einem Ausmaß, das der Situation nicht mehr gerecht wird. Darüber hinaus glaubt sie, den Arbeitsanforderungen nicht gewachsen zu sein. Diese Erfahrung der **Überforderung** führt zu einem Aufschiebeverhalten (vgl. dazu die folgende Abbildung).

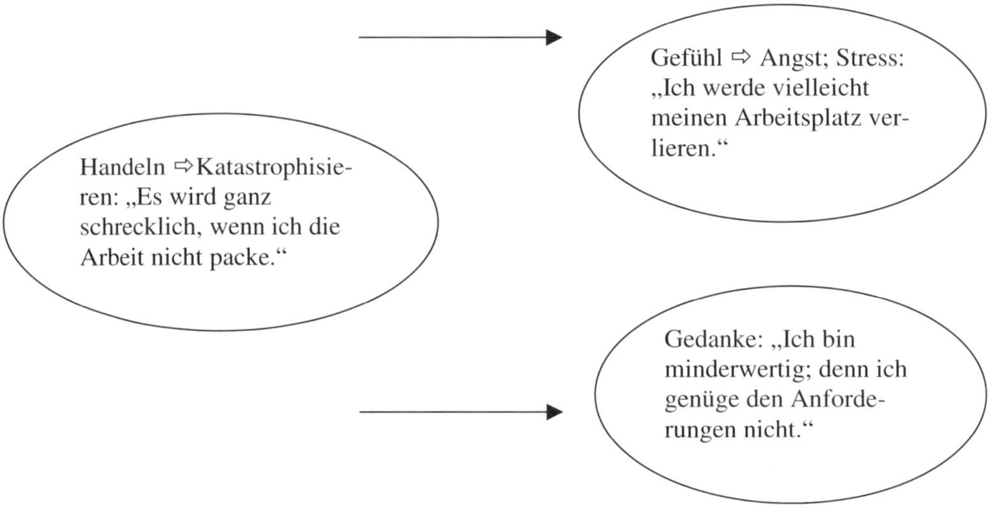

Welche **Konsequenzen** hat diese Struktur für die verschiedenen Kompetenzebenen? Die **personale Kompetenz** eines Menschen wird indirekt **eingegrenzt** durch die irrationale Idee, minderwertig zu sein und den Anforderungen am Arbeitsplatz nicht mehr angemessen genügen zu können. **Das Selbstbild wird beschädigt**; Vorstellungen über eigene beruflichen Ziele werden relativiert, da man generalisierend annimmt, dass man auch anderen Anforderungen als den aktuell belastenden nicht gewachsen ist.

Konsequenzen für die **soziale Kompetenz** ergeben sind dann, wenn diese Person aufgrund ihrer Einschätzung und Bewertung der Arbeitssituation die Kommunikation mit anderen Menschen meidet, weil sie befürchtet, wegen ihrer mangelnden Fach- und Methodenkompetenz bloßgestellt zu werden. Der **Rückzug** ins Private ist ebenso vorprogrammiert wie die damit einhergehende Isolation. Dies kann mittelfristig zu erheblichen **psychischen Problemen** führen, da die Person im beruflichen Alltag beständig ein Bild von sich produzieren muss, das der Wahrheit nicht entspricht.

Auf der Ebene der **Handlungs- und Aktionskompetenz** führt dies zu weitreichenden Einbrüchen im Leistungsverhalten dieser Person. Im Extremfall werden diese Menschen passiv, ziehen sich zurück, nehmen Aufgaben nicht mehr wahr und erleben die an sie gestellten Erwartungen nicht mehr als berechtigte Ansprüche und Herausforderungen. Dies wiederum bestärkt sie in der Annahme, den Anforderungen tatsächlich nicht zu genügen. Die ohnehin nur niedrige **Frustrationstoleranz nimmt** noch mehr **ab**, so dass diese Menschen irgendwann nicht einmal mehr den geringsten Ansprüchen gewachsen sind. Der Druck auf die Person wird mehr und mehr wachsen, was ihr **Selbstwertgefühl** nach und nach so weit **beschädigt**, dass sie sich weiter zurückzieht und am Ende sogar depressiv werden kann.

Das Auswertungsgespräch sollte vor allem Wert darauf legen, die Erkenntnisse aus dem vorgelegten Beispiel auf die persönlichen Lebens- und Berufspraxis der Lehrer zu übertragen. Dabei können die Teilnehmer berichten, in welchen Lebens- und Arbeitssituationen sie bereits einmal Aufschiebeverhalten gezeigt haben (z. B. Studium); man kann mit der Gruppe überlegen, wann einzelne Gruppenmitglieder schon früher Aufschiebeverhalten gezeigt und / oder sich den beruflichen Anforderungen nicht gewachsen gefühlt haben. Auf der Grundlage der Erfahrungen der Lehrer muss dann ein Transfer auf die vier Kompetenzebenen geleistet werden, indem ein Moderator die Konsequenzen erarbeiten lässt, die sich für die einzelnen Bereiche aus dem besprochenen irrationalen Verhalten ergeben (⇨ vgl. Kap. 2.2.).

Ergänzend könnte bei einer Seminararbeit ein Moderator mit den Teilnehmern die folgende Übung durchführen. Diese dient dazu, die Frustrationstoleranz der Teilnehmer auf die Probe zu stellen.

Übung: Frustrationstoleranz

1. Schritt
   Jeder Teilnehmer erhält eine Karteikarte DIN A 6.

2. Die Teilnehmer stellen sich eine Situation in Ihrem Leben vor, in der sie sich frustriert oder wertlos gefühlt haben. „Gehen Sie in die Situation hinein und beantworten Sie dann im Geiste die folgenden Fragen."
   - Was sehen Sie?
   - Was hören Sie?
   - Wo in Ihrem Körper fühlen Sie, wie es ist, minderwertig oder wertlos zu sein?
   - Wie intensiv ist dieses Gefühl?
   - Welche Gedanken gehen Ihnen jetzt durch den Kopf?
   - Welche dieser Gedanken sind irrational?
   - Welche Gedanken halten Sie für vernünftig?
   - Wie verhalten Sie sich in der Situation?

3. Die Lehrer kommen aus der Situation heraus und schauen kurz auf die Uhr.

4. Die Teilnehmer schreiben jetzt bis zu 3 Gedanken auf, die ihnen in der Vorstellungsübung wichtig geworden sind:

Wichtige Ideen, die mir in der Übung gekommen sind
1.
2.
3.

5. Der Moderator sammelt alle Karteikarten ein, zerreißt sie nacheinander vor den Augen der Teilnehmer, ohne sie zu lesen.

6. Die Gruppe bildet Paare. Die Partner erhalten folgende Aufgabe: „Besprechen Sie miteinander das frustrierende Verhalten des Moderators. Sie haben 10 Minuten Zeit dafür."

7. Anschließend werden die Erfahrungen im Plenum ausgewertet. Dabei können Überlegungen angebahnt werden, wie man seine Frustrationstoleranz steigern kann.

7.

Literatur

„Die Entwicklung
und Optimierung
von Lehrstrategien hat –
im Gegensatz zu anderen
Sozialwissenschaften –
konstruktiven Charakter."
(Felix von Cube)

Adorno, T. W. (1981): Erziehung zur Mündigkeit. 7. Aufl. Frankfurt
Aufenanger, S. (2005): Medienpädagogik. Stuttgart
Baacke, D. (2001): Die 6- bis 12jährigen. Einführung in Probleme des Jugendalters. 4. Aufl. Weinheim
Baacke, D. (2003): Die 13- bis 18jährigen. Einführung in Probleme des Jugendalters. 6. Aufl. Weinheim
Baacke, D. (2004): Jugend und Jugendkulturen. Darstellung und Bedeutung. Weinheim / München
Bachmair, S. (2002): Beraten will gelernt sein. 5. Aufl. München
Bachmann, W. (1999): Das Neue Lernen. 4. Aufl. Paderborn
Baumgart, F. (2001a): Erziehungs- und Bildungstheorien. 2. Aufl. Bad Heilbrunn
Baumgart, F. (2001b): Lern- und Entwicklungstheorien. 2. Aufl. Bad Heilbrunn
Baumgart, F. (2004): Theorien der Sozialisation. 3. Aufl. Bad Heilbrunn
Baumgart, F. (2005): Theorien des Unterrichts. Bad Heilbrunn
Betz, D. / Breuniger, H. (1998): Teufelskreis Lernstörungen. 5. Aufl. München
Blankertz, H. (2000): Theorien und Modelle der Didaktik. 14. Aufl. München
Bloom, B. S. / Krathwohl, D. R. (1956). Taxonomy of Educational Objectives. New York
Bosse, D. (2004): Unterricht, der Schülerinnen und Schüler herausfordert. Bad Heilbrunn
Bovet, S. / Frommer, H. (2004): Praxis Lehrerberatung – Lehrerbeurteilung. 3. Aufl. Baltmannsweiler
Bovet, S. / Huwendiek (2004) (Hrsg.): Leitfaden Schulpraxis. 4. Aufl. Berlin
Braunmühl, E. (1990): Zur Vernunft kommen. Eine Anti-Psychopädagogik. Weinheim
Brezinka, W. (1997): Aufklärung über Erziehungstheorien. München / Basel
Brezinka, W. (1999): Erziehung in einer wertunsicheren Gesellschaft. München / Basel
Brezinka, W. (1999a): Erziehungsziele, Erziehungsmittel, Erziehungserfolg. Beiträge zu einem System der Erziehungswissenschaft. 3. Aufl. München / Basel
Brezinka, W. (1999b): Grundbegriffe der Erziehungswissenschaft. 5. Aufl. München
Brezinka, W. (1999c): Metatheorie der Erziehung. 4. Aufl. München / Basel
Caswell, C. / Neill, S. (2004): Körpersprache im Unterricht. Münster
Cohn, R. (2004): Von der Psychoanalyse zur themenzentrierten Interaktion. 15. Aufl. Stuttgart
Cube, F. V. (2002): Die kybernetisch-informationstheoretische Didaktik. In: Gudjons / Winkel: Didaktische Theorien. 11. Aufl. Hamburg. 57-76
Cube, F. v. (2005): Führen durch Fordern. München 2005
Danner, H. (2005): Methoden geisteswissenschaftlicher Pädagogik. München
Decker, F. (1999): Die neuen Methoden des Lernens. 2. Aufl. Lichtenau / München
Derbolav, J. (1982): Pädagogik und Politik. eine systematisch-kritische Analyse ihrer Beziehungen. Stuttgart
Derbolav, J. (1987): Grundriß einer Gesamtpädagogik. Frankfurt/M.
DeShazer, S. (2003): Wege der erfolgreichen Kurztherapie. 7. Aufl. Stuttgart
DeShazer, S. (2004): Der Dreh. Überraschende Wendungen in der Kurzzeittherapie. Heidelberg
Dohnke, H. (2002): Lernziele. www.learn-line.nrw.de/angebote/
Dilthey, W. (1960): Pädagogik, Geschichte und Grundlinien des Systems. Ges. Schriften Bd. IX. 2. Aufl. Göttingen
Emer, W. / Lenzen, K.-D. (2005): Basiswissen Pädagogik. Projektunterricht gestalten – Schule verändern. Baltmannsweiler
Ellis, A. / Schwartz, D. / Jacobi, P. (2004): Coach dich! Rationales Effektivitäts-Training zur Überwindung emotionaler Blockaden. Würzburg
Erpenbeck, J. / Rosenstiel, L. v. (2003): Handbuch Kompetenzmessung. Stuttgart
Flitner, A. / Scheuerl, H. (Hrsg.) (2005): Einführung in pädagogisches Sehen und Denken. Weinheim
Frederking, V. / Heller, H. / Scheunpflug, A. (2005): Nach PISA. Wiesbaden
Frey, K. (2005): Die Projektmethode. Weinheim / Basel
Gieth, H.-J. v. d. (2004): Lernzirkel – Die neue Form des Unterrichts. Kempen
Gordon, T. (1989): Lehrer-Schüler-Konferenz. Wie man Konflikte in der Schule löst. München
Gordon, T. (2002): Die neue Beziehungskonferenz. Effektive Konfliktbewältigung in Familie und Beruf. München
Grell, J. (2001): Techniken des Lehrerverhaltens. 15. Aufl. Weinheim / Basel
Grewe, N. / Wichterich, H. (2005): Handbuch Beratungslehrer in der Praxis. Neuwied / Frankfurt/M.
Grunder, H.-U. / Bohl, T. (2004): Neue Formen der Leistungsbeurteilung in den Sekundarstufen I und II. 2. Aufl. Baltmannsweiler
Gudjons, H. (2003a): Handbuch Gruppenunterricht. 2. Aufl. Weinheim
Gudjons, H. (2003b): Pädagogisches Grundwissen. 8. Aufl. Bad Heilbrunn
Gudjons, H. / Winkel, R. (Hg.) (2002): Didaktische Theorien. 11. Aufl. Hamburg
Gutheil, G. / Mügge, N. (2000): Lernort neue Medien. Baltmannsweiler
Habermas, J. (2003): Erkenntnis und Interesse. Frankfurt / M.
Heidemann, R. (2002): Körpersprache im Unterricht. Wiebelsheim

Heimann, P. / Otto, G. / Schulz, W. (1969): Unterricht – Analyse und Planung. Hannover
Hentig, H. v. (2003). Die Schule neu denken. Eine Übung in praktischer Vernunft. Weinheim
Heyse, V. / Erpenbeck, J. (2004a): Kompetenzen erkennen, bilanzieren und entwickeln. Münster
Heyse, V. / Erpenbeck, J. (2004b): Kompetenztraining. Stuttgart
Homberger, D. (2005): Lexikon Schulpraxis. 2. Aufl. Baltmannsweiler
Homberger, D. (o. J.): Übungen zu den seminarübergreifenden Themen. Unveröffentlichtes Manuskript. Dortmund
Horkheimer, M. (1981): Gesellschaft im Übergang. 2. Aufl. Frankfurt/M.
Horkheimer, M. (1992): Traditionelle und kritische Theorie. Vier Aufsätze. Frankfurt/M.
Horkheimer, M. / Adorno, T. W. (2003): Dialektik der Aufklärung. Frankfurt/M.
Huber, A. (2004) (Hrsg.): Kooperatives Lernen – kein Problem. Leipzig u.a.
Hurrelmann, K. (2002): Einführung in die Sozialisationstheorie. 8. Aufl. Weinheim / Basel
Hurrelmann, K. (2004): Lebensphase Jugend. 7. Aufl. Weinheim / München
Huschke-Rhein, R. (2003): Einführung in die systemische und konstruktivistische Pädagogik. München u. a.
ILK = Institut für selbstorganisiertes Lernen und multimediale Kommunikation e. V. (1999): Materialien „Train-the-Trainer-Seminar". Berlin
Jank, W. / Meyer, H. (2002): Didaktische Modelle. 6. Aufl. Berlin
Johnson, D. W. / Johnson, R. T. / Holubec, E. J. (2005): Kooperatives Lernen – Kooperative Schule. Mülheim
Jürgens, E. (2002): Leistung und Beurteilung in der Schule. 5. Aufl. St. Augustin
Jugendwerk der Deutschen Shell (2002): Jugend 2002. Frankfurt
Kaiser, A. (2003): Anders lehren lernen. Ein Übungsbuch für emotional fundierte Lehrkompetenz. Baltmannsweiler
Kerstiens, L. (1974): Modelle emanzipatorischer Erziehung. Bad Heilbrunn
Kerstiens, L. (1978): Erziehungsziele neu befragt. Bad Heilbrunn
Klafki, W. (1991): Neue Studien zur Bildungstheorie und Didaktik. Beiträge zur kritisch-konstruktiven Didaktik. 2. erw. Aufl. Weinheim
Klafki, W. (1974): Rückblick und Selbstkritik – Erziehungswissenschaft als kritische Theorie. Teil B.: Die Zielsetzungen des Autorenteams. In: Funk-Kolleg Erziehungswissenschaft. Frankfurt. Bd. 3. 254-276
Klafki, W. (2000): Aspekte kritisch-konstruktiver Erziehungswissenschaft. Weinheim
Klafki, W. (2002): Die bildungstheoretische Didaktik. In: Gudjons / Winkel: Didaktische Theorien. Hamburg. 13-34
Klebert, K. / Schrader, E. / Straub, W. G. (2002): Moderationsmethode – Das Standardwerk. Hamburg
Kliebisch, U. (1995): Das Anti-Streß-Programm. Ein Trainingsbuch zur psychologischen Selbst-Hilfe. Essen
Kliebisch, U. (1996): Psycho-Coaching. NLP und andere Power-Programme. Baltmannsweiler
Kliebisch, U. (2000): Kommunikationstrainer Sekundarstufe I. Dortmund
Kliebisch, U. (2001): 15 Vertretungsstunden. Ohne Vorbereitung in den Unterricht. Baltmannsweiler
Kliebisch, U. / Basten, K. H. / Schmitz, P. (2001): Methodentrainer Sekundarstufe I. Berlin
Kliebisch, U. / Bornschein, R. (2001): Keine Angst vor Gruppenarbeit! Baltmannsweiler
Kliebisch, U. / Schmitz, P. (1998): Lernziel Corporate Identity. Baltmannsweiler
Kliebisch, U. / Schmitz, P. (1999): Workshop Schule – Moderation und Kooperation. Baltmannsweiler
Kliebisch, U. / Schmitz, P. (2001a): Express Yourself! Ein Lern- und Übungsbuch zur Selbstbehauptung. Baltmannsweiler
Kliebisch, U. / Schmitz, P. (2001b): Gib Gewalt keine Chance! Ein Lern- und Übungsbuch zur Gewaltvorbeugung. Baltmannsweiler
Kliebisch, U. / Schmitz, P. (2001c): Teamarbeit im Klassenzimmer! Baltmannsweiler
Kliebisch, U. / Schmitz, P. (2005): Besser beraten. Gespräche mit Eltern, Schülern und Kollegen. Lichtenau
Klippert, H. (2002): Teamentwicklung im Klassenraum. 6. Aufl. Weinheim
Klippert, H. (2004a): Eigenverantwortliches Arbeiten und Lernen. 4. Aufl. Weinheim
Klippert, H. (2004b): Lehrerbildung. Weinheim / Basel
Klippert, H. (2004c): Methoden-Training. 14. Aufl. Weinheim
Klippert, H. (2005): Kommunikations-Training. 10. Aufl. Weinheim
Krathwohl, D. R. / Bloom, B. S. / Masia, B. B. (1975): Taxonomie von Lernzielen im affektiven Bereich. Weinheim
Kraus, J. (2005): Der PISA Schwindel. Unsere Kinder sind besser als ihr Ruf. Seedorf
Konrad, K. / Traub, S. (2005): Kooperatives Lernen. Baltmannsweiler
Krieger, C. G. (2005): Wege zu Offenen Arbeitsformen. Baltmannsweiler
Lenzen, D. (2004): Erziehungswissenschaft. Ein Grundkurs. Reinbek

Lin-Klitzing, S. / Roth, M. K. (2005): Offener Unterricht. Fallbeispiele für das Gymnasium. Düsseldorf
Mager, R. F. (1994): Lernziele und Unterricht. Weinheim / Basel
Meyer, E. (2002): Burnout und Stress. Praxismodelle zur Bewältigung. Baltmannsweiler
Meyer, H. (2003a): Unterrichtsmethoden. Bd. I. 10. Aufl. Berlin
Meyer, H. (2003b): Unterrichtsmethoden. Bd. II. 10. Aufl. Berlin
Mollenhauer, K. (1972): Was ist Erziehung. In: Weber: Der Erziehungs- und Bildungsbegriff im 20. Jahrhundert. Bad Heilbrunn, 121ff.
Mollenhauer, K. (1986): Erziehung und Emanzipation. Polemische Skizzen. 9. Aufl. München
Möller, C. (1976): Technik der Lernplanung. 5. Aufl. Weinheim / Basel
Möller, C. (2002): Die curriculare Didaktik. In: Gudjons / Winkel: Didaktische Theorien. Hamburg. 75ff.
Neubauer, W. F. / Gampe, H. / Knapp, R. (1999): Konflikte in der Schule. Neuwied
Nohl, H. (1961): Die pädagogische Bewegung in Deutschland und ihre Theorie. 6. Aufl. Frankfurt/M.
Popper, K. R. (2005): Logik der Forschung. Tübingen
Preuss-Lausitz, U. (Hrsg.) (2004): Schwierige Kinder – schwierige Schule. Weinheim / Basel
Rheinberg, F. (2004): Motivation. 5. Aufl. Stuttgart
Rogers, C. R. (1994): Die nicht-direktive Beratung. 11. Aufl. Frankfurt
Rogers, C. R. (2003): Die klientenorientierte Gesprächspsychotherapie. 16. Aufl. Frankfurt
Roth, G. (2001): Das Gehirn und seine Wirklichkeit. 6. Aufl. Frankfurt/M.
Roth, G. (2003): Fühlen, Denken, Handeln. Wie das Gehirn unser Verhalten steuert. Frankfurt
Roth, H. (1969): Pädagogische Psychologie des Lehrens und Lernens. Hannover
Roth, H. (1971): Pädagogische Anthropologie Bd. 1. Hannover
Rousseau, J.-J. (1981) Émil oder Über die Erziehung. Bes. v. L. Schmidts. Paderborn u. a.
Schäfer, K.-H. / Schaller, K. (1985): Kritische Erziehungswissenschaft und kommunikative Didaktik. Stuttgart
Schaller, K. (1976): Einführung in die kritische Erziehungswissenschaft. In: Schäfer / Schaller: Kritische Erziehungswissenschaft und kommunikative Didaktik. 3. Aufl. Heidelberg. 9-74
Schaller, K. (1986): Einführung in die Kommunikative Pädagogik. Ein Studienbuch. Freiburg
Schaller, K. (1987): Pädagogik der Kommunikation. Annäherungen . Erprobungen. Sankt Augustin
Schulz v. Thun, F. (2005): Miteinander reden 1. Störungen und Klärungen. Allgemeine Psychologie der Kommunikation. 2. Stile, Werte und Persönlichkeitsentwicklung. Differentielle Psychologie der Kommunikation. 3. Das „Innere Team“ und situationsgerechte Kommunikation. Reinbek
Schulz, W. (2002): Die lehrtheoretische Didaktik. In: Gudjons / Winkel: Didaktische Theorien. Hamburg 35-56
Simon, P. (2004): Praxisratgeber Projektarbeit. Donauwörth
Stangl, W. (o. J.): Lernziele. www. paedpsych.jku.at
Stöcker, K. (1960): Neuzeitliche Unterrichtsgestaltung. München
Tausch, R. / Tausch, A.-M. (1998): Erziehungspsychologie. 11. Aufl. Göttingen / Toronto / Zürich
Terhart, E. (2005): Lehr-Lern-Methoden. Weinheim / München
Thissen, F. (2003): Multimedia-Didaktik in Wirtschaft, Schule und Hochschule. Berlin
Thissen, F. (o. J.): Lerntheorien und ihre Umsetzung in multimedialen Lernprogrammen. Berlin
Thömmes, A. (2005): Produktive Unterrichtseinstiege. Mülheim
Trenz, G. (2004): Interaktionsprozesse im Unterricht. In: Bovet / Huwendiek: Leitfaden Schulpraxis. 4. Aufl. Berlin. 365-387
Tulodziecki, G. / Herzig, B. (2002): Computer & Internet im Unterricht. Berlin
Unruh, T. / Petersen, S. (2004): Guter Unterricht. Lichtenau
Vester, F. (1998): Denken, Lernen, Vergessen. 30. Aufl. München
Vester, F. (2003): Phänomen Streß. München
Walen, S. R. / DiGiuseppe, R. / Wessler, R. L. (2005): RET-Training. Stuttgart
Watzlawick, P. (2005): Wie wirklich ist die Wirklichkeit? 13. Aufl. München
Watzlawick, P. / Beavin, J. H. / Jackson, D. D. (2000): Menschliche Kommunikation. 10. Aufl. Bern / Stuttgart / Wien
Weidner, M. (2003): Kooperatives Lernen im Unterricht. Das Arbeitsbuch. Seelze-Velber
Willmann, O. (1957): Didaktik der Bildungslehre. Freiburg
Winkel, R. (2001) (Hrsg.): Schwierige Kinder – Problematische Schüler. 3. Aufl. Baltmannsweiler
Winkel, R. (2002): Die kritisch-kommunikative Didaktik. In: Gudjons / Winkel: Didaktische Theorien. Hamburg. 93-112
Winkel, R. (2004): Pädagogische Psychiatrie für Eltern, Lehrer und Erzieher. 4. Aufl. Baltmannsweiler
Winkel, R. (2005): Der gestörte Unterricht. 7. überarb. Aufl. Baltmannsweiler
Zimmermann, P. (2003): Grundwissen Sozialisation. 2. Aufl. München
Zimmermann, W.-D. (2002): Gruppenprozesse simulieren – evaluieren – reflektieren. Baltmannsweiler
Zimmermann, W.-D. (2003): Gespräche führen, moderieren, beraten. Baltmannsweiler